교양교육학개론

임광명 저

형설출판사
www.hyungseul.co.kr

머리말

인간은 태어날 때부터 측정하기 어려울 만큼 대단한 잠재가능성(가소성)을 가지고 태어난다. 그런데 그 잠재가능성은 교육을 통하지 않으면 실제로 사용가능한 능력으로 전환되지 않고 사장되고 만다. 그러므로 인간이 교육을 받지 않으면 잠재가능성이 발현되지 않아 무능한 존재로 남게 된다. 그런 의미에서 교육은 모든 인간이 살아가는 데 있어서 그 기초를 닦는 작업이고 인생의 시발점이다. 인간은 교육을 통해서 '인간답게'되는 계기를 마련하게 된다. 인간은 교육을 통해서 사람 됨됨이를 결정하고 공동체 안에서 자아를 실현하게 되어 평화스럽고 행복하게 사는 삶을 배우게 된다.

그런 의미에서 학문적으로 체계화한 교육학을 개론적인 수준에서 대학생에게 교양과목으로 이수하게 하는 것은 장차 사회지도자로서 갖추어야 할 지도력을 키우고, 또 전공과목을 정하기 전에 학생 자신의 인생설계와 더불어 평생교육과 관련된 생활설계를 하는 데 많은 도움을 줄 수 있을 것이다. 더욱이 오늘날과 같이 급속하게 변화·발전해 가는 사회에 효과적으로 적응하고 나아가 이런 사회를 이끌어 가고 개혁해 나갈 수 있는 리더십을 갖춘 인재로 성장하기 위해서는 평생동안 어떻게 공부할 것인가를 알고 실천하는 것이 매우 중요할 것이다. 그래서 많은 대학이 교육학 개론을 교양과목으로 지정하고 있다.

이 책의 특징은 다음과 같다.

첫째, 위에서 소개한 대로 대학의 교양과목 교과에 적합하도록 구성하였다.

가능한 한 전문적인 용어를 적게 사용하였고, 어려운 용어는 한문과 용어를 괄호 안에 넣어서 이해하기 쉽게 하였으며, 문장은 쉽게 이해할 수 있도록 평이한 문장을 사용하였다. 그리고 복잡하고 깊은 이론은 단순화시켜 쉽게 설명하려고 노력하였으며, 이론보다는 교육현장과 실제를 다루는 데 더 역점을 두었다.

둘째, 교육철학의 여러 대립되는 입장은 모두를 소개하되 중립적이고 조화된 입장을 견지하려고 노력하였다.

이 책의 구성은 총7장으로 구성되어 있다. 제1장은 교육이란 무엇인가를 시작으로 교육의 본질적인 내용을 다루고, 제2장은 교육의 형태, 제3장은 교육의 심리학적 기초, 제4장은 교육의 사회학적 기초로 교육의 형태와 교육의 대상인 학습자 및 인접학문과의 관계를 서술함으로써 교육학의 기초를 닦으려 하였다. 또한 제5장은 교육의 목적, 제6장은 교육의 방법, 제7장은 교육평가를 다루고 있다.

아무쪼록 이 책이 교육학을 가르치는 분들과 배우는 학생들에게 많은 도움이 되기를 바라며 교육현상과 교육문제를 보다 폭넓게 이해하려는 모든 사람들에게 도움이 되길 바란다. 이 책이 나오기까지 많은 조언과 지도편달을 해주신 선후배 여러분들과 특히 아버지인 임영철 교수님께 깊은 감사의 말씀을 드립니다. 끝으로 이 책이 출판되어 나오기까지 수고를 아끼지 않은 형설출판사 사장님과 직원 여러분에게 깊은 감사의 말씀을 드린다.

2020. 2

저자 씀

차　　례

제 4 장 교육의 사회학적 기초

제 5 장 교육의 목적

제6장 교육의 방법

제 1 장
교육이란 무엇인가

1. 교육의 개념과 본질

1) 교육의 개념

가) '교육'의 어원과 관점

(1) 동양의 어원

'교육(敎育)'이란 말은 중국의 고전인 맹자(孟子)의 진심장(盡心章) 중에 수록된 말로서, 이 중에 '군자가 가진 세 가지 즐거움'이 있다고 하면서 그 마지막 즐거움으로 '영재(英材)를 얻어 '敎育하는 것'이라 했다.

> 君子有三樂이니 而王天下不與存焉이라
> 父母俱存하고 兄弟無故함이 一樂也요
> 仰不愧於天하야 俯不怍於人이 二樂也요
> 得天下英材하야 而敎育之가 三樂也라

여기서 '敎'의 의미는 윗사람이 아랫사람에게 모범을 보이고, 아랫사람이 이를 본받는다고 하는 다소 교도적이고 모형(模型, modeling)적인 의미를 가지고 있다. 그리고 '育'은 아동을 신체적으로나 지적으로 길러서 그가 천성으로 타고난 자질을 발휘하도록 육성하고 도와주는 과정을 의미하고 있다(한공우외3, 1996).

(2) 서양의 어원

교육이란 말로는 'pedagogy'라는 말과 'education'이 있다. 그리스어인 pedagogy는 어린이를 이끌어 키운다는 뜻을 가지고 있다. 즉 미성숙한 아동을 성숙한 성인이 되도록 지도한다는 뜻이다. 그리고 education의 경우 교육은 아동의 선천적인 자질을 밖으로 나타내어 바람직한 방향으로 나아가도록 이끌어 내는 작용으로 파악하고 있다.

(3) 교육을 보는 관점들

위의 어원에서 보듯이 일반적으로 교육에 대한 공통된 태도는
첫째, 성숙자인 성인을 인정하고,
둘째, 그 성인이 미성숙자인 아동의 숨겨져 있는 천부적 자질을
셋째, 가용적인 것으로 표출시키는 작용 또는 과정으로 본다는 것이다.

이상의 어원들과 달리 오늘날 교육을 정의하는 일은 그리 쉬운 일이 아니다. 더욱이 좋은 교육이 무엇인가를 물어 보면 더욱 많은 사람이 많은 다른 의견을 제시하고 있다. 몇 사람의 견해를 살펴보면 다음과 같다.

a) 칸트(Kant)와 헤르바르트(Herbart)는 인격에 역점을 두어 교육을 도덕적 인격의 도야에 두고 있다. 즉 교육은 비이성적이고 본능적인 인간을 이성적인 인간으로 형성하는 작업이라는 것이다. '인간은 교육을 받을 수 있는 유일한 동물'이라고 말한 칸트는 동물과 구별할 수 있는 점, 즉 인격을 형성하는 작업을 교육이라고 하였다.

b) 스프랑거(Spranger)나 케르센슈타이너(Kerschesteiner)는 교육을 문화를 전

달해 주고 이를 발전시키는 데 있다고 하여 문화전승에 역점을 두고 있다.

c) 페스탈로치(Pestalozzi)는 교육을 사회개혁의 수단으로 보고, 따라서 의식이 있는 자아나 자율적인 개인의 육성보다는 민족, 국가 또는 사회개조에 공헌할 인간형성에 역점을 두고 있다(홍순강10).

d) 루소(Rousseau)나 엘렌케이(Ellen Key) 같은 이는 교육을 지식의 주입에서 해방시켜 자유롭고 자연스럽게 자발적으로 아동의 개성을 개발하여 독립적인 생활인으로 성숙될 수 있도록 도와주는 작용이라고 했다(김정환, 1973). 이러한 그의 성선설을 밝힌 저서로서는 「에밀」(*Emile*)이 있다.

e) 윌만(Wilman)이나 마리테인(Maritain)은 교육을 '신의 의사를 실현하는 과정'이라고 하여 종교적인 입장에서 정의하였다. 즉 인간의 소질은 신이 부여한 것이므로 교육은 당연히 신의 의지를 실현하는 것이어야 한다는 것이다.

f) 정범모(鄭範模)는 교육을 '인간행동의 계획적인 변화'라고 정의하고 있다. 여기에서 행동이라는 말은 겉으로 나타나는 행동만이 아니고 기억이나 이해, 사고, 창의성, 가치관, 동기, 성격, 자아개념 등을 모두 포함하고 있다. 그리고 결과적으로는 변화가 있어야 한다고 하였다.

나) 교육의 특성

교육이 무엇인가를 밝혀 그 개념을 분명히 하자면 교육이 가지고 있는 구조가 다른 유사한 개념과 구별되어야 하는데, 그것은 그 특수성을 밝힘으로써 분명해진다. 김종서는 교육의 특수성을 다음 세 가지로 나누어 설명하고 있으며 이를 훈련과 비교하면 의미를 분명히 할 수 있다(김종서 외2, 1996).

(1) 교육의 의도성

사람이 육체적으로나 정신적으로 성장하고 발전하는 데 있어서, 어떤 목표를 가지고 그 목표를 달성하려는 의도가 있는 경우와 그런 목표를 가지지 않았는데도 어떤 바람직한 발전 효과가 발생한 경우를 생각해 볼 수 있다. 여기에서 의도성(意圖性)이란 교사가 가르치겠다는 의도 또는 학습자가 어떤 인간이 되어주기를 바라는 의도를 말하며, 이러한 의도를 가지고 있는 경우를 교육이라 하고 이를 가지고 있지 않은 경우를 사회화(社會化)라 하여 교육과 구별한다. 그러나 넓은 의미의 사회화 속에는 의도성이 있는 교육과 의도성이 없는 사회화가 있을 수 있다.

예컨대 어머니가 텔레비전을 구입할 때, 아들이 '동물의 왕국'이라는 TV 프로그램을 보고 동물학자가 되게 할 목적을 가지고 구입하였고 그 프로그램을 보여 주었다면 이 때의 어머니는 교육을 했지만, 아들이 우연히 어머니가 새로 사다 놓은 TV 프로그램을 보고 동물학자가 되었다면 그 어머니는 아들을 교육한 것이 아니라 아들이 자연스럽게 사회화되었다고 할 것이다.

교육에는 일정한 목적(목표)을 성취하려는 의도가 분명하고 구체적이면 무엇을 어떻게 가르칠 것인가가 분명해지기 때문에 교육효과가 크다. 그래서 교육의 개념을 정립하는 데 먼저 강조해야 할 것이 교육의 의도성이다.

(2) 교육의 계획성

교육할 의도를 가지고 교육의 목적을 정하였으면 다음에는 그 의도에 따라 계획하고 준비하게 되는데 이를 계획성(計劃性)이라 한다. 의도한 목적을 달성하기 위한 교육 내용과 방법을 선택하고 그 외 교육에 필요한 여러 가지를 계획성 있게 준비하지 않으면 안 된다.

교육을 계획할 때 목표와 수준을 정하는데 있어서도 어떤 것이 더 가치롭고 덜 가치로운지 그 우선순위를 정하게 되고, 어떤 것이 더 적합하고 덜 적합한지도 정해야 하는데 그렇게 하기 위하여 필요한 기준을 마련해야 하고 그 기준에 맞추어 가치판단을 해야 한다.

예컨대 인성교육을 하는데 있어서 많은 지식을 얻도록 하는 데만 노력할 것이 아니고 오히려 때로는 기쁘고, 때로는 눈물을 흘리며, 깊은 명상에 들어가도록 하는 접근 방법이 더 효과적일 수도 있다. 어떤 기능을 가르치는 경우에도 흔히 환류(還流, feedback)가 중요하다고 한다. 그 경우 언제할 것인지 그리고 얼마나 자주할 것인지를 계획해 두어야 하는 것 등은 계획성에 들어간다.

(3) 교육의 가치성

교육의 목적과 그 목적에 따라 계획을 세울 때 이미 그 속에는 가치있는 것을 지향하고 있다. 그럼에도 불구하고 가치가 없거나 반가치적인 것이라면 그것은 교육이 아니라는 것이다. 성경에 기록된 대로 '아들이 생선을 달라고 하는데 뱀을 줄 부모가 없다'는 것과 같이 교육은 본래 사랑과 선한 뜻으로 시작한다. 그래서 교육은 항상 '가장 가치있는 내용'과 '가장 가치있는 방법'을 찾게 되어 있다.

예컨대 소매치기 두목이 소매치기 성적이 적은 날 아이들에게 "너희들 교육을 더 받아야 되겠어!"라고 소리를 쳤다. 이 때의 소매치기 행동은 가치가 없는 행동이므로 교육이 될 수 없다. 그러나 만약 적국의 군사정보를 수집하기 위하여 국가에서 소매치기를 가르쳤다면 그것도 가치성이 없다고 할 수 없을 것이다. 또 부모나 교사가 매를 때릴 때 그 행동이 가치있는 사랑과 교육으로 매를 들었다면 그것은 온당하고 장려해야 할 방법이 될 것이다.

피터스(R. S. Peters)가 말하기를 "교육은 바람직한 정신상태를 도덕적으로 온당한 방법을 가지고 의도적으로 실현하는 일"(Peters 1966, p.18, 김종서 외2, 재인용)이라고 하여 지력과 인격을 개발한다고 하는 것은 곧 가치있는 것을 개발한다고 하는 의미를 가지고 있다.

(4) 교육과 훈련

교육이란 무엇인가를 명백하게 이해하는 데는 교육이란 말과 유사한 용어를 밝히는 것도 유익하리라 생각된다. 우리는 흔히 무엇을 가르치려 할 때 교육이라는 말과 훈련(訓練)이라는 말을 잘 구별하지 못한다. 기술교육인가 아니면 기술훈련인가 그리고 인격교육인가 인격훈련인가 등을 구별하기가 어려워서 흔히 함께 사용하는 경우가 많다.

피터스는 "훈련이란 제한된 특수기술(特殊技術)이나 사고방식을 길러주는 것이고, 교육은 보다 넓은 신념체계(信念體系)를 다루는 것"(김종서 외2, 재인용)이라고 구별하고 있다. 즉 '의지의 훈련'과 '안목의 변화(교육)'의 차이를 인정하고 있다.

예를 들어보자. 한 남자(A)가 한 여자(B)를 사랑하였는데 여자로부터 배신을 당하여 몹시 고민하고 있는 것을 본 그 남자의 친구(C)가 A를 위하여 고민에서 해방시켜 주려고, (1) 여자를 잊는 방법을 가르쳐 주고 정기적으로 그 방법을 연마하도록 하여 그것이 습관화되도록 하였다. 그 때 그것은 훈련이다. (2) 그러나 그 친구 C는 그런 방법이 아니고, 남자 A에게 "그 여자는 너에게 안 맞어. 사람은 만나면 헤어지는 것이 철칙인데 네가 그 여자를 사랑하면 놔두는 것이 네가 할 일이야" 등등 여러 가지로 설득하였다. 그 결과 A의 생각에 변화가 와서 정신적 안정을 찾았다면 그것은 교육이다.

그러나 이런 구분에도 불구하고 실제 사용은 서로 혼용하고 있으며 엄격하게 구별하려 하지 않는 경우가 많다.

(5) 교육과 사회화

인간은 세상에 태어날 때부터 가능성만 가지고 무능한 존재로 태어나서 상당히 긴 기간동안 남의 도움 없이 혼자서 살아갈 수 없는 유기체(有機體)에 불과하다. 이런 인간이 성장해 가면서 그가 속해 있는 사회집단의 규범이나 행동양식, 가치관 등과 같은 문화를 접하게 되고 이를 자연적으로 또는 계획적으로 배우고 내면화(內面化)하여 자신의 독특한 개성과 자아를 형성하게 되는데 이 과정을 사회화(社會化, Socialization)라 한다.

만약 인간이 그가 속해 있는 사회에 적응하지 못하고 사회로부터 배척을 당하면 이 세상에서 사람 구실을 할 수 없는 존재가 된다. 인간이 사회 문화의 영향하에 있지 못하여 사회화되지 못하고 하등동물하고만 접촉하면서 성장할 경우 인간은 그 동물과 같아 지는 현상을 다음에 설명할 '늑대 어린이'의 사례에서 쉽게 볼 수 있다.

더욱이 현대 사회에서의 사회화 과정은 대단히 복잡하고 때로는 비정상적이어서 사회화에 관한 논의와 연구는 점차 확대되어 가고 있다. 이 사회화는 가정과 학교, 사회 등 여러 기관들의 상호작용으로 이루어지는 것이 보통인데 이들이 부적절하고 비효율인 사회화를 우리 사회에 제공하면 그 영향을 받은 개인에게는 다양한 갈등을 만들어 준다. 그래서 우리 사회가 정상적으로 성장·발전하려면 사회화 과정에 개입하여 이를 조정하고 추진하는 노력이 필요하며, 그 작업은 주로 학교교육과 사회교육이 담당하게 된다.

그러나 사회화는 의도적이고 계획적인 교육을 통하여 이루어지는 경우도 있지만 자연적으로 이루어지는 경우가 많다. 예를 들어 교사의 헌신적인 사회봉사 생활을 보고 스승의 길을 배우고, 교통법규를 잘 지키는 택시 운전사를 보고 준법정신을 배우는 것과 같다. 따라서 사회화라는 큰 집 속에는 '교육'이라는 방이 있고, '작은 사회화'라는 방이 있다.

2) 교육의 본질

교육이란 무엇이가에 대한 개념을 정의한다는 것은 그리 쉬운 일이 아니다. 이상에서 교육을 이해하는 데 도움이 될 여러 가지 주장들과 교육과 구별되는 개념을 정리하여 보았다. 이것으로 교육이 무엇인지를 이해하기에는 많이 부족하지만 위의 주장들 가운데 서로 유사한 특성을 가진 주장들을 한데 묶어 몇 가지 카테고리로 나누어 본다면 교육의 윤각이 들어날 수 있으리라 생각한다.

첫째, 교육을 인격적인 시각에서 보는 입장이다. 즉 교육이란 인간이 이상(理想)을 향하여 자율적으로 인격을 완성해 갈 수 있도록 의도적이고 계획적으로 활동하는 것으로 본다. 이는 성장과정에 있는 한 인간의 인격에 초점을 맞추어 보면 교육이란 미성숙자를 하나의 성숙된 인격자로 완성시키려는 정신적 작용이라고 본다.

둘째, 교육현상을 기능적(機能的)인 입장에서 보는 경우이다. 교육이란 인류가 수천 년의 역사를 통하여 쌓아 놓은 문화유산을 다음 세대에 계승하여 보존하고 나아가 이를 개조, 확충, 발전시키는 수단이라고 본다.

셋째, 교육을 종교적 입장에서 보는 입장이다. 교육을 신(神)의 의사를 실현하는 과정으로서 개인적으로는 그가 가진 신앙을 통하여 진리를 아는 사람, 즉 복음(福音 = 성경)을 받아들이고 이를 실천하려고 하는 인간으로 만드는 것이 교육의 본질이라고 한다.

넷째, 교육을 조작적(操作的)으로 정의하려고 하는 사람들은 인간행동을 계획적으로 변화시키는 활동을 교육이라고 한다(정범모, 1976). 이 주장은 인간행동의 변화에 역점을 두는 입장으로서 여기에서 행동은 단순히 외부에 나타나는 행동만이 아니라 지식의 기억, 이해, 사고, 창의성, 가치관, 동기, 성격, 자아개념 등이 모두 포함된다(김종서 외2, 1996).

다섯째, 교육을 인간이 타고난 성장가능성, 즉 가소성(可塑性)과 성장력(成長力)을 최대한으로 신장하도록 도와 주는 일 또는 '최대한 자아실현을 도와주는 일'이라고 하는 입장이다. 교육은 성숙자로부터 미성숙자에게 전통문화와 언어, 생활양식, 풍속 기타 가치관이나 종교 등을 전수(傳授)해 주는 교도적(敎導的)인 측면이 있는가 하면 다른 쪽으로는 피교육자가 천성적으로 타고난 모든 소질을 바르고 순조롭게 성장하도록 도와 줌으로서 육성(育成)시켜 주는 측면 등 두 개의 측면이 있다고 한다(한공우, 1996).

위의 주장 중에서 '전수'나 '가치있는 것', '의도적인' 등의 표현은 다분히 가르치는 자의 교도적 의미가 내포되어 있지만 '도와 주는 일'이란 표현은 교육을 학습자가 주체적이고 자율적으로 선택하여 자기를 충실하게 성장시키는 데 필요한 도움을 주는 일로 정의하고 있다.

위의 여러 주장 중에서 무엇을 가지고 교육을 정의하는 데 사용할 것인가, 아니면 이들 여러 주장을 참고로 하여 어떤 새로운 정의를 정립할 것인가 하는 것은 독자의 자유이지만, 어떤 경우든지 교육의 개념을 정의하는 데는 먼저 의도성과 계획성, 가치지향성 등 교육의 특성을 고려해야 하고, 나아가 타고난 인간의 잠재적 가능성(가소성)과 이 능력이 발휘되도록 주어진 성장력(생래적인 학습의욕)을 기초로 하여 교육이 이루어져야 한다는 것이다.

결론적으로 교육은 그 사회의 문화를 계승하고 나아가 새로운 문화를 창조해 나가는 두 측면이 조화를 이루어 학습자로 하여금 진리를 알게 함으로써 자신을 최대한으로 실현해 나아가고, 나아가 그가 속한 사회와 국가의 발전에 기여하는 것을 궁극적 목적으로 하는 활동이다.

3) 교육의 역할과 기능

학교의 교육기능이 사회의 유지와 발전에 얼마나 중요한가에 대하여는 자세한 설명이 필요하지 않다. 그러나 이 교육기능은 학교 외에도 가정과 종교기관, 사회단체, 정부기관 등 각종 사회교육 기관들도 교육을 담당하고 있다.

한국의 교육법은 홍익인간(弘益人間)을 최고의 이념으로 하여 전인교육(全人敎育), 민주시민교육, 교육의 기회균등, 의무교육 등을 표방하지만 현재 한국의 교육은 실제적으로 개인의 입신출세의 수단이고, 점수에 따라 울고 웃는 사람을 키우고 있다. 그리고 다분히 이기적이고 경쟁적인 태도를 만들어 주는 교육을 시키고 있는 형편이다(한공우 외3, 1996).

여기에서는 교육의 가장 중요한 기능으로 자아실현의 기능과 문화유산의 전달 기능 및 사회개혁의 기능을 차례로 살펴보기로 한다.

가) 자아실현

(1) 자아실현의 기능

사람은 태어나면서 한 인간으로서 살아나가기 위하여 다양한 성장과 발달을 이룩하지 않으면 안 된다. 신체적 발달뿐 아니라 심리적, 정신적, 사회적, 지적 그리고 정서적으로 균형 있게 발달해야 한다. 전문적이고 보편적인 지식을 습득하여야 하고, 교양을 높여 인격을 연마하는데, 이런 성장 발달은 주로 교육을 통하여 달성된다. 이와 같은 의미에서 교육은 '인간의 발전가능성을 최대한으로 신장시키는 작용'이라고 할 것이다. 다시 말하면 인간이 태어날 때 이미 가지고 태어난 잠재능력을 태어난 후에 주어지는 환경의 영향을 받아 최대한으로 발전시키는 것, 즉 자아실현을 돕는 작용이 교육이다.

임마뉴엘 칸트(Kant)는 "인간은 교육을 필요로 하는 유일한 존재이며, 인간은 교육적 산물 이외에 아무것도 아니다"라고 역설하였고, 루소(Rousseau)는 "우리 인간은 커가면서 필요한 모든 것을 교육을 통하여 얻는다"고 했다. 그리고 일본의 모리소(森昭)는 "개나 원숭이는 교육하지 않더라도 개나 원숭이가 될 수 있지만, 인간은 교육 없이 인간이 될 수 없다"고 주장하였다.

교육은 인간 개체가 지니고 있는 개성과 소질을 신장 개발하여 인간이 생래적(生來的)으로 가진 무한한 잠재가능성을 최대한도로 발휘할 수 있도록 성장력을 도와 주는 작업이다. 인간은 교육을 통하여 진리를 알게 되고, 이 진리를 알게 되므로 자아를 완성하고 실현하게 된다. 교육이 개인의 성장을 가장 중요하게 생각한다면 전인교육이나 평생교육, 복지교육 등이 중요한 교육적 의의를 가지고 있다 할 것이다.

특별히 성선설(性善說)의 입장에 선 루소는 교육의 근본을 인간의 내면적·심리적 자연성을 꾸밈 없이 자유롭게 실현시키는 것이라 하였다. 그리고 이와 같은 사상은 바제도우(Basedow), 프뢰벨(Fröbel), 몬테소리(Montessori) 등이 계승, 발전시켜 오늘에 이르러서는 자유학교운동(free school movement)과 개방교실(open classroom)의 기초를 세웠다. 이들은 아동들의 자기 발전능력을 믿고 이들에게 자유로운 환경을 조성하여 능력을 신장시키려 하고 있다.

니일(Neill)은 1921년 5명의 아동을 모아서 'summerhill'라는 학교를 영국의 포오크 마을에 세웠고 그 후에는 대개 50명 내외의 학생으로 구성되고 있다. 5세에 입학하고 16세에 졸업하는데, 자유교육을 통한 인간교육에 역점을 두었다. 성선설에 기초하여 '자기 좋은 대로하는 학교'로서 창의성이 풍부한 아동, 행복한 시민을 만드는 데 역점을 두었다.

(2) 개인의 성장과 국가(사회) 발전의 기능

교육은 한편 개인의 자아실현(自我實現)에 기여하지만, 다른 한편 개인의 성장을 초월하여 그 사회와 국가의 유지 발전에 기여하는 2중적 성격을 가지고 있다. 이와 같이 개인의 발전과 사회의 발전은 서로 상호 보완적 관계에 있기도 하지만 실제로 서로 충돌하고 모순된 관계에 있을 때가 많다. 세상은 자유주의가 개인의 발전을 위주로 하는데 비하여 사회주의가 사회의 발전을 위주로 해야 한다고 하여 각각 다른 주장을 펴고 있다. 그러나 이런 모순과 갈등은 소크라테스가 말한 대로 서로 조화(調和, harmony)를 이루지 않으면 안 된다. 더구나 교육현장에서는 어떤 극단적인 이론이나 주장을 모두 수용하여 이를 현장에 적용할 수 없고, 공자가 말한 대로 언제나 중용의 도(中庸之道)를 지켜 나아가야 할 것이다. 따라서 교육은 개인의 자아실현을 돕는 기능 외에도 우리가 함께 사는 사회와 국가의 발전을 위하여 헌신하는 인간을 육성하는 기능도 중요하다.

(3) 생활경험 및 사회화 기능

a) 생활경험의 기능

교육이란 생활경험을 통하여 학습되는 것이라고 믿는 죤 듀이나 킬패트릭과 같은 학자는 생활이 곧 교육이라고 하여 생활 또는 경험을 중요하게 생각한다. 따라서 교육은 현실적인 생활과 일치하여야 하는데 이들이 서로 멀어질 때 생활교육으로서 그 내용이 빈약해질 수밖에 없다.

인간은 그가 속해 있는 사회에 적응하며 살아가는 생활인으로서, 성장하고 발달하여 가는 과정이 무엇보다도 중요한 교육영역이므로 생활교육을 강조하는 것은 당연하다. 실제적으로 우리가 물려받은 문화는 대부분이 생활경험을 통하여 얻어진 것들이라고 할 것이다. 문화 전승의 기능을 담당하고 있는 교육은 곧 삶의 모든 것을 전승하는 기능을 가지고 있다.

b) 사회화 기능

교육은 그 사회의 구성원들로 하여금 그 사회의 규범과 생활양식을 잘 익혀 그 사회에 적응할 수 있도록 하는 사회화 기능을 가지고 있다. 인간은 '사회적 동물'이기 때문에 그 사회의 가치나 체제, 문화를 수용하고 적응하지 않으면 살아갈 수 없다. 이와 같은 사회화 기능은 곧 사회통제의 역할을 담당하여 그 사회 구성원들의 생활이나 행동을 규제하여 사회의 질서나 통일을 유지하려는 성격을 가지고 있다.

나) 문화유산의 전승 기능

(1) 역사적 배경

a) 먼 옛날에는 학교가 없었다

이 때의 모든 교육은 어른들이 아이들에게 생활 경험을 통하여 직접 가르쳤다. 그런데 생산적인 일에 종사하는 서민계층의 자녀들은 성인으로부터 직접 배울 수 있었지만, 상류계층의 자녀들은 직접참여가 불가능하여 시간적으로 한가하였다. 이렇게 한가한 자녀들을 모아서 장래를 준비하는 곳을 '학교'라 하게 되었다. 원래 'school'이라는 말의 어원(語源)을 보면 skole라는 희랍어로 '한가하다'는 뜻이다. 아마 상류계층의 한가한 자녀들의 모임이 학교라는 것은 동양도 마찬가지라고 생각된다.

b) 학교가 세워졌다

① 교사(教師)

시간의 흐름에 따라 사회는 점차로 복잡해지고, 더욱이 문자의 발명으로 문화유산(文化遺産)을 기록으로 남겨서 다음 세대에 전달해야 하는 사회가 되면서 아동의 참여는 더욱 어려워지게 되었다. 이렇게 하여 문화유산의 전달을 목적으로 하는 학교가 세워졌고, 그 문화유산을 전달하는 전문가, 즉 교사가 생기게 되었다.

② 교사(校舍)

처음에 교육은 교사와 학생이 일대일로 가르치던 것이 한가한 자녀들이 많아짐에 따라 학생의 수가 늘어나게 되었고, 학교건물도 처음에는 큰 가정집이나 사원(寺院)을 이용하다가 점차적으로 독립된 학교건물이 마련되었다.

③ 교과내용

문화유산을 전달하는 데 있어서 그 교육내용을 어떻게 정할 것인가에 대하여, 처음에는 그 유산이 많지 않았기 때문에 있는 그대로 전달해도 무방하였다. 그러나 문화유산이 풍부해지고 복잡해지면서 이들을 체계적으로 조직하는 작업이 필요하게 되었다. 더구나 오늘날에 이르러서는 방대한 우리들의 문화유산을 한정된 기간내에 학생들에게 전달한다는 것은 거의 불가능하다는 것을 알게 되었다. 그래서 지금은 그 많은 문화유산 중에서 일정한 기준에 따라 선정하게 되는데, 그 기준은 전이가(轉移價)가 높은 문화내용, 즉 전달해 줄 가치가 높은 문화 또는 '적은 양을 가르치더라도 많은 사태에 적용할 수 있는 가치있는 문화'를 선택하여 이를 교과내용으로 하게 되었다.

④ 사회의 존속과 유지 · 발전

한 나라와 민족의 역사와 전통문화를 후대에 계승시키는 교육의 보수적(保守的) 기능은 대단히 중요한 역할 중 하나다. 즉 교육은 인간을 그 사회의 존속을 위하여 구성원으로 하여금 사회과정(social process)을 거쳐 그 사회에 맞게 사회화(社會化)함으로써 사회문제를 해결하는 데 기여한다. 그런데 사회변동의 속도가 빠르고 그래서 개혁이 빠른 속도로 일어나고, 또 외래문화의 수입이 많아서 그 압력이 강하면 강할수록 한 민족의 주체성(主體性)을 지키고, 소중한 문화유산을 보존하려는 노력이 더욱 강렬하게 나타나게 된다. 가령 '한국적 인간상의 구현', '민족주체성의 확립' 등과 같은 말은 바로 교육에 있어서 우리의 전통과 주체성을 강조한 말이다.

오늘날 '세계화'라는 말과 대립되는 '지방화'라는 말은 세계의 각 나라(지방)의 민족과 국가를 의미하고, 그 민족과 국가를 특징지우는 것으로 그가 가지고 있는 전통문화가 그 국가와 민족의 생존을 위하여 얼마나 중요한가를 대언해 주고 있다. 오늘날 대학이 특성화되지 아니하면 생존하기 어려운 것 처럼 이제 한 민족이 그의 정체성(正體性)을 분명히 하고 그가 가지고 있는 독특한 전통문화를 소중하게 가꾸고 보존하지 아니하면 지구상에서 생존하기가 어렵게 되었다. 멸종된 생물이 다시 출현할 수 없는 것과 같이 문화유산도 한번 대가 끊기면 그 원상을 회복하기 어렵다. 한국 사회의 존속과 유지 및 발전은 한국 전통문화유산을 어떻게 효과적으로 후대에 전승시킬 수 있느냐와 깊은 관계가 있다.

다) 사회개혁의 기능

(1) 교육의 개혁적 기능

① 문화의 보존과 개혁

위에서 말한 대로 한 사회의 전통문화(傳統文化)를 잘 보존하고 이를 후대에 잘 전수하는 교육의 보수적 기능도 중요하지만 그것만으로는 부족하다. 즉 세계가 한 마을장터가 되어 변화와 발전이 빠르게 나타날 뿐 아니라, 지구촌 마을에서 생존하려면 어떤 전통문화는 이를 개혁하여 새로운 가치와 새로운 체제(體制), 새로운 문화를 창출해 나아가지 않으면 안 된다.

이와 같이 교육은 한편으로는 전통문화의 유지 계승이라는 보수적인 기능과 더불어, 이를 개혁해야 하는 진보적 기능도 가지고 있다. 가령 '2000년대를 위한 교육', '선진조국을 위한 교육' 등과 같은 말은 진보적인 교육의 기능을 강조한 말이다.

② 보존과 개혁의 충돌과 조화

교육과 문화와의 관계를 스프랭거(Spranger)는 '교육은 문화의 번식'이라고 하여, 문화의 번식(繁殖)을 교육의 본질로 보는 것은 보수적인 교육의 기능을 설명한 말이고, 페스탈로치가 말하는 '교육은 보다 나은 사회구조의 수단'이라고 한 것은 진보적인 교육기능을 설명하고 있는 말이다.

그런데 문제가 되는 것은 위에서 언급한 교육의 보수적 기능과 진보적 기능이 서로 상반된 형태로 보인다는 것이다. 보수를 지키려 하니 급변하는 사회에 적응력이 떨어지고, 진보를 따르려 하니 자기 정체성에 손상을 입어 방향감각이 없는 사람처럼 우왕좌왕하게 될 것이다. 그러면 어떻게 해야 이 상충되는 두 기능을 다 만족할 수 있는가 하는 문제가 남는다.

결론적으로 우리의 전통문화가 근대화된 사회구조에 맞게 변화해야 하는 것은 어쩔 수 없다. Beeby가 '폭발의 개념'에서 말하고 있듯이 현대는 학교인구의 폭발적 증가와 지식의 양과 질의 폭발적 증가, 산업사회에서 정보화 사회에로의 변화, 포스트 모더니즘이 시사하는 가치관의 큰 변화 등 기존 문화체제로는 감당할 수 없는 변화를 겪고 있다. 이러한 현대인들은 이런 변화에 적응하기 위하여 버릴 것은 버릴 수밖에 없을 것이다. 그러나 할 수 있으면 그 변화의 주체가 우리가 되고, 우리의 전통문화가 변화의 주도자가 될 수 있으면 변화로 인한 충격이 최소화될 수 있을 것이다. 단지 문제가 되는 것은 우리의 문화가 세계문화의 주도자가 될 수 있겠는가 하는 것 뿐이다.

(2) 지역사회학교

학교의 사회개혁적 기능은 학교가 지역사회(地域社會, community)의 중심이 되어 지역사회 주민들과 협력하여 그 사회를 개혁하는 지도적 역할을 담당하는 것이다. 예를 들면 그 지역사회 주민에게 학교의 시설과 설비를 개방하여 이용하도록 하고, 그들의 사업계획을 함께 세우고 추진하는 활동을 도와 주며, 특별히 그 지역사회의 지성인이며 지도력을 갖춘 교사가 지역주민을 위하여 교육 프로그램을 운영하고, 학교 학생과 교사가 함께 지역개발 사업에 참여하여 봉사활동을 하는 것 등이다. 이와 같이 학교가 주도자가 되어 추진해 나아가는 사회개혁운동이 지역사회학교운동(community school movement)으로 나타나게 되었다.

올센(Olsen)과 김종서의 지역사회학교의 특징을 종합하여 설명해 보면 다음과 같다.

① 그 지역사회 주민의 생활을 향상시키는 학교
② 지역사회를 학교의 학습 실험장으로 사용하는 학교
③ 학교의 건물과 설비를 지역사회 주민에게 개방하여 지역사회 센터로 사용하는 학교
④ 교육과정의 구성은 그 지역의 생활문제를 다루어 지역화하는 학교
⑤ 학교운영과 교육계획에 주민의 참여를 허용하는 학교
⑥ 지역사회 여러 기관의 조정자 역할을 담당하는 학교
⑦ 민주적 과정을 실천하여 선도적 기능을 하는 학교
⑧ 지역사회의 자원(資源)을 학습에 최대한으로 이용하는 학교
⑨ 주민과 학교가 바람직한 관계를 유지하는 학교
⑩ 지역사회 개발을 위하여 봉사하는 학교

⑪ 지역사회의 주민전체를 교육하는 학교가 바로 지역사회학교라고 한다.(Olsen, 1954, 김종서 외2,1996)

2. 인간이해와 교육

1) 교육 가능성

가) 인간의 잠재능력(가소성)

(1) 인간은 무능한가

사람들은 인간이 만물의 영장이라 하여 다른 동물들을 우습게 본다. 그러나 자세히 관찰하여 보면 그렇게 생각할 것도 아니다. 소가 송아지를 낳으면 그 놈은 1시간도 안 되어 뛴다. 그리고 사슴은 10분이면 걷기 시작한다. 그런데 인간은 낳아서 1년 반이나 지나야 걷고 뛸 수 있으니 얼마나 무능한 존재인가 말이다. 더욱이 소는 1년이면 다 자라는데 인간은 성체(成體)가 되자면 25년이나 걸린다. 까치라는 놈은 배우지 않아도 단단하고 안전한 집을 짓는데 인간은 그 정도의 집을 지으려면 적어도 10살은 돼야 할 것이다.

인간은 왜 이렇게 성장이 느리고 무능한 존재로 태어나는가? 그러나 그렇지 않다. 마치 고층건물을 지으려면 높은 만큼 땅속 깊이 파서 기초를 튼튼히 해야 하는 것처럼, 인간이 가지고 있는 거의 잴 수 없을 만큼 큰 능력이 발휘되자면 그 기초작업을 장기간 튼튼히 해 놓지 아니하면 안 되기 때문에 그렇게 무능하게 보이는 것이다. 즉 튼튼한 기초작업을 하느라고 시간이 많이 필요한 것이다. 인간은 잠재되어 있지만 대단한 능력을 가지고 태어났다. 이를 가소성(可塑性, plasticity)이라고 하기도 하고, 도야성(陶冶性)이라고도 한다.

(2) 인간의 능력은 얼마나 되나

까치의 건축기술이 진일보하여 건축양식이 달라졌다는 말을 들어 본 적이 없다. 집을 잘 짓기로 유명한 까치도 100년이 가도 1000년이 가도 똑같은 집을 지을 수 있을 뿐이다. 동물에게는 그들마다 한정된 능력이 주어졌고 그 이상은 발전하지 못하게 한 창조주의 뜻이다. 그리고 그 능력은 학습이나 훈련이 있어도 그 주어진 능력 이상으로 발전하지 못한다. 그래서 까치도 그 이상 좋은 집을 지을 수 없는 것이다.

그러나 사람은 태어날 때부터 사람이 가히 측정하기 어려울 만큼 대단한 능력을 받아 가지고 태어났는데, 그 능력은 잠재(潛在)되어 있어서 금방 쓸 수 있는 능력이 아니다. 오로지 교육과 훈련을 통하여서만 가용능력(可用能力)으로 변화할 수 있게 된다. 따라서 교육과 훈련이 없으면 인간의 잠재능력은 전혀 무가치한 것이 되고 말게 된다.

성경이 인간의 능력에 관하여 언급한 것은 구약성서 창세기 1장 27절이다. 여기에서는 “하나님이 당신의 모습을 따라 하나님을 닮은(형상대로) 사람을 창조하시되 남자와 여자를 창조하셨다”라고 하여 인간의 능력도 전지전능(全知全能)하신 하나님을 근접하게 닮았다고 하였다. 하나님이 인간을 창조하실 때 하나님과 유사하게 지었다는 것은 외모가 아니고 그 심성과 능력이라 한다면 인간은 분명히 동물과는 다른 대단한 존재일 수밖에 없을 것이다.

또 현대 과학은 인간의 능력을 뇌세포(腦細胞)의 수를 가지고 판단한다. 여러 가지 설이 있으나 일반적으로 학자들은 사람의 뇌세포 수를 대략 150억 개쯤 된다고 하고, 그 세포마다 돌기가 40~100개 정도 있어서 이 돌기들이 서로 복잡하게 연결되어 인간의 다양한 지성과 감성, 성격 등이 형성된다고 한다. 특별히 유아기(幼兒期)와 아동기는 이들 돌기들이 활발하게 서로 결합되는 시기라서 사람에게는 이 어린 때의 생활환경이 어떻냐에 따라서 그 자극이 달라지고 그 미치는 영향이 클 수밖에 없다는 것이다.

지능(知能, IQ)검사는 인간의 지능을 재는 검사이지만, 사실은 정확하게 검사해 낼 수 없는 한계가 있다. 그것은 검사할 때에 다양한 변인(變人)이 개입하여 정확도를 떨어뜨리기 때문이다. 그래서 교사들은 학습자의 지능이 어느 정도인지를 자세히 측정하지는 못하나, 대충 알아서 교육에 참고자료로 사용한다.

더구나 인간의 능력은 대부분이 사용해 보지도 못하고 버려지고 있다. 그리고 그 능력이 활발하게 나타나는 시기도 반드시 일정하지 않다. 어떤 사람은 어린 시절에 나타나기도 하고 어떤 사람은 나이가 들어서 고등학교 때부터, 아니면 성인이 되어서 나타나기도 한다. 심지어는 직장을 은퇴한 후에 새로운 분야에 도전하여 크게 성공한 사람을 종종 볼 수 있다. 또 학생시절에는 못난이처럼 행동하던 사람이 성장하면서 언젠가 갑자기 사회에 중요한 인물로 크게 기여하는 사람도 얼마든지 있다.

(3) 왜 인간의 능력이 사장(死藏)되는가

인간은 그가 가지고 있는 대단한 능력의 10%도 다 사용하지 못하고 버린다고 한다. 마치 잘 차린 요리를 조금만 먹고 대부분을 음식 쓰레기로 버리는 것과 비교할 수 있을 것이다. 어떤 사람은 아인슈타인과 같은 천재도 인간능력의 20%도 다 사용하지 못했을 것이라고 한다. 그 당시 검사해 본 사람이 없었으리라 생각되지만, 그러나 인간은 그가 가지고 있는 능력의 대부분을 써 보지 못하고 버리고 있는 것만은 분명하다.

현실적으로 우리는 유능한 사람과 무능한 사람이 있음을 시인해야 한다. 그러나 그것은 인간의 타고난 능력 차이도 있지만 그보다 그가 살아 온 생활을 통하여 하나씩 축적된 결과라는 것이다. 즉 교육이 부족했다던가, 아니면 잘못 교육되어서 때로는 인간이 건강을 잃는다던가, 나태하고 욕심이 많던가, 늘 부정적인 사고를 가지고 세상을 괴롭게 산다던가, 아니면 사회적인 죄에 빠져 헤매던가 등등 비정상적으로 살아가는 사람은 그것이 인간의 능력을 발휘하는데 방해를 하고, 그래서 무능한 사람이 된다.

늑대 어린이 이야기가 있다. 1920년 어느 날 새벽에 인도의 한 마을에 늑대 떼가 나타났다. 그런데 그 늑대 떼 속에 두 마리는 사람 모습을 한 아이가 있음을 발견하였다. 이를 발견한 Sing 목사가 동리 청년들을 풀어 그 아이를 잡아보니 사람인데 완전히 늑대처럼 행동하고 있었다. 씽목사는 이 늑대 어린이를 사람으로 만들기 위하여 많은 노력을 경주하였지만 그것은 대단히 어려웠고 그 아이들은 결국 다 죽었다. 늑대에 잡혀간 이이들은 늑대와 더불어 살면서 사람이 안 되고 늑대가 되었던 것이다.

인간은 인간이 만들어 놓은 잘못(죄악)된 사회환경과 문화가 인간을 잘못 가르쳐서 인간의 능력을 대부분 사장(死藏)시키고 있는 것이다. 나태한 성품의 소유자는 머리를 자주 쓰지 않아서 뇌세포가 빨리 퇴화하고 그것이 심하면 치매에 이른다고 한다. 또 고민을 많이 하면 머리가 둔해진다고도 한다. 그러나 반대로 창의적이고 진취적인 사고를 하거나 기쁜 일을 만나면 뇌세포가 활발하게 생성되어 머리가 좋아진다고 한다. 그리고 화를 잘 내면 건강이 나빠지지만 사랑하면 머리가 좋아지는 것도 다 마찬가지 이치라 할 것이다. 그 외에도 우리가 중요하게 고려해야 할 것들을 예로 들면 다음과 같다.

① 우리의 건강을 위하여 먼저 균형 잡힌 영양의 섭취로부터 충분하고 조화된 운동과 휴식, 과도한 긴장이나 불안으로부터 자유롭고 평안한 마음을 갖는 것이다.

② 공부를 잘 하는 데는 적당한 영양섭취와 긍정적이고 적극적인 사고, 강한 지적 호기심과 학습의 기쁨 그리고 무엇인가 하고자 했던 일을 성취해 본 경험(성취감)을 많이 쌓아가는 것이 필요하다.

③ 정서적 안정을 얻는 데는 충분한 사랑을 받고 자라나는 것과 부모의 일관된 양육태도(養育態度)의 유지, 가정의 안정과 화목 그리고 신뢰가 오고가는 인간관계가 형성된 가정과 주변환경이 요구된다.

④ 사회적 · 도덕적으로 성숙하는 데는 충분하게 사랑을 받고 자라나는 일과 존경하고 사랑하는 가까운 사람이 있다는 것, 질서와 신의가 있는 공동체 생활을 통하여 인간관계가 정립되고 더불어 사는 기쁨을 맛보는 일, 건전한 가치관(價値觀)을 세우고 정확한 판단력을 키우는 일 그리고 정당한 권위를 인정하고 공의(公義)가 높게 평가되는 사회환경 속에서 자라나야 한다는 것 등이 중요한 성장조건이 될 것이다.

우리가 우리 생활을 돌아보면 굶주림에서부터 시작하여 무지(無知)와 무자비, 불안과 공포, 미움과 불신, 불의가 난무하는 오늘의 죄악된 세상 환경은 위와 같은 좋은 일들만 있을 수도 없고 있어도 그것이 지속되기가 어려운 세상이다.

특별히 근래에 이르러 전세계적으로 만연한 '더러운 자본주의' 사회체제는 이로 헤아릴 수 없을 만큼 많고 복잡하며 타락한 삶의 문제들을 만들었고, 그 죄악의 대가는 이미 인류가 지불하고 있는 형편이다.

학자들은 말하기를 오염된 사회를 깨끗하게 할 수 있는 자정능력(自淨能力)을 사회는 이미 가지고 있다고 하지만, 우리는 적극적으로 이 죄의 끈질긴 공격에 대항하여 싸우고 방어하지 아니하면 안 되는 강적 앞에 서 있다. 그리고 새로운 이상(理想) 세계를 우리 가슴 안에 건설하여 인간성을 회복하고, 이런 회복을 통하여 인간의 능력을 십분 발휘하지 않으면 안 된다.

(4) 인간의 재능은 교육에 의하여 나타난다

인간의 능력은 이미 가지고 있는 능력이지만 그것은 잠재되어 있는 능력이므로 그것이 밖으로 나타나서 사용할 수 있으려면 —마치 하드웨어에 저장된 정보를 다시 출력시키는 것처럼— 교육이라는 경로를 거쳐야 한다. 교육이 없으면 잠재능력은 아무 쓸모 없는 것이 되고 만다. 그래서 인간은 아무리 좋은 유전인자를 물려받았다고 해도 후천적으로 그 환경이 좋고 열심히 노력하지 아니하면 그 좋은 유전자는 전혀 쓸모가 없는 것이 되고 만다.

사람에게는 누구나 다 한 가지 재능은 타고났다고 한다. 성경에서는 말하기를 인간의 능력이 비록 적고 많고의 차이는 있으나 어떤 사람이라도 그가 가진 탤런트(talent), 즉 독특한 재능을 조물주가 주셨다고 한다. 어떤 사람에게는 공부 잘하는 재주를, 또 어떤 사람에게는 노래, 미술, 말, 운동을 잘 하는 재주를 그리고 어떤 사람에게는 기계를 잘 만지는 재능, 설계를 잘하는 재능을 주셨다. 이런 재능을 하나도 갖지 못하고 태어난 사람은 한 사람도 없다는 것이다. 그런데 문제가 되는 것은 내게 주어진 이런 재능이 무엇인지를 잘 몰라서 헤매고 있는 사람이 많다는 것이다. 우리가 이 주어진 재능을 어렸을 때 일찍 발견하여 그것을 기초로 하여 인생을 설계하고 그 방향을 향하여 계속하여 노력한다면 그 사람은 분명히 성공적인 삶을 살아가게 될 것이다.

한국의 학생들은 어떤 국제경시대회에서 자주 우수한 성적을 내곤 하였다. 어느 해인가 수학경시에서 1등에서 10등까지 한국 학생이 1, 2등을 포함하여 6명이 들어 있기도 하였다. 그런데 그것은 학생이 어릴수록 성적이 좋고 나이가 들수록 나쁘다. 그래서 대학생의 경시대회에서 한국 학생은 50% 이내로 들어오는 경우가 별로 없다. 이런 현상은 무엇을 말하는가? 한국 어머니의 훌륭한 교육은 있으나 어머니의 영향력이 잘 미치지 못하는 성장한 자녀들에게는 좋은 교육이 없었다는 것을 말해 주고 있다. 즉 이들에게 결정적으로 영향을 주는 사회문화의 환경은 교육적이지 못하다는 것을 의미한다.

나) 인간의 성장력

인간에게 잠재가능성(潛在可能性), 즉 가소성(可塑性)을 준 조물주는 그것만으로는 부족하다고 생각하였는지 이 능력을 밖으로 나타내어 쓸모 있는 능력으로 만들기 위하여 인간에게 자체 추진력을 주었다. 바로 그것이 성장력(成長力, growth forth)이다. 이 성장력은 '인간이 스스로 자라고자하는 충동'이라고 하기도 하고 '성장하고자 하는 욕망(成長慾)'이라고 하기도 한다.

신체의 성장력은 음식과 운동, 휴식에 대한 강한 욕구로 나타난다. 이 욕구는 어릴수록 더욱 강한데, 조금만 배고파도 야단이 나는 아기들, 위험하게도 높은 곳에 올라가 엄마를 놀라게 하는 어린이, 잠시도 쉬지 않고 뛰어 다니며 구멍을 쑤셔 보고, 물건을 뜯어 보며, 엄마 치맛자락을 붙들고 귀찮을 만큼 계속하여 질문하는 아이들, 무엇인가를 알아내기 위하여 식음을 잊고 몰두하다가 그것을 알아내면 뛸 듯이 좋아하는 어린이와 어른들의 행동에서 우리는 인간의 지적 호기심(知的 好奇心)과 그 내적 충동(內的 衝動)을 찾아 볼 수 있다.

이런 인간의 성장력이 있기에 오늘의 과학과 기술, 학문의 발달이 가능해진 것이다. 달나라에 가서 돌덩어리 몇 개 가지고 와 봐야 별로 의미 있는 것이 아닌데도 그 엄청난 돈과 노력을 소모하며 기어코 이루어 내는 것도 다 이런 인간의 성장력이 만든 호기심 때문이다. 그래서 교육은 새로운 지식을 학습자에게 넣어 주는 것도 중요하지만 그보다 학습자가 스스로 탐구하여 알아내고 새로운 지식과 기술을 만들 수 있도록 도와 주는 것을 더 중요한 교육이라 생각하는 것이다.

인간은 정서적으로 안정을 원한다. 그래서 사람은 자신의 불안이나 공포, 미움 등을 감추고 극복하려고 하는 모습을 찾아 볼 수 있다. 그 극복의 방법은 예컨대 합리화하려 하기도 하고, 공격하기도 하며, 때로는 도피하고 보상하기도 한다. 인간은 거의 모두가 타인으로부터 사랑과 인정을 받기 원한다. 심하면 애정이 결핍되어 병이 되기도 하고, 몸과 마음의 상처로 남아서 인간을 괴롭게 한다. 그 외에도 인간은 집단에 소속되어 어울려 살고자 하는 욕구도 강하다. 사람에게 있어서 양심이나 신앙심은 누구에게나 있는 것으로 인간의 사회적 성숙과 도덕적 성숙, 나아가서 인간이 자신의 본향(本鄕)을 찾아가려는 자기정립의 내적인 동력(動力)이 된다.

2) 교육의 한계

인간은 그 능력이 얼마나 많은지 측정이 거의 불가능하리 만큼 대단한 능력을 소유하고 태어났다. 그렇다고 하여 인간은 결심하기만 하면 모든 일을 다 해낼 수 있는 존재가 아니다. 즉 인간에게는 일정한 한계가 있는데, 그 한계를 결정지어 주는 것이 유전(遺傳, heredity)이고 환경(環境, environment)이다. 인간은 나면서부터 유전의 지배를 받아서 선천적으로 일정한 발달 가능성이 주어진다. 어떤 사람은 이 발달 가능성을 많이 타고나고 어떤 사람은 적게 타고난다. 그러나 출생한 후에는 자연과 함께 인간이 만들어 놓은 환경에 의하여 교육을 받아서 성장하고 발전하게 된다.

가) 유전

인간은 부모와 선조로부터 고유한 유전인자(遺傳因子, gene)를 물려 받게 되는데, 그것은 사람의 성장을 결정해 준다. 오늘날에도 부분적으로 정당성을 인정받고 있는 멘델(Mendel)이나 모건(Morgan)과 같은 유전학자들의 주장은 생물학뿐 아니라 교육학에도 중요한 영향을 주고 있다. 그들의 주장에 따르면 “생물의 특질은 생식세포에 있는 염색체의 유전형질 또는 유전인자에 의하여 선천적으로 결정되기 때문에 후천적인 환경은 유전의 형질을 변경할 수 없다"고 한다. 그 이후에도 유전을 강조하는 학자는 인간의 신체와 정신의 강약이나 지능의 우열, 정서와 의지의 강약등에 이르기까지 이들이 모두 유전에 의하여 결정된다고 하였으며, 이를 소질만능설(素質萬能說, disposition)이라 한다.

교육에 있어서 유전이 어느 정도 영향을 주는가에 대한 실험적 연구는 골턴(F. Galton)과 윈쉽(A. E. Winship), 고다르드(H. H. Goddard) 등이 시도한 가계 연구와 뉴먼(Newman)과 프리먼(Freeman), 홀징거(Holzinger)의 쌍생아 공동연구가 있다.

윈쉽은 유전에 관한 연구에서 우수한 가계(家系)로 프린스턴대학교 총장을 지낸 에드워드(J. Edward) 가계의 후손 140명을 조사해 보았다. 이 가계에서는 대부분 학자, 교육가, 공무원 등 유능한 인물이 배출되었고 미국 발전에 큰 공헌을 하였다. 그러나 고다르드는 네델란드에서 이주해 온 맥스 쥬크(Max Juke)라는 불량자의 자손을 5대에 걸쳐서 출생자 2,240명을 조사해 본 결과 직업을 제대로 가지고 사는 자는 불과 20명에 지나지 않았고 나머지는 영아기에 죽었거나 불구자, 저능아, 걸인, 불량배, 범죄인이었다.

뉴먼 등 세 사람의 공동연구에서 지능이 얼마나 유전되느냐에 대하여 쌍생아를 연구해 본 결과를 보면, 2란성 쌍생아 사이는 평균 I.Q.가 9.9의 차이를 보여주었고, 1란성 쌍생아 사이는 5.9의 차이를 보여주어 1란성 쌍생아가 2란성 쌍생아보다 서로 지능이 더 많이 유사하다는 것을 밝혀냈다. 특히 사람의 신체적 특성, 예컨대 피부색갈, 얼굴 형태, 눈의 색깔, 코, 키, 머리카락, 손과 발의 모양, 체구 등은 모두 유전자에 의하여 결정된다. 이런 신체적 특성은 환경이 달라진다고 하여 변화하지 않는다. 그러나 영양과 운동, 기후 풍토에 따라서는 어느 정도 변화될 수 있는 부분도 있지만, 근본적인 종족의 유전은 변화되지 않는다.

소질(素質)이란 인간의 신체적 기능이나 정신적 기능의 잠재적 능력이다. 이 소질은 유전에 의하여 결정되기도 하지만 환경의 영향도 무시할 수 없다. 그런데 유전에 의하여 결정되는 신체의 강약이나 지능의 우열, 정서와 의지의 강약 등은 교육과 환경에 의하여 변화되는 부분은 극히 조금밖에 되지 않는다는 것이 밝혀졌다.

나) 환경

인간의 특성을 형성하는 것은 유전적인 요인 외에도 환경, 즉 자연과 사회, 문화 등에 의하여 이루어지기도 한다. 기후와 풍토, 명산(名山) 대천(大川)과 같은 자연환경, 부모의 양육태도나 그 지역사회의 문화와 인심 등 사회적・심리적인 환경이 얼마나 중요한지를 우리는 경험을 통하여 잘 알고 있다.

아무리 좋은 유전자를 타고났어도 환경이 나쁘면 그 유전자는 능력을 발휘할 수 없다. 1란성 쌍둥이와 같이 유사한 유전인자를 가진 두 여자 아이가 가정환경으로 인하여 하나는 남의 집 하녀로 갔고, 다른 아이는 부잣집 양녀로 가게 되었을 경우, 이들이 오랜 기간이 경과한 뒤 두 아이를 비교해 보았더니 지능은 약 15~20 정도의 많은 차이를 보였다.

존 로크의 인간자연설(人間自然說, Tabula rasa Theory)이나 맹자 어머니의 삼천지교(三遷之教)는 모두 환경의 중요함을 말해 주고 있다. 일반적으로 불량자나 범죄자를 조사하여 그 원인을 찾아보면, 그 원인이 대개는 가정환경이나 사회환경 또는 친우관계 등이라는 것을 발견할 수 있다. 인간은 그가 가지고 있는 소질을 환경이 키우기도 하고 죽이기도 한다. 그런가 하면 사람은 어차피 환경에 적응해야 하고, 그 환경을 이용하여 삶을 영위해 나아가지 않으면 안 된다.

1795년 남아프리카 아베롱의 산림 속에서 12세 가량 된 야생아를 잡아서 이를 의사에게 교육을 잘 받도록 하여 드디어 인간다운 사람이 되었다고 한다. 이와 비슷한 여러 사례는 인간이 환경에 의하여 지배되는 존재, 환경 곧 교육의 중요성을 알려 준다. 그래서 어떤 학자들은 유전은 무시할 만큼 적은 영향을 주지만 환경 또는 교육이야 말로 인간을 특징지우고, 잠재 가능성에서 사용 가능한 능력으로 드러내게 하는 결정적인 요인으로 보고 있다. 그래서 이들의 주장을 교육만능설(教育萬能說)이라고 한다.

나트로프(Natrop, P.) 역시 "인간은 다만 인간 사회를 통해서만 인간이 된다"고 했고 칸트도 "인간이란 교육을 통하여 사람다운 사람이 될 수 있다"고 했으며, 코메니우스(Comenius, J. A.)도 "사람은 교육에 의해서만 인간이 된다"고 하였다. 이들은 모두 환경이 인간의 성장 발달에 얼마나 중요한가를 말하고 있다.

다) 유전과 환경의 관계

인간 형성에 있어서 유전의 힘이 더 큰지 아니면 환경의 힘이 더 큰치에 대하여는 아직 정확한 판명이 되어 있지 않지만 1930년대 이후 점차로 환경의 힘이 더 우세하다는 연구가 힘을 실어가고 있다. 전술한 바와 같이 인종적인 것, 즉 체격, 용모, 혈액형, 피부나 털의 색깔 등과 같은 것은 환경에 의하여 변화될 여지가 거의 없는데 비하여, 심리적인 것과 정신적인 능력, 예를 들면 성격, 예의, 개성, 흥미, 언어 등은 환경, 즉 교육의 영향을 많이 받는다.

이와 같이 스턴(Stern)은 절충설을 주장하면서 인간은 선천적인 소질(내적 요인)과 후천적인 교육(외적 요인) 두 가지 힘이 역동적으로 상호작용하면서 인간이 형성되어 간다고 하였다. 따라서 양 요인의 최대 한계는 교육의 한계가 된다. 같은 절충설의 입장에서 우드워스(Woodworth)는 마치 4각형의 세로(유전)와 가로(환경)로 보아 개인의 발달은 그 가로와 세로로 이루어지는 4각형의 넓이와 같다고 하였다.

결론적으로 유전(소질)은 인간에게 선천적으로 주어지기 때문에 이를 수용하지 않으면 안 된다. 그러나 환경(교육)은 이 유전에 의하여 주어진 것을 최대한도로 발전시키는 역할을 감당해야 하는 다른 요인이다. 이 둘은 별개의 대립되는 요인이 아니고 먼저와 나중의 역할자로서 작용하는 요인이라 하겠다. 사람에게 어떤 좋은 특성을 갖인 유전자와 이 유전자와 잘 조화되어 이 유전자의 특성을 잘 키울 수 있는 어떤 좋은 환경이 있다면 이들은 서로 결합하여 그 인간의 성장 발달을 위하여 대단한 작업을 해 낼 것이다. 그러나 아무리 좋은 유전자와 환경이 만나도 그 특성이 서로 조화를 이룰 수 없다면 좋은 작업의 결과를 가져오지 못할 것이다.

인간은 대단한 잠재가능성과 성장력을 조물주에 의하여 이어받았다. 그런데 이 잠재가능성과 성장력은 교육이란 환경을 통하여 밖으로 드러나서 사용이 가능한 능력으로 탈바꿈하게 된다. 이와 같이 유전과 환경은 시간적으로 선후하여 나타나고, 서로 상호작용하여 인간의 능력을 결정하게 된다.

3. 교육의 구성요소

교육이 성립하자면 그 중심이 되는 몇 가지 중요한 요소가 있다. 그 첫 번째가 학습자(學習者)다. 비록 아동중심 교육사상이 아니더라도 교육에서 가장 중요한 존재는 역시 학습자가 되어야 한다. 그리고 그 다음으로 가르치는 교사(敎師)가 중요하다. 교사는 학습자가 만나는 인적 환경 중에서 가장 영향력이 강한 존재로서 교사의 질적 조건은 언제나 교육을 좌우하여 왔다. 그리고 다음으로는 학습자 주변의 문화환경과 물리적 환경이 교육을 결정하는 데 중요한 요소로 작용한다. 이하 이들에 관하여 간단하게 소개하기로 하자.

1) 학습자

교육은 먼저 배울 사람이 있어야 가르칠 수 있다. 배울 사람은 평생교육의 차원에서 본다면 넓게는 태아에서부터 시작하여 죽기 전의 노인에 이르기까지 모든 살아 있는 사람이다. 그러나 학교교육의 학습자는 대개가 일정한 연령과 자격을 갖춘 사람으로 초등학교 취학전의 유치원생에서부터 의무교육을 받아야 할 청소년과 일정한 학력수준이 있어야 진학할 수 있는 사람이 그 대상이 된다. 하지만 사회교육(社會敎育)의 대상자는 그 제한이 없으므로 모든 살아 있는 사람이면 누구나 학습자가 될 수 있지만 경우에 따라서는 일정한 자격을 요구할 때도 있다.

그런데 이들 학습자들은 그 사람에 따라 개인차가 심하여 교육이 개별화(個別化)되어야 함에도 불구하고 국가 재정 등 여러 여건으로 이 문제가 잘 해결되지 못하고 있다. 학습자가 갖추어야 할 자질과 특성을 들면 다음과 같다.

(1) 인지적(認知的) 측면에서 보면, 어느 정도의 지적 능력인 이해력과 사고력, 창의력 등이 요구되고 언어능력과 기초학력 및 선수학습(先修學習)을 요구

받기도 한다.

(2) 정의적(情意的) 측면에서 보면, 학습동기와 성취동기(成就動機)가 있어야 하며 적절한 각성수준과 포부수준(抱負水準, level of aspiration), 불안수준 그리고 긍정적인 자아개념(自我概念)과 가치관 및 태도 등도 학업성취에 의미 있는 영향을 미친다.

(3) 신체적 측면에서 보면, 학습자의 성숙수준과 건강은 학업성취에 영향을 미친다. 특별히 학습이 어렵고 학습자의 나이가 많을수록 건강은 중요한 의미를 갖게 된다.

2) 교사

학교교육에서는 흔히 '교사' 또는 '교수'라고 불리우는 사람이고, 사회교육에서는 '강사', '지도자', '교관', '진행자' 등으로 불리우는 사람들이 여기에 해당한다. 가정교육을 사회교육과 별개의 교육영역으로 보는 입장에서는 부모와 형제자매가 교사의 역할을 담당하고 있지만 이들을 교사라고 하지는 않는다.

교사중심 교육을 주장하는 보수주의자들은 교사를 교육의 주체라고 하고 교육을 주도하는 역할자로 생각한다. 실제적으로 한국의 교육은 해방 이후 미국 교육학의 영향을 받아 왔다고는 하지만 지금도 교사가 중심이 되어 교육을 이끌어 가고 있다. 그러나 최근 교육개혁을 통하여 아동중심 교육체제로 개혁했지만 교육현장에서는 아직도 교사중심이어서 제도와 현장간의 불균형으로 혼돈한 상태에 있다.

교사가 갖추어야 할 가장 중요한 자질이라고 한다면 전문인으로 갖추어야 할 것과 학습자들의 모형학습의 대상으로 모범적인 인격을 동시에 갖추어야 한다. 이를 분야별로 나누어 자세히 소개해 보면 다음과 같다.

(1) 인지적 측면에서 교사의 자질과 특성을 보면, 교수하는 데 필요한 사고력과 추진력, 평가력 등을 포함한 제반 지적 능력 즉 담당교과에 대한 심오한

이해력, 교수방법과 기술 그리고 언어능력 등이 요구된다.

(2) 정의적 측면에서 보면, 바람직한 인성특성으로 긍정적 사고와 신념, 바람직한 태도와 가치관 및 교육관 그리고 그 중에서도 특별히 인간의 존엄성이나 잠재가능성에 대한 믿음과 나아가 보수와 진보에 대한 조화로운 운영능력, 명확한 목적의식과 경험적 실증성을 견지하고자 하는 전문성 등이 갖추어져야 할 것으로 생각된다.

교사의 학습자에 대한 긍적적 태도는 학습자에게 기대감을 줌으로써 학습효과에 긍정적으로 영향을 주는 피그마리온 효과(Pygmalion effect)가 나타난다. 사회학자 머어튼(Merton)은 이 현상을 자기충족 예언(自成豫言, self-fulfilling prophecy)이라고 하였다. 로젠탈과 제이콥슨(Rosenthal & Jacobson)은 피그마리온 효과를 오크(Oak)학교실험을 통하여 입증하였는데 그것은 교사가 학습집단에 대하여 기대하는 방향이나 정도가 학생의 학업성취도에 영향을 미친다는 것이었다. 즉 교사가 학습집단에게 긍정적으로 예언하면 성적이 올라가고, 부정적으로 예언하면 내려가는 것을 확인하였다. 특히 저학년과 하류계층의 학습자에게 더 뚜렸하게 나타난다는 사실을 확인하였다.

특별히 교사는 모범적인 인격자로서 봉사와 희생의 사랑을 실천할 수 있어야 하는 존재다. 그 사랑은 밑에서부터 위로의 가치애(eros)뿐 아니라, 위에서 아래로의 종교애(agape) 그리고 횡적인 인격애(philia)에 이르기까지 모두 갖추기를 바라고 있다(김필식 · 오만록, 2002).

(3) 신체적 측면에서 보면, 교사가 갖추어야 할 자질과 특성은 건강과 단정한 용모라 할 것이다. 교사가 허약하여 의욕이 저하되고 학습자 지도에 적극적이지 못하며 지역사회에 헌신할 수 없으면 교사의 역할을 감당하는 데 지장이 되기 때문이다.

3) 시설과 도구

교육이 이루어지기 위하여는 학습자, 즉 학생과 이 학생을 가르칠 교사(선생)

가 있다고 하여 다 되는 것이 아니다. 교실이 있어야 하며 때로는 운동장도 있어야 하고, 나아가 가르칠 도구(구안물)로 실험실습 기자재와 책, 주로 교과서와 공책 기타 수많은 도구들이 필요하다. 그리고 이들을 관리하고 사용하며 제작하고 폐기하는 일까지 이 모두가 교육과정의 계획과 더불어 이루어지는 지원행정으로서 교육행정이 해야 할 일들이다.

특별히 국정교과서를 인정하는 나라에서는 어떻게 교과서를 편찬하는가 하는 것 그리고 검인정 교과서를 인정하는 나라에서는 어떤 교과서를 선택할 것인가가 중요한 일이다. 교과서가 중심이 되고, 교사가 중심이 되는 보수적인 교육철학을 가진 사회에서는 교과서가 더욱 중요하다. 그러나 경험을 중시하는 진보적 교육철학을 기반으로 하는 사회의 교육에서는 교과서만이 교재가 되지 않기 때문에 그 중요성이 감소한다.

학교교육에서는 정부나 학교재단법인이 출연하여 '학교'라는 건물을 반듯하게 건축하고, 많은 교육 및 학교행정용 도구들도 공급하여 주지만 실제로 사립학교와 공립학교간에는 차이가 있으며, 지역간의 교육환경 여건도 일정하지 않다. 특히 근래 교육환경을 찾아 해외로 떠나는 사람들은 주로 커리큐럼과 더불어 이런 시설과 도구가 우수한 나라로 떠나는 것이다.

4) 교육의 행정과 재정

학교교육은 그것이 국공립(國公立)일 경우에는 국가나 지방자치단체가 학교의 재정을 직접 부담하지만 사립학교일 경우에는 약간의 정부 지원만 있을 뿐 주로 개인이나 단체가 일정한 재산을 출연하여 만든 재단법인(財團法人), 즉 학교법인을 설립하여 이 학교법인이 학교의 재정을 주로 부담하게 된다. 특히 우리나라의 경우 재단이 학교운영에 재정을 보태어 주어야 정상인데도, 반대로 학생이 납부한 등록금을 빼내어 타용도로 사용하는 비교육적인 자들이 있어서 비난을 받고 있다.

우리나라의 교육부 예산은 IMF 이후 GNP의 4.2%에 불과하였던 것이 조금은 회복되었지만 아직도 5%를 넘지 못하고 있다. 7%인 미국이나 30%를 넘는 어느 작은 나라에 비교한다면 한국의 교육재정은 대단히 열악하다고 할 것이다. 그러나 사교육비를 공교육비로 전환할 수만 있으면 그 배나 되는 풍족한 재정이 될 수 있지만 현재로서는 그것을 기대하기란 어려운 형편에 있다.

그리고 특히 빈부의 격차가 심한 사회교육의 재정문제는 좀더 심각한데, 여기에서는 논의하지 않기로 하였다.

5) 교육이념과 주도자(主導者)

교육에는 그것이 학교교육이건 사회교육이건 그 교육기관을 창립한 자가 있게 마련이다. 학교교육일 경우, 공립학교는 정부나 지방자치단체가 세우고 사립학교는 어떤 단체나 개인이 재산을 출연하여 학교법인을 설립하여 학교가 세워진다. 일반적으로 이들 학교를 창립하는 이들은 그들의 교육이념이나 건학정신(建學精神)을 세우고 이를 그가 설립한 학교를 통하여 실현해 보려고 한다. 예컨대 국・공립학교는 국가 또는 정부의 이념을 구현하려 하고, 종교계통의 학교는 그 종교가 가진 신앙을 교육을 통하여 실현하려고 하여 그에 합당한 제도를 마련한다.

사회교육 기관 역시 설립자가 그것이 크고 깊든가 아니면 적고 낮은 차이는 있지만 나름대로 어떤 이념과 철학을 가지고 창립하여 그 이념을 실현하고자 한다. 공무원교육원이나 노동교육원처럼 정부에서 세운 교육기관도 있지만 YMCA나 가나안농군학교처럼 사립이면서 높은 이념을 가지고 그들이 세운 이념을 실현하는 데 철저한 사회교육기관도 많다.

이하에서는 이상에서 언급한 요소들 외에 교육의 직접적인 교육의 구성요소로 다음 몇 가지를 설명할 수 있을 것이다.

6) 교육의 목표

교육이념을 세우면 그 이념을 실현하기 위한 교육목표(敎育目標)를 정립한다. 즉 교육목표는 그 교육기관이 피교육자로 하여금 그들이 원하는 바람직한 인간으로 성장해 주기를 원하는 특성으로, 이를 진보주의 교육철학에서는 '달성하고자 하는 행동변화'라 설명하고 있다. 따라서 이 교육목표는 그 교육의 시발점이 되며 그 목표를 달성하기 위하여 교육계획을 세우는 근거가 된다.

그런데 그 교육목표가 어떻게 진술되었던 간에 가르치는 교사가 목표의식이 뚜렷하면 할수록, 그 목표가 구체적일수록 그리고 행동하기가 쉬울수록, 시사하는 바가 높을수록 그것을 달성하기 위하여 어떻게 할 것인가가 분명하기 때문에 좋다.

교육목표에 따라서 교육내용과 교육방법 그리고 교육평가까지 달라지게 된다. 목표가 잘못 세워지면 교육의 전과정이 잘못되기 쉽기 때문에 목표설정은 교육에서 가장 중요한 과정이라 할 것이다.

7) 교육의 내용

교육의 목표달성을 위하여 학습내용의 선정과 조직을 어떻게 할 것인가 하는 것이 중심내용이다. 그 학습내용은 문화유산 속에 들어 있는 자료를 가지고 선택하고 조직한 지식의 체계를 교과(敎科)라 하는데, 그 교과는 단순히 문화유산을 전수하는 경우와 이를 개혁하여 새로운 문화를 창출해 내는 경우를 모두 가리킨다. 학교가 시작되면서 교과는 교육의 주된 내용을 차지한다. 심지어 교과를 무시한다고 알려진 미국(진보주의)에서도 교과를 무시해 본 적이 없다(김종서 외2, 1996).

교육내용은 목표의 일부이기도 하고 그 수단이기도 하다. 학교교육이나 사회교육에서도 교육내용 그 자체를 이해하는 것이 목표이면서 동시에 수단이 되는 경우가 많다. 근래 많이 논의되고 있는 학문중심(discipline centered) 교육과정에서 교과내용의 선정과 조직은 흔히 이와 같은 입장이다. 어떻든 우리나라의 교육현장에서 자주 볼 수 있는 것처럼 목표 없는 내용이 있다면 그것은 교육의 기능을 대부분 저버리는 결과를 가져온다.

8) 교육의 방법

회사가 상품을 생산하면 그 상품을 운반하는 수단이 필요한 것처럼 교육내용이 결정되면 그 내용을 가르칠 수단, 즉 방법이 필요하다. 이것이 진보주의에서는 경험과정이 될 것이고 본질주의에서는 설명과정이 될 것이다. 이 방법은 교수법을 제외하고도 '지도방법'이라 하기도 하고, 절차, 조직, 자료, 상호작용, 분위기 등도 이 개념 속에 넣어도 된다.

교육의 목표와 내용의 선정 및 조직이 아무리 잘 되었다 해도 구체적으로 어떤 학습이 이루어질 때 그 학습방법이 잘못되면 그 학습의 성격과 질이 좋아질 수가 없다. 같은 교과내용을 공부한다 해도 교과서를 읽고 외워서 과학적 사실과 원리를 기억에 남기는 학습방법이 있는가 하면 교과서에서 제시한 내용을 가지고 탐구과정을 거쳐 탐구능력과 탐구적 태도가 습득되기도 한다.

교육방법을 선택하는 것은 그리 쉽지 않다. 특별히 교육의 구성요소가 다양하고 복잡한 사회교육, 성인교육에서 더욱 그렇다. 예컨대 학습자가 어떤 사람이냐에 따라, 즉 그 발달단계와 선수(先修)한 지식과 기능의 수준, 흥미와 가치관, 동기와 지능, 성별과 학력수준 및 직업과 연령 등에 따라서 다른 방법을 적용해야 한다.

그리고 교사의 성격이나 교육적 배경, 지식수준, 가치관, 교육적 태도와 목표의식 및 교수방법과 기술(技術) 등에 따라서 그리고 교육의 목표와 내용이 특수한 것이냐의 여부와 또 그것이 지적인 것인지 아니면 정의적인 것인지, 내용의 종류와 구조가 어떤지에 따라서 달라야 효과적인 교육이 가능하다. 그리고 그 외에도 교수조건(教授條件), 즉 학습자료의 질과 양, 교구(敎具)와 시설, 학급조직방식 등도 교육효과에 영향을 미친다. 더욱이 교육방법과 관련하여 학교 및 학급 분위기는 교육효과에 중요한 의미를 갖는다. 그리고 교직원의 인간관계, 지배적인 행동양식, 학생들의 지배문화, 학교의 전통 등도 학생들의 학습경험에 영향을 많이 미친다(정범모, 교육학).

9) 교육의 평가

교육적인 사고의 4번째 요소로 교육평가를 들 수 있다. 평가는 학업의 성취도를 검증하는 일이다. 평가는 학습이 진행되는 과정과 학습 결과를 평가하여 교육이 잘 되었는지 그 타당성을 검증하고 나아가 필요한 개선책을 찾는 데 이용한다.

평가에 대하여는 뒤에서 재론하겠지만 대개 평가의 계속성과 교육목표와의 일관성을 검증하는 것이다.

위에서 설명한 여러 가지 교육의 구성요소들은 하나의 목표를 달성하기 위하여 필요로 하는 중요한 요소들을 분해하여 설명한 것 뿐이지 결코 독립적인 역할을 담당하는 것들이 아니다. 즉 이들은 서로 순환적인 일관성을 가지고 있다. 예컨대 교육의 평가는 이들 요소 중 하나가 잘못되면 다른 요소에 영향을 미치고 있음을 밝혀내게 되고, 그렇게 해서 시정하면 다시 평가를 받아 다음 단계의 교육이 진행하게 된다.

뿐만 아니라 교육의 여러 구성요소 간에는 긴밀한 상호작용적인 관계가 있음을 발견할 수 있다. 예컨대 교육의 요소 중 교육목표는 교육과정의 출발점이며 달성해야 할 최고의 가치이다. 그래서 그 목표달성을 위하여 가르칠 교사와 내용, 방법 및 평가가 결정되고 경우에 따라서는 그 시설과 도구가 결정된다. 그런데 그 교육목표도 학습자가 변경되었을 때는 따라서 변경될 수 있으며, 그 외에도 다른 요소들이 또한 변경되어야 하는 상호작용 관계를 가진다.

10) 종합과학으로서의 교육학

위에서 소개한 교육의 구성요소는 교육을 받쳐 주고 유지해 주는 기둥과 대들보들이라 할 수 있다. 그런데 이와 관련하여 교육학의 기둥과 대들보를 보는 것도 의미가 있어서 이 곳에 함께 기술하려 한다.

교육학이 학문으로 성립할 수 있는지 여부에 대하여 여러 가지 논란이 있으나 일단은 종합과학으로서 학문의 성립이 가능하다는 입장에 서고 싶다. 그러나 여기에서는 그 점을 밝히려고 한 것이 아니고 교육학이 다양한 인접 학문의 도움을 받아 하나의 학문체계로 체계화되어 있다는 것이다. 따라서 이들 인접학문들은 교육학의 기본적인 구성요소가 될 것이다. 예를 들면, 교육학은 교육사학(敎育史學)과 교육철학, 교육심리학과 교육사회학, 교육행정학, 교육경제학, 교육인류학, 교육과정 그리고 그 외에도 많은 다른 학문영역이 교육학을 학문으로서 체계화하는 데 기둥과 대들보가 되고 있다. 이들 기둥과 대들보는 서로 맞물려 있고 어울려서 한 집을 지탱하게 되는 것처럼 교육학을 세우고 있는 것이다(오기형 외7, 1999).

참고문헌

김정환, 「교육의 본질과 과제」(서울 : 경지사), 1973.

김종서 · 이영덕 · 정원식, 「최신 교육학개론」(서울 : 교육과학사), 1996.

김필식 · 오만록, 「현대교육학개론」(서울 : 형설출판사), 2003.

오기형 · 김난수 · 김인회 · 이형행 · 이종성 · 오인탁 · 이성호 · 한준상, 「교육학개론」(서울 : 문음사), 1999.

이영덕, 「교육의 과정」(서울 : 배영사), 1968.

이홍우 역, 「윤리학과 교육」(서울 : 교육과학사), 1980.

정범모, 「교육과 교육학」(서울 : 배영사), 1971.

한공우 · 이병헌 · 오금희 · 박행모, 「현대교육학개론」(서울 : 동문사), 1996.

홍순강 · 손경란, 「교육학개론」(서울 : 형설출판사), 1996.

Peters, R. S., *Ethics and Education*, London : Geoge Allen and Unwin Ltd., 1966.

제 2 장
교육의 형태

교육은 우리의 일상생활과 너무나 밀접하게 관계되어 있기 때문에 그 용어도 교육의 형태에 따라서 다양하게 쓰여지고 있다. 이제 교육의 유형을 일정한 분류기준에 따라 몇 가지로 구분하여 보면 다음과 같다.

첫째로 교육의 의도성(意圖性)의 유무와 관련하여 분류해 보면, 학교교육과 사회교육의 무형식교육(無形式教育, nonformal education)은 의도성이 있는 교육이고, 사회교육의 비형식교육(非形式教育, informal education)은 의도성이 없는 교육이다. 그러나 엄격한 의미에서 비형식교육은 의도성이 없으므로 교육이라고 할 수 없다.

둘째로 교육의 기간(期間)에 따라 분류하면, 단기교육, 장기교육, 평생교육 등으로 나누어 볼 수 있지만 분류상 큰 의미가 없다.

셋째로 교육의 장소(場所)에 따라 분류하면, 가정교육, 학교교육, 사회교육 등으로 나누어 볼 수 있지만 이 역시 정확한 분류는 아니다. 학교에서도 사회교육이 있고, 가정교육을 사회교육이라고 주장하는 학자도 있기 때문이다.

넷째로 교육의 대상(對象)에 따라서 분류해 보면, 유아교육, 아동교육, 청소년교육, 성인교육, 노인교육, 여성교육, 공무원교육 등으로 분류할 수 있으며, 그 외에도 많은 종류의 교육형태가 대상에 따라 분류될 수 있다.

다섯째로 교육의 단계(段階)에 따라 분류하면, 취학전 교육, 초등교육, 중등교육, 고등교육 등으로 구분될 수 있다.

여섯째로 교육의 내용(內容)에 따라 분류해 보면, 인문교육(일반교육, 교양교육)과 전문교육(직업교육, 실업교육)으로 구분될 수 있다.

일곱째로 교육의 방법(方法)에 따라 분류해 보면, 분류가 명확하지는 않지만 대개 강의교육, 시청각교육, 실습교육, 방송통신교육(사이버교육) 등으로 나누어 볼 수 있다.

여덟째로 교육의 성격(性格)에 따라 분류하면, 주지교육(主知敎育) 또는 지식교육, 정의교육(情意敎育) 또는 덕성교육, 체육교육, 전인교육(全人敎育) 등으로 나눌 수 있다.

1. 정규교육과 비정규교육

학교에서 정규교육과정에 따라서 시행하는 교육을 정규교육(正規敎育) 또는 형식교육(形式敎育), 'formal education'이라 한다. 이에 비하여 학교 밖에서 이루어지고 있는 교육을 흔히 사회교육(社會敎育), 비정규교육(非正規敎育), 학교외교육(學校外敎育, out-of-school education) 또는 'nonformal education'이라고 한다. 이들은 모두 －그것이 학교교육이든 사회교육이든－ 교육의 의도를 가지고 조직적이고 일관성이 있게 계속적으로 행해지기 때문에 그것이 교육의 개념에 합당하냐의 여부를 불문하고 당연히 교육이다.

그런데 문제는 분명한 교육의 의도는 없는데 우연히 자연이나 사회에서 배우게 되는 경우, 이것을 무의도적 교육(無意圖的敎育), 비형식적 교육(非形式的敎育) 그리고 'informal education'이라 하여 넓은 의미의 교육개념 속에 포함시키고 있다. 예를 들면 가정이나 도서관, 전시회, 각종 대중매체 등과 같이 교육하려는 의도는 없는데도 우연하게 교육적인 효과를 거두는 경우가 이에 해당된다.

그렇지만 엄격하고 좁은 의미의 교육 개념으로 본다면 이 비형식교육은 의도성이 결여되어 있기 때문에 교육이라 할 수 없다. 그러나 많은 학자들은 이 비형식교육을 비정규교육(사회교육)에 포함시켜 이를 평생교육의 범주에 넣어야 한다고 주장한다(정지웅 외1, 1998; 기도수, 1999). 존 듀이(John Dewey)는 교육을 정규교육(형식교육)과 비형식교육으로 2분하였고, 크리이크(Krieck)는 의도적 교육, 반의도적(半意圖的) 교육, 무의도적(無意圖的) 교육으로 분류하였다.

2. 평생교육

근래 평생교육(平生教育, life long education)에 대한 관심이 교육학계에 많이 고조되어 있다. 우리나라가 다른 나라에 비하여 비교적 빨리 평생교육을 제도적으로 정착하였을 뿐 아니라 그 이론적 탐색 역시 활발하게 전개되고 있는 편이다. 그것은 한국이 구미의 어떤 나라보다 단시간 내에 산업의 근대화를 이룩하는데 성공한 나라이기 때문에 더욱 새로운 교육체제의 재정립이 절실하게 필요했기 때문이다. 세계적으로 평생교육의 개념이 처음 나타난 것은 1965년인데, 그것을 우리나라가 받아들여 이 용어가 사용된 것은 1974년 그리고 이것을 1980년 세계 최초로 헌법에 규정한 나라가 우리나라다.

현대의 산업화 내지 정보화 사회는 지식과 기술이 폭발적으로 증가하여 우리의 사회와 생활이 급변하고 있으며 기술의 혁신으로 인하여 학교교육만으로는 장래의 삶을 준비하는 것 뿐만 아니라 당장 눈앞의 삶을 영위해 가는 데도 어려움을 겪게 되기 때문에 평생교육의 체제정립이 시급한 실정이다.

이러한 평생교육의 개념은 어떤 의미에서 교육의 본래의 기능을 되찾았다고 볼 수 있다. 인간의 역사가 있는 한 교육의 기능은 계속되는데도 학교가 지나치게 비대해졌고, 마침내는 교육을 학교가 독점해야 한다고 하는 잘못된 생각이 굳어졌던 것이다. 교육의 본래 모습은 평생교육이며 학교가 나타나기 이전에 이미 평생교육이 있었다. 인간은 집단을 이루어 살기 시작할 때부터 '삶의 질의 개선'이라는 욕망이 생기게 되었고, 그 욕망은 교육을 통하여 이루어졌던 것이다(김종서, 1996). 그런 의미에서 평생교육의 출현은 곧 교육의 정상화, 교육 본래의 모습으로의 회복을 의미한다고 할 것이다.

1) 평생교육의 발전

가) 평생교육의 태동

세계 제2차대전 이후에 급속하게 발달하는 과학 기술은 사회 전반에 걸친 구조의 대 개혁을 잉태하였고, 그 개혁의 여파는 교육개혁을 해야 한다는 당위성을 촉발하였다. 1960년대에 들어서면서 국제연합은 UNESCO를 중심으로 하여 이 문제를 연구하려는 노력이 시도되기 시작하였다. 그 중에서도 1960년대 유네스코가 개최한 제2차 세계성인교육회의에서 주제로 다루었던 '급변하는 세계에서의 성인교육의 과제'라는 주제였다. 이런 토의내용을 가지고 회의를 한 결과 그 결론은 성인교육 또는 계속교육이 중요하므로 모든 나라들은 국가의 전체적인 교육계획 속에 이런 사회교육이 통합되어야 한다는 것이었다.

이런 흐름은 1965년 12월에 파리에서 개최된 UNESCO의 성인교육 추진위원회 회의에서 성인교육 전문가인 폴 랑그랑(Paul Lengrand)이 발표한 "평생교육이론"이라는 논문을 검토한 끝에 유네스코 사무국에 건의하였다. 그것은 '유네스코가 할 일로서 출생에서 죽을 때까지 인간의 일생을 통하여 행해지는 교육과정을 통합하고, 활동하는 원리로서 평생교육을 구상해야 한다'고 했다.

UNESCO 사무국에서는 이 건의를 받아들였고, 이후 이 용어는 세계적으로 널리 확산·보편화되었다. 1970년 '세계 교육의 해'(International Year of Education)에는 평생교육을 강조하였으며, 유네스코의 중요한 교육정책 사업으로 지정되었다. 그리고 1972년 일본 동경에서 있었던 제3차 세계성인교육대회에서는 세계 각국에 대하여 평생교육의 개념을 채택할 것을 권장하였고 이 권장을 75개 국가에서 받아들이기로 한 바 있었다.

나) 한국의 평생교육 수용

한국에서도 유네스코 한국위원회가 중심이 되어 1973년 춘천에서 '평생교육 발전 세미나'를 개최하는 등 평생교육 개념을 보급하는 데 적극적이었다. 이런 국내외의 활동은 1980년 10월 23일에 제정 공포된 제5공화국 헌법 제29조 5항에 "국가는 평생교육을 진흥하여야 한다"라고 규정함으로써 한국은 세계에서 최초로 헌법에 평생교육을 규정한 나라가 되었다.

헌법에 규정되면 그 하위법(下位法)이 갖추어져야 한다. 1982년 12월 31일에 '社會敎育法'과 '유아교육진흥법'이 제정 공포되었고, 1991년 12월 31일에는 '靑少年基本法'이 공포되었다. 그 이후 이들 법률이 시행하는 데 필요한 명령과 규칙 등이 모두 갖추어지게 되었다. 그러나 일본의 경우 1949년, 대만은 1953년에 사회교육법이 제정된 것에 비하면 35년이나 늦게 마련된 것이다. 그리고 근래에는 우리나라의 모든 법제에서 사용되는 용어나 행정기관의 이름에 이르기까지 '사회교육'이라고 되어 있었던 것을 모두 '평생교육'이라고 바꾸었다. 즉 사회교육과 평생교육을 같은 의미로 사용하여 평생교육의 의미를 축소하였고 교육학의 이론적 체계에 혼란을 주는 결과를 가져왔다.

2) 평생교육의 발전 배경

우리나라를 포함하여 세계의 많은 나라는 평생교육 체제를 수용하여 자국의 교육을 개혁하려고 하는 모습을 쉽게 발견할 수 있다. 이와 같이 평생교육이 대단히 빠른 속도로 널리 퍼지고 발전할 수 있게 된 배경을 교육 안팎에서 찾아 간단히 살펴보면 다음과 같다. 이 글의 내용은 김종서, 이영덕, 정원식의 저서인 「최신 교육학개론」(1996)에 있는 내용을 요약·정리 및 약간 첨가한 것이다.

가) 평생교육 발전의 교육 외적 요인

(1) 정보(지식)의 폭발적 증가와 노후화

인류문명의 발전과 더불어 지식과 정보가 증가하는 것은 당연하지만 근대화 이후 그 증가속도는 가히 폭발적이다. 특별히 컴퓨터의 보급은 그 지식과 정보의 보급을 용이하게 하여 세계화하는 데 기여하였고 그 증가 속도를 더욱 빠르게 하고 있다. 이미 샌드(Sand)는 다음 <표 2-1>과 같이 그 증가 속도를 제시해 주었다.

<표 2-1>에서 보는 바와 같이 지식이 배로 증가하는 시간이 대단히 빠르게 짧아지고 있다고 하는 것이다(정식영 외, 1967).

또 드럭커(P. T. Drucker)는 그의 연구에서 밝히기를 구텐베르그가 서양에서 인쇄술을 발명한 1450년부터 1950년까지 500년에 걸쳐 출판한 책의 수가 1950년에서 1975년까지 25년간에 출판한 책과 맞먹는다고 하였다. 이와 같이 새로운 지식이 쏟아져 나오는 것과 비례하여 노후화(老朽化)하여 쓸모없게 된 지식도 그만큼 많아지고 있다. 지금으로부터 30~40년 전만해도 지식의 생명은 50년이 된다고 하였는데 지금은 몇 년, 아니 그보다 더 짧은 몇 개월밖에 안 되는 것도 많이 있는 시대에 우리는 살고 있다.

이와 같이 지식과 정보의 급속한 증가와 노후화로 인하여 학교교육의 한계점이 드러났다. 이제는 학교교육은 거의 기초교육에 불과하고 이런 지식의 공급을 위해서는 평생교육이 절실하게 요구되고 있다.

표 2-1 Sand가 말하는 지식의 증가 속도

1~1750년(산업혁명)	···· 1750년간	···· 1배 증가	= A
1750~1900년(1차대전 전)	···· 150년간	···· A의 배 증가	= B
1900~1950년(2차대전 후)	···· 50년간	···· B의 배 증가	= C
1950~1960년(경제적 안정)	···· 10년간	···· C의 배 증가	

(2) 과학기술의 혁신과 직업의 급증

세계노동기구(ILO)의 보고에 다르면 <표 2－2>와 같이 직업의 종류가 변하고 있음을 알 수 있다.

표 2-2 직종의 변화추이

년도	직업종류	변화
1750년대(산업혁명)	400종	
1945년(2차대전 종료)	1,000종	200년동안에 600종이 증가
1965년(산업 안정기)	5,000종	20년간에 4,000종이 증가
1974년(산업 발전기)	20,000종	9년간에 15,000종 증가
1980년(산업 성숙기)	40,000종	6년간에 20,000종 증가

<표 2－2>에서 보여 준대로 많은 직종이 생기는 반면에 많은 직업이 사라졌을 것을 감안한다면 직종 증가는 더 많았을 것으로 추측된다. 그리고 직업이 전문화되어 있는 선진국에서는 인간이 노동 가능한 약 50년 동안에 직업을 대략 10번쯤 바꾼다고 하고, 또 같은 직종이라 하여도 5년이면 그 직업의 내용이 달라진다고 한다. 따라서 직업을 갖고 살아가는 사람들에게는 평생을 두고 직업이 바뀔 때마다 직업교육을 받지 아니하면 안 되기 때문에 성인교육의 비중은 그 만큼 높아질 수밖에 없다.

(3) 가치관과 생활양식의 급변

고도한 산업사회가 되면서 가정의 구조와 기능이 변하고, 지역사회의 역할이 달라지며, 교통과 매스컴 및 정보통신이 빨라지므로 지역간의 특성이 적어진다. 그러나 세대간의 의식(意識)과 가치관의 질적 격차는 더 심각해지고 있다. 인간관계와 생활양식도 새로운 형태로 큰 변화와 발전이 이루어지는 등 현대는 격동하는 시대이며 불확실성(不確實性) 시대가 되었다. 과거와 같이 정적(靜的)인 사회에서는 조상들의 생활양식이 대부분 후대에 계승되었지만, 현대사회의 변동은 너무 빨라서 전통문화가 쉽게 전승되기 어려우며, 변화에 적응하기 위하여는 고도의 적응력과 창의력이 요구된다.

그런가 하면 변화와 적응에만 관심이 집중되는 사이에 자아정체성(自我正體性)을 확립해 줄 전통문화는 관심대상에서 제외되기 쉽다. 특별히 서구문화가 세계문화로서 우리 문화를 압도하여 크게 위협을 받고 있는 우리에게는 전통문화를 유지 발전시키기 위한 노력이 평생교육의 중요한 몫으로 남아 있다.

(4) 산업화와 환경파괴

고도한 산업화가 이루어지면서 하나뿐인 지구가 환경에 오염되어 이제는 인간의 생존마저 위협하고 있는 시대를 맞이하여, 1972년 스톡홀름회의에서부터 시작하여 1992년 리우환경회의를 거쳐 오늘에 이르기까지 유엔을 중심으로 하여 세계적으로 많은 환경개발회의가 개최되었다. 그런데 문제는 이 환경파괴의 주범이 성인이라는 사실이다. 그래서 학교교육을 통하여 예방적 교육도 필요하지만 더욱 중요한 것은 성인교육이라 할 것이다.

(5) 소외집단의 증대

산업이 고도화되면 될수록 지식과 기술을 갖추지 못한 사람은 소외집단으로 편입될 가능성이 많다. 먼저 학교교육을 받지 못한 사람, –더구나 글을 잘 모르는 비문해자(非文解者)일 경우는 더욱 심각하다.– 일반적으로 노동자와 농민, 노인 등이 소외집단에 들어간다. 따라서 이들을 위한 평생교육은 가장 중요한 교육적 의미를 갖는다.

나) 평생교육 발전의 교육내적 요인

(1) 비판받는 학교교육

평생교육의 철학은 학교에 의하여 교육이 독점되는 것을 배격하고 사회교육 내지 성인교육과 더불어 교육을 체계화하려고 한다. 더욱이 이반 일리치(Ivan

Illich)는 그의 저서 「탈 학교사회」(*Deschooling Society*)에서 지식의 대부분을 학교밖에서 얻고 있다(김남석 역, 1979)고 하였고, 라이머(Everett Reimer)는 "학교는 죽었다"라고 선포하여 학교를 신랄하게 비판하고 있다.

이런 비판을 다 받아들일 수는 없겠지만, 지금은 학교교육의 기능에 대하여 심각하게 재검토해 봐야 할 때가 되었다고 생각한다.

(2) 인간교육의 필요성 강조

오늘날의 고도한 산업사회는 그 부작용으로 비인간화와 인간성(人間性) 상실 그리고 인간소외(人間疎外) 등 심각한 사회문제로 인하여 사회는 더욱 어지럽고 악성화되었으며, 그래서 인간들은 발전 이전보다 덜 행복한 사회를 만들어 놓았다고 비판을 받고 있다.

그래서 학교는 인간교육에 역점을 두어야 한다고 강조하는 사람이 많아졌다. 그러나 교육현장에 나타난 교육현실은 여전히 단편적인 지식과 기술을 주입하고 있으며, 많은 교사는 인격적 감화보다는 지식의 소매상으로 전락하였고, 대부분의 학부모는 성적에만 매달려 입신출세욕에 빠져 청소년문제를 외면하고 있는 형편이다.

이런 문제를 해결하기 위하여 잠재적 교육과정(潛在的敎育課程)과 가치교육(價値敎育)을 강조한다. 인성교육을 다시 강조하고 전인교육을 주장하고 있지만 교육체제의 큰 개혁 없이 기존의 지식중심 교육체제가 무너지지 않을 것이다. 단지 교육의 새로운 기풍의 정립은 사회교육에서부터 일어날 것이라는 기대가 있다. 그리고 가장 바람직한 인간교육이 이루어질 수 있는 체제를 구축하려면 가정교육과 학교교육 및 사회교육이 평생교육 체제하에서 유기적으로 협력하여야 할 것으로 생각된다.

(3) 학교교육의 경직성과 폐쇄성

일단 학교에 입학하면 공부는 어떻게 했던 사다리식으로 단계를 따라 올라간다. 학교는 연령이 기준으로 되어 있어서 나이가 초과된 자는 이들 속에서 같이 생활하기가 힘들다. 그리고 한번 정착된 교육과정(敎育課程)은 좀처럼 변경 개선하기가 어렵다. 이와 같이 오늘날 학교제도는 경직성과 폐쇄성이 있기 때문에 급변하는 사회에 대처할 수 있는 교육이 어렵다. 그래서 우리나라에서도 1995년부터 평생교육 체제로 확대 개편하고, 학교교육의 교육과정을 개편하는 등 교육개혁을 발표 · 시행하고 있으나 그것이 정착되려면 많은 시간이 필요하리라고 본다.

(4) 교육권의 보장

종래의 교육권은 주로 학교교육에 국한하여 의무교육이나 교육복지 등에 관심을 두고 있지만, 실은 학교외의 성인들에게도 이와 같은 교육권이 보장될 때 민주사회의 이념이 실현될 수 있을 것이다. 우리 사회의 학교외 교육 현실이 학교교육을 많이 받은 자나 시간의 여유가 많은 자, 경제적으로 여유가 많은 자에게만 주어진다면 우리 사회의 교육 격차는 부익부 빈익빈의 현상으로 더욱 벌어지게 되고 민주사회는 더욱 멀어지게 된다. 그런 의미에서 전체 인구의 3/4이나 되는 성인의 교육보장은 중요한 문제가 아닐 수 없다.

3) 평생교육의 의미

평생교육(平生敎育, life-long education)은 단어가 말하는 대로 '평생에 걸친 교육'이다. 그래서 태아교육에서부터 시작하여 노인교육에 이르기까지 인간의 전 생애를 교육의 연속적인 과정으로 보고 이를 하나의 체계 있는 교육과정(敎育課程)으로 보는 것이다. 이를 랑그랑(Lengrand)은 '모든 국민에게 평생을 통하여 각자 자기가 가진 다방면의 소질을 계속적으로 발전시키고 사회발전에 충분히 참여할 수 있게 하는 교육'이라고 하였다. 한편, 다베(Dave)는 평생교육은 '사회적 삶의 질을 계속적으로 향상시키기 위하여 평생 동안에 걸쳐 이루어지는 형식 · 비형식 · 무형식교육의 모든 학습활동'이라고 하였다.

오늘날에 이르기까지 흔히 교육을 정의할 때는 청소년을 대상으로 하는 학교교육만을 국한하여 거론하였다. 그러나 20세기 말 이후 현대사회는 학교교육만 가지고는 분업화되고 전문화된 사회적 요구에 대응할 수 없게 되자 학교교육 이후의 교육이 필요하였고, 중요시하지 아니하면 안 되었다. 그래서 교육을 재편하게 되었는데 그것이 랑그랑이 말한 평생교육이다. 이 평생교육의 체계는 교육의 '수직적 통합'과 '수평적 통합'을 평생교육 체제하에 통합시긴 것이다. 다시 말하면, 평생교육은 그 동안 다양한 연령층과 다양한 사회적 요구를 수용하지 못한 폐쇄적인 학교교육 체제를 재편성하고, 체계화되지 못한 채 방치되어 혼선을 가지고 있던 사회교육 체제를 재편성하여 교육을 보다 활성화하고 통합적인 방향으로 이끌어 나가려는 노력이 평생교육 체제라고 할 것이다.

따라서 평생교육은 통합(integration)과 체계화(體系化)가 가장 중요한 개념적 요소라 할 것이다. 즉 인간의 각 발단단계에 따라 이루어지는 태아교육과 유아교육, 아동교육, 청소년교육, 성인교육, 노인교육 등의 수직적 통합과 가정교육, 학교교육, 사회교육 등 교육 장면에 따라 각기 그 역할을 달리하는 교육의 수평적인 통합을 시도한다. 이와 같이 평생교육은 평생을 통하여 교육을 받아야 한다는 전제를 가지고, 모든 교육을 통합하고 체계화하여 인간이 자아(自我)를 실현하고 사회가 발전하는 교육 본래의 목적을 달성하려고 하는 교육을 말한다.

4) 평생교육의 특징과 필요성

평생교육의 의미를 분명히 하기 위해서는 그 특성과 필요성을 밝힘으로써 평생교육을 평생교육이 아닌 다른 교육과 구별되도록 부각시키는 방법도 있다. 그래서 이 책에서도 먼저 그 특징을 설명하기로 하였다.

가) 평생교육의 특징

평생교육이라는 말의 영어 표현은 'life-long education'이고, 일본어로는 '生涯教育', 프랑스어로는 'L'education permqnente', 스페인어로는 'education permanente'이다. 이들은 모두 영구교육(永久教育) 또는 항구교육(恒久教育)이라는 의미를 가지고 있다(김종서 외, 1996). 이런 표현과 더불어 평생교육을 강조하는 측면에 따라 그 특징도 다소 다르지만 대체로 다음과 같은 특징을 열거할 수 있을 것이다.

① 먼저 평생교육은 교육적 활동 전체를 통합하여 체계화한 개념이다. 종래에는 학교교육이 교육을 거의 독점하여 그 이외의 교육을 저평가하는 경향이 있었다. 그러나 평생교육에서는 학교외 교육(out of school education)에 대하여도 학교교육과 같이 중요성과 정통성을 부여하게 되었다.

평생교육을 주창한 랑그랑은 평생교육을 수직적(垂直的) 차원에서 보면, 출생에서 죽을 때까지의 교육이라고 하였다. 즉 태아교육－유아교육－아동교육－청년교육－성인교육－노인교육과 같이 나이가 들어가면서 그 발달과업(developmental tasks)에 따라서 삶의 질을 향상시키려는 교육이라는 것이다. 그리고 일정한 기간과 사회에서 이루어지는 가정교육－사회교육－학교교육 등과 같이 수평적(水平的) 차원에서 기능적으로나 제도적으로 통합하는 교육이 있다고 하였다. 이와 같이 수직적이고 수평적인 두 형태의 교육을 통합하여 체계화한 것이 평생교육이다(持田榮一 외, 1979). 다베(R. H. Dave)도 평생교육을 분류하여 정규교육과 비정규교육(informal education) 그리고 무정규교육(無正規教育, nonformal education)으로 나누고 평생교육은 이들을 통합한 이념이라고 하여 같은 생각을 피력하고 있다(1976).

② 평생교육은 통합적 기능과 교정적 기능을 가지고 있다. 여기에서 통합이란 학교교육이나 사회교육을 모두 개편 통합하되 상호 관련성과 통일성을 가져야 하는 것을 의미한다. 평생교육의 관점에서는 학교교육과 사회교육의 문제점과 한계점을 극복하고 서로 보완하여 인간으로 하여금 자아실현을 이룩하고 나아가 사회발전을 도모하는 기능을 담당하게 된다. 그런데 실제적으로 학교교육의 보수적 성향 때문에 급변하는 현대사회에 적응력이 떨어져 '학교교육의 문제'로 나타나고 있는 이 때에 오히려 평생교육의 관점에서 학교교육의 개편이 더욱 강조되어야 할 것이다.

③ 평생교육은 학습자가 생활상의 필요(요구)를 충족시켜 주는 교육이다.

급변하는 사회에 적응하자면 학교에서 배운 기초교육을 토대로 하여 이 사회의 변화에 따라서 적당하게 변신할 수 있도록 적당한 전문적 교육을 받아야 한다. 개인은 문화적으로나 직업적으로 그리고 인격적으로 발전하여 사회에 대한 적응능력을 키우고 창의력을 키워야 하는데, 그렇게 하기 위하여는 학습자의 필요를 충족해 줄 수 있는 교육목표를 가지고 학교교육과 사회교육이 통합되어야 할 것이다.

④ 평생교육은 학습자로 하여금 계속교육의 필요성을 인식하는 데 도움을 준다. 학습자가 사회변화를 예측하여 평생 동안 공부해야 하겠다는 사실을 체계적으로 알고 대처할 수 있는 능력을 갖추게 된다.

그리고 평생교육은 일평생의 삶을 예측하고 그 예측에 따라서 교육을 계획하는 넓은 안목이 요구되므로 삶의 목표가 분명해지고 그 계획이 과학적일 수 있는 장점을 가지고 있다. 나아가 평생교육은 인간의 다양한 여러 측면의 성장과 발달에 대하여 관심을 가져야 함으로 모든 면에 걸친 조화로운 성장·발달을 이룩하는 전인교육(全人敎育)이 가능하다.

⑤ 평생교육은 융통성이 있다. 일반적으로 학교교육은 융통성이 부족하여 언제나 시대에 뒤지고, 지나치게 보수적이어서 때로는 그 사회에서 외면을 당하기 쉽다. 그러나 평생교육 체제는 연령의 제한과 장소의 제한을 받지 않는다. 청소년만 받던 교육도 모든 사람에게 개방하고, 학교라는 공간에서만 교육하는 것이 아니라 학교와 사회가 모두 교육장이 되는 것이다. 즉 학교에서 국어와 수학을 공부하고, 도덕과 윤리는 교회(敎會)에서 공부하고, 자연은 공원에서 공부할 수 있다. 또 사회가 변하면 쉽게 적응할 수 있는 융통성이 갖추어져 있다.

나) 평생교육의 필요성

"학교는 죽었다"(라이머, 1971)고 선포한 에버렛트 라이머(Everett Reimer)나 평생교육을 강조한 이반 일리취(Ivan Illich)는 학교교육의 비효율성(非效率性)과 귀족성(貴族性)을 공격하고 있다. 그들은 사회가 평등하게 되고 정의롭게 되려면 학교교육을 쇄신해야 한다고 주장한다. 그리고 브라질의 교육철학자 파울로 프레이리(Paulo Freire)는 그의 저서 *Pedagogy of the Oppressed*와 *Education for critical Consciousness*에서 소외된 계층의 자유를 위하여 사회교육을 진흥해야 한다고 주장하고 있다(프레이리, 1973).

① 평생교육은 개인의 자아실현을 위하여 필요하다.

인간은 측정하기 어려울 만큼 대단한 잠재된 능력을 가지고 있으면서도 많은 환경적 저해요인 때문에 그 능력이 사장(死藏)되고 있다. 만약 어떤 사람이 계속하여 공부하였다면 그 능력이 충분히 발휘되었을지도 모르는데 어떤 불행한 이유 때문에 교육기회를 잃었다면 개인적으로나 사회적으로 큰 손실이 아닐 수 없다. 실제로 우리 주변에는 국가의 잘못된 교육정책이나 빈부의 격차, 가정의 파괴와 같이 사회적 모순 때문에 개인의 교육욕구가 좌절되는 경우가 얼마든지 있다. 이와 같이 개인의 자아실현을 위한 기본적인 학습욕구를 충족시켜 주기 위하여 학교교육과 사회교육은 모두 필요하다.

더구나 복잡하고 급변하는 현대사회에서 인간이 주체적이고 자율적으로 잘 적응하여 살아가자면 끊임없는 자기발전이 요구되는데 그것은 학교교육만으로는 불가능하여 사회교육이 보완하지 않으면 안 된다.

해비거스트(R. J. Havigust)는 인간의 발달과업에는 개인의 일생 중 어떤 일정한 시기에 반드시 학습하고 성취해야 할 과업이 있다고 하고, 그 과업을 성취하면 사회적으로 인정받을 뿐 아니라 다음 단계의 과업도 무난히 성공할 수 있어서 성공적인 삶을 살 수 있다고 하였다. 따라서 주로 청소년기에만 주어지는 종래의 전통적 교육제도는 인생에서 3/4이나 되는 긴 삶을 교육없이 방치하고 있다는 것을 의미한다. 그런 의미에서 평생교육체제의 정립은 학교교육과 더불어 계속교육적인 관점에서 반드시 필요하다고 할 것이다.

② 평생교육은 급변하는 현대사회에 적응하기 위한 교육이다.

만약 컴퓨터 관련 대학교수가 1년 동안 외부와의 관계를 단절하고 학생을 가르쳤다고 생각해 보자. 아마 그 교수는 오래되지 않아서 학생으로부터 외면당하고 슬피 울며 학교를 떠나게 될 것이다.

과학 · 기술의 발달, 정보통신의 발달이 초고속으로 발전 · 변화하고 있다. 그리고 이에 따른 산업구조의 변화와 문화지체(文化遲滯, cultural lag)로 인한 가치 갈등, 심각한 청소년문제와 다양한 형태의 인간 소외, 그 외에도 한 사람이 평생 동안 직업을 자주 수정하지 않으면 안 되는 직업환경의 변화 그리고 생활의 행동반경이 전세계적으로 확대되어 가는 현대 지구촌사회에서 우리가 무사히 살아가는 데는 의무교육이나 학교교육만으로는 도저히 불가능하다. 따라서 학교교육은 주로 새로운 시대에 대처할 수 있는 능력을 키우는 기초교육(基礎教育)에 역점을 두어야 하고, 새로운 변화에 적응하기 위한 교육은 주로 사회교육이 담당해야 할 것이다.

노울스(M. S. Knowles)는 현대사회의 변화속도에 대하여 다음과 같이 말하고 있다. 즉 로마시대 인간의 평균수명은 25～30세 불과했고 당시의 사회문화의 큰 변화는 50여 년의 주기로 일어났고, 르네상스시대의 평균수명은 40～50세 정도, 그 이후 큰 사회문화의 변동은 50～60년 주기로 일어났었다고 하면서, 그러므로 큰 사회문화의 변동은 평생 동안 1～2번 정도 겪게 되지만 19～20세기에는 큰 변화의 주기도 단축되었고, 평균수명 역시 70세에 육박하면서 사람들은 한평생 적어도 3～4번 사회 문화적인 큰 변동을 경험하게 되었다는 것이다.

이러한 변화는 컴퓨터가 등장하면서 상상을 초월할 만큼 빠른 속도로 진행되고 있다. 이제는 어떤 지식을 얼마나 많이 얻을 수 있느냐가 중요한 시대는 아니고, 지식 정보의 홍수 속에서 내게 필요한 지식을 얼마나 신속하고 정확하게 선정하느냐의 문제가 우리들 앞에 과제로 등장하였다.

③ 평생교육은 보수적인 학교교육과 진보적인 사회교육을 조화시키는 데 기여한다.

학교교육의 교육적 기능에는 문화유산(文化遺産)을 계승하는 것 이외에 사회개조(社會改造)의 기능을 가지고 있다. 그러나 학교교육이 가지고 있는 보수성 때문에 사회변동에 신속히 대처하지 못하는 것이 사실이고, 그래서 학교는 죽었다는 평가를 받을 수밖에 없다. 이러한 학교교육에 비하여 사회교육은 융통성과 시사성, 실용성이 강하여 사회변화에 쉽게 적응할 수 있는 교육체제를 갖추고 있다. 따라서 학교교육의 부족한 부분을 보완할 수 있는 교육으로 필요한 기능을 담당할 수 있다.

이해 돕기 I

■ **문화지체(文化遲滯)**

'cultural lag'를 번역한 말로서 사회변화에 있어서 어떤 한 문화와 다른 문화의 변화 속도가 다른 현상, 예컨대 물질문화는 빠른데 정신문화는 느려서 빠른 변화에 적응하지 못하는 정신문화와 물질문화가 갈등을 일으키고, 그 불균형으로 사회적 병리현상이 생긴다고 하는 오그번(W. F. Ogburn)의 이론이 있다.

④ 평생교육은 학습사회(學習社會, learning society)를 만드는 데 필요하다.
산업이 1, 2, 3차 산업을 거쳐 4차산업으로 '지식산업'의 시대가 왔다고 한다. 또 세계는 무한경쟁시대에 돌입하였다고 한다. 문제는 이런 사회환경 속에서 살아남을 수 있는 사람을 배출하려고 하면 창의적(創意的)이고 적응력(適應力)이 강한 인물인데 그런 인물이 되자면 평생 동안 계속적으로 배울 수 있어야 한다. 그런데 그렇게 평생 동안 배울 수 있는 사회환경이 마치 '공부하는 교실'처럼 된다면 그 사회 구성원들은 쉽고 효율적으로 공부할 수 있게 될 수 있다. 이런 사회를 학습사회라고 한다. 따라서 이런 학습사회에서는 평생교육이 교육을 주도할 수밖에 없다.

⑤ 평생교육은 새로운 생활 주거지에 적응하기 위하여 필요하다.
현대사회는 산업화와 함께 도시화와 세계화를 그 특징으로 하고 있다. 영국인들과 미국인들은 인구의 약 2/3가 도시에서 살고 있다. 한국도 1960년대까지 도시인구는 전체인구의 28%에 불과하였지만 1980년에는 57.2%로 증가하였고 2000년이 지나면서 이제는 80%에 육박하고 있다(이석재, 1990). 이러한 거주지 이동으로 인한 도시의 비대화, 세계화로 인한 외국생활은 새로운 환경에의 적응을 위한 교육의 필요성을 높이고 있다. 그리고 그 외에도 환경문제에서 생기는 많은 사회문제와 아노미(無規範, anomie)현상으로 나타나는 무질서한 사회가 많은 사회적 갈등과 정신적 갈등을 만들었다. 이를 해소하기 위한 교육으로서 주목해야 할 점은 학교교육과 그 이후의 성인교육에 이르기까지 연계된 평생교육이 필요하다는 것이다.

단일민족, 단일문화를 가지고 한반도에서 함께 살아왔던 한국인들은 1945년

국권회복 이후 갑자기 산업화되면서 수출주도 경제정책과 세계화 추세에 맞추어 많은 인구가 해외로 파송 내지 이주하게 되었고, 또 많은 외국인들이 국내에 와서 거주하게 되었다. 그 결과 서로 이질적인 국내의 외국인들뿐 아니라 외국에 나가서 살게 되는 내국인들이 새로운 거주지의 생활에 잘 적응하기 위하여 요구되는 교육이 평생교육을 통하여 체계적으로 제공되지 않으면 안 되게 되었다.

이해 돕기 2

■ 아노미

anomie라는 말을 無規範이라고 번역한다. 즉 사회변동이 빨라서 법률이나 윤리, 도덕이 따라갈 수 없기 때문에 규범, 즉 법률과 윤리, 도덕이 없는 것과 같은 사회가 되어 사회가 지향하는 방향을 상실하고 혼란에 빠지는 사회현상을 말한다.

⑥ 평생교육은 사람이 장수(長壽)하고 여가(餘暇)가 많아지면서 필요하게 되었다.

평균수명이 연장되면서 노인인구가 증가하였고 그래서 정년제도를 폐지하는 나라가 많아졌으며, 가족구조의 기능이 변화되어 가고 있고, 노인복지문제로부터 노인교육에 이르기까지 많은 문제와 새로운 대책이 수립되지 않으면 안 되는 사회로 변모하게 되었다. 그 중에서도 노인교육은 노인들이 노후생활을 원만하게 보낼 수 있도록 준비해 주고 또 새로운 사회를 이해하고 적응하는 데 필요하다.

그리고 사회가 산업화되고 경제적 여유가 많아지면서 여가시간이 많아졌다. 1차대전 때 영국과 미국의 제철공업노동자의 주당 근로시간은 84시간이었고 일반공장근로자는 70시간 정도였다. 그러나 현재는 40시간으로 줄었다. 앞으로는 매주 4일간 5시간씩 20시간만 일하면 되는 때가 올 것이라고 전망하는 학자도 있다. 한국도 한때 금융대란으로 중단되었다가 근래에는 서서히 주 6일 근무제가 5일로 단축되어 가고 있다.

여가시간이 짧았던 종래에는 사람들이 여가시간을 주로 먹고 마시며 자고,

부부생활과 가족을 돌보는 데 써왔다. 그러나 오늘날과 같이 긴 여가시간을 갖게 되면서 이 여가를 어떻게 활용하느냐가 그 사회와 국가의 장래를 결정한다고 말할 수 있을 만큼 중요한 의미를 갖게 되었다. 단순한 오락이나 취미생활에 머무르지 않고 자기 발전과 사회봉사 등 긍정적인 방향으로 여가가 선용되도록 유도하는 국가시책은 평생교육을 통하여 달성될 수 있을 것으로 생각된다.

⑦ 평생교육은 사회운동(social movement)을 가능하게 한다.

현재 지구상의 많은 나라들이 교육을 개혁하는 데 열을 올리고 있으며 한국 역시 1995년 이후 교육개혁에 박차를 가하고 있다. 그런데 그 개혁은 대개가 학교교육보다는 평생교육의 강화에 역점을 두고 있음을 볼 수 있다. 그럴 수밖에 없는 것이 사회가 고도로 전문화되고 창의적이지 못하면 무한경쟁체제에서 탈락되므로 이런 21세기를 살아가자면 어쩔 수 없이 선택해야 할 방향이기 때문이다.

따라서 오늘날 우리가 살아남기 위한 우리의 교육은 학교교육의 한계성을 극복해야 하는데, 그 길은 평생교육을 진흥하는 방법 외에 다른 길을 발견할 수 없다. 덴마크인들은 국민고등학교(國民高等學校, Folk High School)를 세워 민족주체성을 수립하였고, 애국정신과 공동체의식을 함양하였으며, 진실하고 적극적으로 사는 것이 무엇인가를 체험적으로 가르친 결과, 그들은 훌륭한 협동조합운동을 성공시켜 오늘날 행복한 복지국가를 건설하였다.

일제하의 노예생활과 6・25의 큰 전쟁으로 인하여 대단히 가난했던 한국인들이 1970년대 박정희 대통령이 주창했던 새마을운동을 성공적으로 완수하여 '한강의 기적'을 이룰 수 있었던 가장 중요한 요인은 전국적으로 활발하게 시행되었던 새마을교육이 새마을운동을 뒷받침해 주었기 때문이라고 할 것이다. 그런데 새마을운동과 새마을교육은 갑자기 나타난 것이 아니고, 구한 말 이후에 일어났던 이상촌운동(理想村運動)이 일가 김용기(一家 金容基)의 이상촌운동으로 이어졌고, 그 운동을 교육으로 표현한 가나안농군학교의 성인교육이 새마을운동의 모델로 제시될 수 있었기에 가능했던 것이다.

이해 돕기 3

■ 국민고등학교

덴마크의 국민고등학교는 한국의 고등학교와 달리 고등학교를 졸업한 청년이 입학하기 때문에 대학이라고 해야 하지만 'Folk High School'를 직역하여 만든 말이다. 그래서 국민대학이라고 하는 학자도 있다.

국민고등학교는 덴마크의 국부이며 덴마크 성인교육의 시조로 추앙받는 그룬트비히(Grundtvig, N. F. S.) 목사의 사상과 이념을 바탕으로 하여 1844년에 설립되었다. 이 학교는 18세에서 25세 사이의 청년들이 입교할 수 있으며 전원 기숙사에 입사해야 하고, 생활을 통하여 덴마크인으로서 갖추어야 할 사상과 상식을 배우게 된다. 덴마크를 이끄는 많은 지도자를 양성하여 나라의 기초를 세운 사회교육기관으로 전세계에 그 모형이 널리 보급되었고, 한국에서는 가나안농군학교가 유사한 정신과 교육형태를 가지고 있다.

이해 돕기 4

■ 김용기와 복민운동

1909년 경기도 양주에서 태어난 김용기(金容基)는 1923년에 그의 고향에 황무지를 개간하여 이상촌을 건설하였다. 이 이상촌에서는 농민야학과 함께 의식주 생활개선운동을 전개하였고, 당시 독립운동의 기지(基地)로 독립운동과 농민교육을 전개하였다. 국권회복 후에도 농민운동은 계속되었으며 1962년에는 가나안농군학교를 세워 농민과 여러 계층의 국민들에게 정신교육과 농업 및 지역사회개발에 관한 교육을 실시하고 있다. 박정희 대통령은 집권하자마자 김용기를 찾아와서 그의 생활과 사상을 보고 국가재건운동을 구상하게 되었고 이어서 새마을운동을 계획하는 데 그 모델이 되었다.

김용기는 기독교인으로서 근로, 봉사, 희생 3대 이념을 예수님의 삶 속에서 찾아 이를 실천하는 것이 곧 참 삶이요, 하나님으로부터 복을 받는 행복의 길이며, 민족구원의 길이라고 가르쳐 왔다. 1995년도까지 두 개의 가나안농군학교에서는 약50만의 수료생을 배출하였고 새마을교육과 한국 사회교육 발전에 많은 영향을 주었다.

3. 가정교육

1) 가정교육의 중요성

(1) 가정교육은 희생적인 사랑으로 한다

가정은 혈연으로 맺어진 가장 기초적인 공동체 사회로서 그 곳에서 이루어지는 가정교육(家庭敎育)은 인간발달의 기본적인 틀을 형성한다. 그 속에서 이루어지는 사회화 내지 교육적 활동은 학교교육이나 사회교육 그리고 그 어느 교육기관에서 이루어지고 있는 교육보다 월등하게 중요한 의미를 갖는다. 그것이 그럴 수밖에 없는 이유는 가정에는 자기의 모든 것을 다 바쳐 희생하고 봉사할 수 있는 위대한 부모의 사랑이 있기 때문이다.

(2) 가정은 아동의 최초 교육환경이다

사람은 가정에서 태어나서 한평생을 그 가정에서 살다가 마지막에 그 곳에서 임종을 맞는다. 근래 사회구조의 변화로 인하여 가정의 역할이 많이 축소되었다고는 하나, 그래도 아직 가정은 어린이들에게는 그가 신체적으로나 정신적으로 그리고 사회적으로 발달하고 성장하는 데 가장 중요한 초석(礎石)을 놓아가는 요람지다.

20세기 초 오스트리아의 정신분석학자이며 의사였던 프로이드(Freud)는 가정교육의 중요성을 강조하여 말하기를, 어린시절에 부모와 자녀와의 관계에서 형성된 잠재의식(潛在意識)은 그의 한평생을 통하여 자아형성과 행동발달의 기초가 된다고 하였다. 그 이후에 많은 교육학자와 심리학자들은 어린시절의 가정교육이 인간의 평생 삶에 결정적인 영향을 미친다는 것을 시인하고 있다. 특별히 현대사회에서 중요한 문제로 등장한 정신질환이나 가치관의 갈등, 권위주의와 편견, 청소년의 비행과 범죄 등은 그 사람이 어렸을 때 부모와 어떤 관계를 가지고 어느 정도 질이 좋은 가정교육을 받았느냐와 깊은 관련성이 있다는 것을 밝혀냈다(김필식 · 오만록, 2002).

(3) 가정교육은 평생교육(平生敎育)의 기초를 닦아 놓는다

장차 성장 발달할 가소성(잠재가능성)이 가장 많은 어린이는 다른 어떤 동물보다도 장기간 부모의 돌봄으로 성숙하게 된다. 따라서 가정환경은 미성숙 상태에 있는 어린이에게 성숙으로 가는 길을 안내하는 향도의 역할을 한다. 체격의 크기와 지능의 수준, 사회성이 많고 적음과 정서의 풍부와 빈약 등도 역시 가정교육에서 결정된다. 인간의 성격을 결정하는 기본적인 틀은 대개 6세 이전에 형성된다. 이 시기에 성격의 기초가 거의 형성되고 그 이후에는 이전에 배웠던 것을 재학습(再學習, relearning)하는 것에 불과하다. 물론 그 이후에도 어느 정도까지는 극정경험(極頂經驗, peack experience)이 주어지면 성격의 변화가 가능하지만, 그럼에도 불구하고 성격의 기본은 잘 변하지 않는다. 어렸을 때의 가정교육은 그 사람의 평생을 좌우하는 기초를 닦아 놓는다는 의미에서 평생교육의 제1보라고 할 것이다.

이해 돕기 5

■ 극정경험(또는 정상경험)

인간이 살아가노라면 많은 경험을 하게 되는데 그들 중에는 그 경험이 비록 큰 사건이 아닐지라도 어떤 것은 영원히 잊혀지지 않는 경험이 있다. 이런 경험이 교육으로 연결되면 학습효과가 클 것은 당연하다. 귀로만 듣기보다 눈으로 보는 것을 더하면 좀더 오래 기억될 것이고 더 나아가 행동으로 해 보고 또 만져 보면 더욱 오래 남는 기억이 될 것이다. 특별히 마음으로 깊이 감동이 되면 극정경험 또는 정상경험(頂上經驗)을 얻게 되는데 그것이 긍정적인 경험일 때에는 유익한 학습이 될 것이고 부정적인 경험일 경우에는 학습의 방해요인이 될 것이다.

(4) 가정교육의 내용은 실제생활에 필요한 것들이다

인간이 갖추어야 할 것들 중에는 실생활에 필요한 기본적인 지식과 기능이 있고, 그 외에도 필요한 덕성과 태도가 있다. 아동들은 식사에 관한 모든 것과 잠자는 것, 옷입는 것, 언어 사용법과 행동하는 법 그리고 중요한 예절 등을 모두 가정생활을 통하여 공부하게 된다.

2) 가정교육의 특징

중요한 교육으로 인정된 가정교육이 학교교육이나 사회교육와 비교하여 어떤 특수한 성격을 가지고 있는지를 살펴보면 다음과 같다.

(1) 가정교육은 의도성이 없는 '자연적'인 교육이다

가정에서도 자녀들의 교육을 위하여 계획도 세우지만 학교에서처럼 엄선된 계획과 의도를 가지고 있지는 못하다. 오히려 부모의 사랑으로 자연스럽게 훈육하고 보여주는 모형학습(模型學習)이 대부분이다. 따라서 엄격한 의미에서는 교육이라고 할 수 없고 사회화라고 해야 할 것이다. 그러나 많은 학자들은 가정교육이 비록 분명하게 표출된 의도를 표시하지는 않았다고 해도 그 교육적 의도가 있다고 하는 '내재된 의도'(內在된 意圖) 또는 '숨겨진 의도'가 있다고 하여 교육의 범주에 포함시키려 하고 있다. 따라서 가정교육은 비형식교육(informal education)으로서 사회교육 내지는 평생교육의 한 지류(支流)로 봐도 될 것이다.

이해 돕기 6

■ 모형학습(模型學習, modeling)

모형학습이란 어떤 다른 사람의 사고방법이나 행동양식, 생활형태 등이 모범이 되어 그대로 따라서 하려고 하는 사이에 그것이 자신의 것이 되는 학습과정을 말한다. 그런데 사람은 어떤 것은 모방하는데 어떤 것은 왜 모방하지 않는지에 대하여 생각할 필요가 있다. 첫째로 흔히 어떤 일에 칭찬을 받거나 보상이 많이 주어지면 그런 행동특성은 모방되기 쉽다. 둘째로 시간적으로나 공간적으로 가까이 있으며 모방될 가능성이 높다. 이런 것을 일컬어 근묵자흑(近墨自黑)이라 했던가. 셋째로 사람은 본래 자신이 가진 가치(價値) 및 욕구와 맞는 것이면 그것을 모방하기 쉽다.

그리고 마지막으로 사람은 어떤 사람의 행동을 좋아하거나 그 사람 자체를 좋아하거나 존경하고 부러운 사람이면 별로 의미 없는 행동까지도 그를 모방하기 쉽다. 이들은 모방함으로써 마치 그 사람이 된 듯한 만족감을 얻는다. 이런 과정을 동일시(同一視, identification)라 한다.

(2) 가정교육은 부모의 강력한 애정과 신뢰를 기반으로 하여 이루어진다

학교가 주로 동년배 집단으로 구성되는데 비하여, 가정은 부모와 자녀뿐 아니라 형제자매 사이도 연령이 달라서 위계가 있고, 그 위계에 따라서 역할이 다르며, 그 역할을 통하여 인간관계를 배우게 되는 집단이다. 그리고 가정교육에서 가장 중요한 것은 가정이 부모의 숭고한 사랑을 통하여 인간은 절대자의 존재와 참된 사랑을 알게 되는 최고의 교육장이라는 사실이다.

모성실조(母性失調, maternal deprivation)나 부성실조(paternal deprivation)가 아동의 지적 발달과 정서 발달, 사회성 발달, 신체적 발달에 장애를 주고, 건전한 아버지상, 어머니상이 수립되어 있지 못한 아동 역시 여러 가지 발달장애를 가져오게 된다. 지글러(Zigler)와 얀도(Yando)의 연구에서는 부모가 없는 수용시설에서 자란 아동이 정상적인 가정에서 자란 아동에 비하여 문제해결 능력이 부족하고, 개념적 사고력과 성인에 대한 모방행동에서도 뒤지고 있음이 밝혀졌다.

(3) 가정교육은 아동의 보호와 건전한 생활의 발달을 중요시한다

학교교육이 지식이나 기능의 습득에 역점을 두는데 비하여 가정은 아동의 안전과 생활을 보호하고, 변화에의 적응과 안정된 심리상태를 유지하는 것 등을 중요하게 생각한다. 그래서 아동은 가정에서 그 품성이 잘 계발(啓發)되고 그 기초 위에 학교가 지식과 기술을 가르치는 가정－학교간의 역할분담이 이루어져야 정상적인 교육이 이루어질 수 있다. 그런데 구미(歐美)제국이 다 그렇지만 한국도 이미 이혼율이 30%를 넘어가고 있으며 가정의 기능이 점차 축소되어

가고 있는데, 이것은 한국의 교육적 기반이 그만큼 많이 흔들리고 있다는 것을 의미하고 있다.

3) 가정환경과 교육

가정환경은 물리적 환경과 심리적 환경으로 나누어진다. 물리적 환경은 가옥이나 문화시설, 거주지의 자연환경 등과 같이 물적(物的)인 것과 가족의 구성, 부모의 직업과 교육수준 등과 같은 인적(人的)인 환경으로 나눌 수 있다. 그리고 심리적 환경은 부모의 양육태도나 가정분위기, 언어모형 등과 같은 가족 상호간의 관계를 이루는 환경이다.

과거에는 연구자들이 물리적 환경과 교육과의 관계에 대하여 관심이 많았지만 근래에는 심리적 환경과 교육과의 관계를 연구하려는 학자가 많다. 즉 부모의 직업이나 경제적 지위 등이 학업에 미치는 영향을 연구하는 경향이 있는데, 그 결과를 보면 학업성적에 있어서 심리적 환경이 물리적 환경(상관계수가 0.5)보다 더 깊은 관계가 있음이 드러났다. 또 다베(Dave)에 따르면, 가정에서의 ① 성취압력과 ② 언어모형, ③ 학습능력과 ④ 넓은 환경의 탐색, ⑤ 가정내의 지적 흥미, ⑥ 가정에서 강조하는 학습습관 등과 학업성취 사이에는 상관도가 0.8이나 될 만큼 깊은 관계가 있다고 밝혔다(Dave, 1963).

4) 부모의 양육태도와 성격형성

가정의 심리적 환경 중에서 부모의 양육태도(養育態度)는 아동의 성격형성에 많은 영향을 미친다. 그런데 그 양육태도는 시대에 따라서 변하고 지역에 따라서 다르며, 또 가정에 따라 다르다는 것을 알 수 있다. 전에는 자식을 소유물로 보고 종속적이고 수직적인 명령－복종관계를 기본으로 하였지만 지금은 부모와 자녀가 수평적 관계로 자녀를 하나의 뚜렷한 인격체로 존중하는 시대다.

양육태도 역시 시대에 따라 조금씩 변하고 있지만 지금까지 몇 사람의 학자들(Schaefer, 정원식, Symonds)이 정리해 놓은 유형을 참작하여 부모의 자녀양육태도가 자녀의 성격형성에 어떤 영향을 미치는지 살펴보려고 한다.

사이몬즈는 부모의 양육태도를 크게 거부적, 지배적, 보호적, 복종적, 모순불일치적 양육방식 등으로 분류하였고, 쉐퍼는 <그림 2-1>과 같은 가설적 모형을 제시하였다.

결론부터 말하면 부모의 자녀 양육태도는 아동의 성격형성에 많은 영향을 미친다. 우리가 흔히 전통적인 가정에서 엄격하게 자란 아동과 개방적인 가정에서 자유롭게 자란 아동 사이에 성격이나 태도가 다른 것을 발견하게 되는데 그것은 부모의 양육태도가 다르기 때문이다.

<그림 2-1>은 정원식(1974)이 연구한 환경의 심리적 과정모형과 쉐퍼의 모형과도 유사하다. 이들은 수용(애정) ⟷ 거부의 한 축과 자율 ⟷ 통제의 다른 한 축을 기본으로 하여 그 사이에서 만들어지는 특성을 다음과 같이 나누어 설명하고 있다.

그림 2-1 부모의 자녀양육태도에 대한 가설적 모형

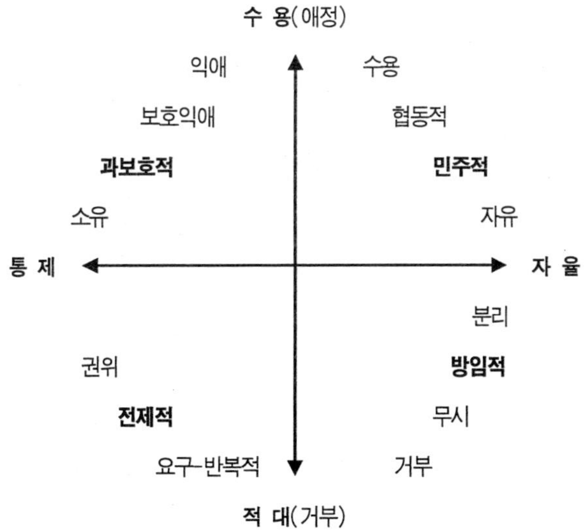

(1) 수용(애정)－자율적 양육태도를 민주적 양육태도라 하였고
(2) 수용(애정)－통제적 양육태도를 과보호적 양육태도,
(3) 거부－자율적 양육태도를 방임적 양육태도,
(4) 거부－통제적 양육태도를 전제적 양육태도라 하였다.

이들 4개의 양육태도를 쉐퍼와 사이몬즈의 설명에 따라 정리해 보면 다음과 같다.

가) 민주적인 양육태도

부모와 자식간의 관계는 민주적이며 서로 인격적으로 존중해야 한다. 자녀에게 자유를 주되 방임하는 것이 아니라 책임을 지게 하고, 부모와 자녀는 서로간에 대화로 문제를 의논하고 합의해 나아가는 관계이어야 한다.

이러한 양육태도를 가진 부모 밑에서 자란 자녀의 성격 특성은 ① 모든 일에 능동적이고, ② 기질이 외향적이며, ③ 창의적인 사람이 되고, ④ 의지하려 하지 않고 독립적이며, ⑤ 원만한 인간관계를 형성하고, ⑥ 풍부한 사회 적응력이 있는 사람이 된다.

일반적으로 수용적인 부모의 양육태도는 자녀로 하여금 ⑦ 공동체생활에서 협동성을 키우고, ⑧ 또래들 간의 우정이 깊으며, ⑨ 충성스럽고, ⑩ 정서적으로 안정되어 있으며, ⑪ 성격이 명랑하고, ⑫ 모든 일에 자신감이 넘쳐나는 가장 정상적인 성격을 형성해 준다. 동양적인 표현을 빌린다면 이런 양육태도는 '중용지도(中庸之道)'를 걷는 부모의 양육태도라 할 것이다.

여기에서 수용적(受容的, acceptance)이라는 말은 비록 자녀의 요구가 부당해도 즉시 거부하는 것이 아니라 자녀의 그 요구를 일단 받아들이는 태도로서 비록 그 요구가 부당하면 이해시킨 뒤 이를 스스로 포기하도록 하는 것을 말한다. 마치 공을 벽에 던지면 튀어나오는데 그것은 거부적인 태도이지만 일단 공을 받았다가 놓는 태도는 수용적인 태도라 할 것이다.

나) 과보호적(過保護的) 양육태도

가장 많은 한국의 어머니들이 가진 양육태도로서 사랑하는 자식이라서 애정을 많이 주면서도 자녀의 행동을 지나치게 제약하는 경우다. 부모에 의한 통제로는 그 사례가 가장 많은 잔소리(지나친 염려)에서부터 체벌(體罰)과 같이 신체적인 제재와 애정을 일시 주지 않는 것, 용돈 감액, 자녀에 대한 소유욕 등 사회 심리적인 것에 이르기까지 다양한 형태를 하고 있다.

이런 부모에게서 자란 자녀의 성격은 ① 사교성이 약하고, ② 사회적 적응력이 약하며, ③ 창의성이 적고, ④ 부모에 많이 의존하려 한다. 자신이 한 행동이 잘못되었을 때 이에 대하여 ⑤ 책임을 전가하는 것도 일종의 의존적 태도이다. 일반적으로 ⑥ 미숙한 편이며, ⑦ 다른 사람과 더불어 살지 못하고 고립적이며, ⑧ 사려성과 책임감이 부족하고, ⑨ 판단력이 부족한 사람이 된다.

더욱이 자녀를 1～2명밖에 두지 않는 요즘, 이 자녀들에 대한 한국 어머니의 교육열은 부모가 자녀의 종이 되어 '복종적인 부모'가 되고 이런 부모의 양육태도는 자녀들로 하여금 ⑩ 고집이 센 아이를 만들고, ⑪ 공격적이며, ⑫ 반항적이고, 그 위에 ⑬ 우월감과 지나친 자신감에 사로잡혀 우쭐대는 아이 그리고 ⑭ 주의력이 산만한 아이를 만든다.

다) 방임적(放任的) 양육태도

자녀를 사랑하지도 않고, 자녀가 하고 싶은 대로 행동하게 내버려 두는 양육태도를 말한다. 부모의 소홀함과 무관심 때문에 자녀들은 부모와 거리감을 느끼게 되고 모든 것이 지나치게 제멋대로 행동하게 되어 통제하기 어려운 사람이 된다.

이런 태도로 양육받은 아이들은 사회적 규범을 익힐 기회가 적어서 ① 반사회적 성격을 가지고 있으며, ② 공격적이고, ③ 사회에 적응하지 못하여 반사회적 행동으로 지탄을 받기 쉽다. 때로는 자녀가 부모나 다른 사람의 관심을 끌려고 ④ 비정상적인 행동을 하고, 일반적으로 ⑤ 침착하지 못하며, ⑥ 반항적이고, 그래서 ⑦ 싸움을 잘 하는 사람으로 성장하게 된다.

라) 전제적(專制的) 양육태도

부모는 항상 자녀들에게 권위자 · 지배자로 군림하고 체벌이나 심리적 통제로 행동을 규제하는 양육태도이다. 이 경우의 아이들은 분노와 갈등, 고통 등이 심리적으로 내면화되어 있어서 마음에 쌓이게 되고 그것은 ① 자기를 학대하는 자학적(自虐的) 행동과 자신의 발달수준을 뒤로 끌어내리려는 퇴행적(退行的)인 성격을 형성하게 된다. 흔히 우리나라의 전통적 유교가정에서 찾아볼 수 있는 형태로 현대사회의 경향과는 지나치게 달라서 아이들로 하여금 ② 사회적 적응을 어렵게 한다.

이런 양육태도를 가진 부모 밑에서 자란 아이들은 유교의 덕성에 맡게 ③ 복종적이고, ④ 정직하며, ⑤ 친절하고, ⑥ 조심성이 강하다. 그러나 심하게 ⑦ 부끄러워 하고, ⑧ 눈치가 빠르고, ⑨ 열등감에 빠지기 쉽고, ⑩ 미숙하며, ⑪ 당혹해 하기 쉽다.

위에서 제시한 표준에 자신의 가정환경을 대입해 보면 '나'는 이들 양육태도 중 어떤 유형의 양육태도를 받았는지, 아니면 양육하고 있는지를 알 수 있다. 따라서 나는 어떤 사람이며 그 장단점이 무엇인지를 자문자답(自問自答)해 볼 수 있는 자료가 될 수 있으리라 생각한다.

결론부터 말하면 부모의 자녀 양육태도는 아동의 성격 형성에 많은 영향을 미친다. 우리가 흔히 전통적인 가정에서 엄격하게 자란 아동과 개방적인 가정에서 자유롭게 자란 아동 사이에 성격이나 태도가 다른 것을 발견하게 되는데 그것은 부모의 양육태도가 다르기 때문이다. 위에서 제시한 민주적인 양육태도가 가장 좋은 것으로 평가될 수 있는데, 문제는 부모가 그런 민주적인 의식과 생활태도를 가지고 있어야 그런 양육태도가 나올 수 있다는 점이다. 그런데 한국의 부모들이 과연 이런 민주적인 의식과 태도, 가치관을 가지고 있는지, 아니면 아직도 유교적인 가부장적(家父長的) 권위주의에 머물러 있지 않은지 재고해 봐야 할 것이다.

5) 가정의 변화와 교육기능

대가족제도를 핵가족으로 바꾸어 놓은 고도산업사회는 여러 분야에서 사회적 변화를 가져왔다. 그 중에서도 가정의 교육적 기능 역시 많이 약화시키는 변화를 가져왔다. 따라서 현대의 한국 가정은 가정교육의 장으로 역할을 축소해 가고 있으며, 아동들은 부모의 감동적인 사랑의 감화를 받을 수 없는 가정이 되어 가고 있는 등 많은 문제를 안고 있다.

① 산업사회가 성숙되면서 우리 가정은 핵가족(核家族)으로 변하여 가족의 규모가 축소되었다. 그것은 아동들에게 여러 사람들과 인간관계를 가질 수 없게 만들었을 뿐만 아니라 전통문화가 어른에서 어린이에게 자연스럽게 계승되는 것을 어렵게 만들었다. 그래서 근래 청소년들이 비교적 이기적이고, 인간관계가 원만하지 못하며, 예절과 질서를 잘 지키지 못하게 되는 등 산업사회로의 변화가 그 원인을 제공한 것이다. 더욱이 대가족제도하에서는 할아버지로부터 문화적인 전통을 배워서 이을 수 있었고, 그것은 청소년들로 하여금 전통적인 가치관에 기초한 정체성(正體性)을 형성하는 데 도움이 되었으며, 나아가 자부심과 창의력의 원천을 제공하게 되는 원천이었으나 바로 그것이 변화된 우리 가정에서 약화되었다.

② 사회가 빠르게 변화하여 부모와 자녀간에 심한 가치관의 이질화(異質化)를 가져왔고, 이로 인하여 그들간에 갈등이 심화되었다. 부모들은 자신이 자라던 시절의 어린이로 착각하여 그렇게 훈계하고 통제하려고 하지만 자녀들은 이에 반발하고 부모의 통제권에서 벗어나려고 한다. 이로 인하여 부모는 많은 가출 청소년을 만들고, 자녀들은 비도덕인 불효자로 전락한다.

더욱이 부모 모두가 취업하게 되면 부모와 자녀 사이에는 대화할 기회가 적어지고 따라서 서로 오해의 여지가 많아지며, 드디어는 부모와 자녀들은 각각 동년배(同年輩)집단에서 끼리끼리 서로 친하게 된다. 특히 이런 자녀들이 속해있는 동년배 집단이 가지고 있는 미숙한 비공식(非公式) 규범이 자녀들의 행동에 강력한 영향을 미치는 사회가 된 것이다.

③ 이농(離農)으로 인한 도시집중 현상은 어린이로 하여금 이기적인 성향을 만들어 주기 쉽다. 특별히 아파트 문화와 같은 도시문화의 확산은 익명사회(匿名社會)를 만들고, 나아가 협소한 인간관계를 맺으며 살아가기 때문에 협동심과 봉사심 그리고 타인과의 정서적 유대감이 부족한 사람으로 성장되기 쉽다. 그리고 그것은 함께 사는 지역사회 공동체를 만들고 그 공동체를 사랑하는 애향심이나 애국심이 부족한 사람을 만드는 데 기여하게 된다.

④ 높은 여성 취업률은 평등사회를 지향하는 데는 유익하였으나, 가정에 머물러 있지 않은 부모와 자식들은 밀도 높은 심리적 유대감을 형성하지 못한다. 그리고 여성 취업은 이혼율을 높여 결손가정을 만드는 원인을 제공하여 주었다. 과거에는 적어도 어머니는 가정에 남아서 어린이를 보호하고 교육하는 일을 맡았으나, 산업화가 진전되면서 부부가 모두 취업하게 되었고, 그러면서 가정의 보호기능과 교육기능은 마비되고 가정 밖의 보호자와 교육자가 어머니를 대신하게 되었다.

더욱이 어린이들은 키 보이(key boy)가 되어 외롭게 문을 따고 집에 들어가지만 반겨 주는 사람이 없어서 허전하다. 이런 아이들은 의지할 대상이 없어졌고, 제멋대로 성장하게 되며 그리고 따뜻한 애정이 포근히 감싸는 평화로운 가정도 점차 사라지게 되어 정서적 안정이 어렵게 되었다. 이런 어린이들은 모성실조(母性失調)에 이르기도 하여 그 문제를 해결해 주는 직업군이 또한 성업중에 있다.

⑤ 여성 취업률 증가의 긍정적인 측면으로는 여성의 지위를 높이는 데 기여하였을 뿐 아니라 가정의 경제적 여유를 가져왔고, 나아가 상대적으로 가부장적(家父長的)인 권위주의를 붕괴시키는 데도 기여하였다. 기존 질서가 옳든지 그르든지간에 그것이 깨어지면 사회는 해체현상을 보인다. 그러나 가족해체 현상은 이혼에서부터 부모 자식간의 갈등과 불화, 핵가족화 등 어떤 것도 자녀교육에 결정적으로 부정적인 영향을 미치게 된다.

4. 학교교육

1) 몬로의 교육발달과정

교육의 역사를 연구한 몬로(Monroe)는 교육의 발달과정을 대략 다음과 같이 3단계로 설명하고 있다.

a) 첫째 단계

미개했던 옛날에는 학교는 없었지만 교육은 있었다. 당시 아이들은 성인들의 생활을 모방하여 그것을 놀이로 하며 배웠다. 활을 쏴 보기도 하고, 통나무배를 타기도 하였고, 소꿉놀이도 하면서 장차 생활에 필요한 지식과 기술을 무의도적으로 배웠다.

b) 둘째 단계

사회가 조금 더 개명하면서 아동들은 성인들의 노동이나 사회적인 의식이나 종교적 의식(儀式)을 통하여 배운다. 건축기술을 배우기 위하여 심부름을 해주고, 제사를 지낼 때 참여하여 절을 하는 것과 같은 것이다. 비록 이런 활동은 의도적이지만 아직은 계획적이고 계속적인 단계에는 미치지 못하였다.

c) 셋째 단계

학교교육 단계에 이르게 된 것은 문자(文字)를 발명하면서부터이다. 이 때부터 아동들에게 직접경험을 벗어나 문자를 통하여 그 사회의 문화와 생활양식, 기술 등을 일정한 장소에서 체계적으로 가르치게 되었다. 즉 교육이 좀더 전문적인 교육기관에 의하여 심도 있게 이루어지게 된 것이다.

더욱이 부족사회에서 국가체제로 발전하면서 지배계층의 지도력(leadership)은 더욱 강화되고 전문적이어야 할 필요성이 생겼고 이 때문에 이를 전문적으로 가르치는 학교가 필요하게 되었다. 그래서 옛날로 올라갈수록 학교에 입학하는 학생은 그 사회의 지배계층의 자녀들이었고 그 지위의 고저(高低)에 따라 학교가 결정되는 것을 볼 수 있다.

2) 평생교육과 학교

인간 사회에 학교가 출현한 이후 수천 년 동안 교육활동의 주된 무대는 학교가 차지하여 교육의 전담기관으로 행사하였다. 그런데 현대사회는 민주화되었고, 학교는 지배계층의 전유물이 아니며, 모든 사람에게 개방된 교육 평준화 시대가 되었다. 뿐만 아니라 오늘날과 같이 전문화 · 다양화된 사회체제에서는 학교교육이 가진 보수적 성격 때문에 사회변화에 적응하지 못하게 되고, 그래서 부득이 학교외교육(學校外敎育)을 중요시하고, 이들 학교교육과 사회교육을 통합하여 평생교육체제로 교육을 새롭게 정립하지 않으면 안 되게 되었다.

평생교육체제 안에서 학교교육이 지향해야 할 점에 대하여 다베(Dave)는 다음과 같이 말하고 있다(Dave, 1973).

첫째, 평생교육체제의 한 부분인 학교교육은 다음 단계의 사회교육과 연결되어야 하므로 개방적이어야 한다.

둘째, 학령 전 교육에서부터 초 · 중등교육에 이르기까지의 교육은 그 이후의 교육을 위한 기초교육이어야 한다.

셋째, 사회변화에 적응하기 위하여 기초교육 기간을 최소한도로 제한하고, 그 이후에는 개인의 다양한 요구에 맞도록 학습기회가 주어져야 한다.

넷째, 기초교육을 모두 형식교육으로 제한하지 말고 비형식교육도 인정하여 학교외교육과 통합함으로써 다양한 교육형태가 서로 함께 하는 개방이 요구된다. 예컨대 야간학교, 정시제학교(定時制, partime school), 소규모학교, 통신과정과 개방학교(open plan school) 등을 생각해 볼 수 있다.

이상에서 언급한 대로 교육구조는 평생교육체제로 재편되어야 하고, 따라서 학교교육도 그 기능이 재정립되어야 한다는 것이다. 그러나 학교교육이 가지고 있는 많은 문제에도 불구하고, 이제 우리 사회에 널리 보편화된 학교교육이 국가와 사회 발전에 얼마나 중요한지에 대하여는 재론의 여지가 없다.

학교교육의 기능과 역할에 대하여는 앞에서 교육의 기능과 역할을 소개하였고, 학교교육의 실제에 대한 논의는 앞으로 계속하게 될 것이다.

5. 사회교육

1) 사회교육의 정의

사회교육(社會敎育)이 무엇인가를 정의하기는 학자들의 견해가 일치하지 않아 매우 어렵다. 그것은 사회교육이 학교교육과는 달리 다양한 형태의 교육현상들을 다 끌어 안고 있기 때문이다. 그래서 사회교육은 흔히 '학교외교육(學校外敎育)', 즉 학교교육이 아닌 것을 모두 사회교육이라 하여 넓게 보는 견해와 이를 엄격하게 규정하여 좁게 보는 견해로 나누어 볼 수 있다.

사회교육의 필요성에 대하여는 전술한 평생교육의 필요성에서 이미 소개하였으니 참조하기 바란다.

(1) 좁은 의미로 보는 견해

일반적으로 사회교육을 좁은 의미로 해석하는 학자는 미취학 청소년과 성인을 대상으로 하는 교육(youth and adult education)이라고 하여 그 대상을 제한하고 있다. 황종건은 사회교육을 "의무교육을 마치고 난 후에 학교를 계속하여 다니지 못한 청소년과 일반 성인을 위한 조직적인 교육을 총칭한다"고 하였다(황종건 1980). 그리고 권이종은 "평생교육체제 속의 통합적 부분으로서, 학교외의 사회화 과정이며 주로 청소년 및 성인을 대상으로 행하여지는 조직적 교육활동"이라고 하였다(권이종, 1996).

(2) 넓은 의미로 보는 견해

사회교육을 "학교교육 외에서 이루어지고 있는 모든 조직적이고 계속적인 교육활동"이라고 하여 학교외교육(out of school education)과 동일한 의미로 보는 견해이다(정지웅, 2000). 그래서 사회교육은 학교 밖이나 학교 이후의 청소년, 부녀자, 성인들에 대한 교육으로서 유아교육과 학교교육을 제외한 나머지 교육을 의미한다. 그것은 성인교육(成人教育, adult education)보다 넓은 개념이다.

우리나라의 평생교육법도 같은 입장을 취하고 있다. 즉 제2조 1항은 "평생교육(사회교육)이라 함은 학교교육을 제외한 모든 형태의 조직적인 교육활동을 말한다"라고 규정하여 유치원교육을 제외한 모든 취학전 교육까지도 사회교육에 포함시키고 있다. 그리고 학교교육을 받고 있는 학생이 학원 등에 가서 교육을 받을 경우 또는 학교교육에서 계획된 교과과정 외의 학교내의 프로그램 역시 사회교육에 속한다.

그런데 문제가 되는 것은 매스컴이나 전시회, 박람회, 도서관 등과 같이 교육할 의도가 없는 경우 이를 교육으로 볼 것인가의 하는 것이다. 일반적으로 엄격하게 보려는 학자는 이들을 교육 밖으로 버리지만, 넓은 의미로 보는 견해는 이런 경우라도 분명한 의도는 없어도 '숨겨진 의도'는 있다고 보고 사회교육의 범주에 넣는다.

(3) 평생교육과 사회교육

평생교육은 가정교육과 학교교육, 사회교육을 모두 포괄하는 상위개념으로 체계화되어 있다. 그런데 한국의 학자들 중에는 사회교육을 평생교육과 동의어로 보려는 견해가 많이 있다(한완상, 유네스코 한국위원회, 1973; 김종서 외2, 1996). 이런 견해는 우리나라 헌법의 규정과 그 외 법률 및 행정관서 이름이 그렇게 동의어로 보고 있기 때문이라 할 것이다. 즉 헌법 제31조 5항에는 "국가는 평생교육을 진흥해야 한다"라고 규정하고, 동 6항에서는 "학교교육 및 평생교육을 포함한 교육제도와 그 운영, 교육재정 및 교원의 지위에 관한 기본적인 사항은 법률로 정한다"라고 규정되어 있다. 그리고 종래의 사회교육법도 평생교육법이라 개명하였고, 그 외에도 명령이나 규칙 및 교육부 내의 행정부서 이름까지도 모두 '사회교육'에서 '평생교육'으로 개명하였다.

김종서(외2)는 그의 저서 「최신 교육학개론」에서 사회교육과 평생교육이 동의어이어야 한다는 주장을 다음과 같이 설명하고 있다.

> "사회교육이 평생교육과 동의어로 해석될 수 있는 이유가 있다. 그것은 평생교육이 모든 교육을 포섭하는 개념이라고 하면 구태어 평생교육이라는

새로운 개념을 만들어 낼 것이 아니라 '교육'하면 될 것이다. 그러나 종래 교육하면 학교교육을 의미하였으며 사회교육은 망각지대에 놓여 있었으므로 사회교육의 중요성을 강조하기 위하여 평생교육의 개념이 나타났다고 보아야 할 것이다."

우리나라의 법체계도 여러 학자들의 반대에도 불구하고 위와 같은 견해를 수용하여 입법화하였을 것이다. 따라서 이제부터는 사회교육을 평생교육으로 고쳐 부르고, 본래 평생교육을 '교육'이라고 불러야 하는 번거러움을 감수해야 할 것이다.

2) 사회교육의 특징

사회교육의 특징은 학교교육과 비교해 봄으로써 드러난다. 교육의 대상에서부터 시기, 장소, 참여방법, 교육의 목적과 내용, 방법 등에 있어서 서로 다른 특징이 있다.

(1) 교육의 대상

학교교육의 대상은 초·중·고등학교 학생과 같이 일부 소수에 국한되어 있고 비교적 동질적이다. 그러나 사회교육은 연령과 학벌, 지역과 성별을 불문하고 누구나 대상이 될 수 있으므로 상당히 이질적인 경우가 많다. 그 이질성 때문에 수업하기가 어려울 때가 있지만, 반면 학습자가 다양하여 상호교육(相互教育)하는데 유익하고, 이질적인 집단간의 이해와 협력이 가능한 장이 마련된다는 긍정적인 점도 있다.

(2) 교육의 시간과 시기

학교교육은 일반적으로 장기간이다. 그리고 법으로 정해져 있으며, 일정한 시기에 입학하고 졸업한다. 사회교육은 학교교육과 유사한 형태도 있지만 대개는 단기간이고 일정한 기간을 정하지 않고 제공되는 프로그램에 맞게 시간과 시기를 정하는 것이 보통이다. 길게는 학교처럼 몇 년에서부터 짧게는 몇 시간의 프로그램도 있다. 그리고 시기도 일정하지 않아서 학습자를 중심으로 하여 결정하는 경우가 많으며, 경우에 따라서는 프로그램이 시행되려면 계절적인 고려가 있어야 할 때가 많다.

(3) 교육의 장소

학교교육은 일정한 장소에서 자격증을 가진 교사가 가르치는 제도적인 교육인데 비하여 사회교육은 장소와 시간에 구애받지 않고 생활에 필요한 학습내용을 가르치고 배우는 비제도적인 교육이다.

(4) 교육의 참여 : 자발성

학교교육이 강제적이고 통제적인데 비하여 사회교육은 자발적으로 참여한다. 즉 교육에 참여하는 학습자는 자기의 필요에 따라 참여 여부를 결정한다. 사회교육에서는 학습자의 의견이나 요구(필요성)를 중요하게 생각한다. 어떤 경우에는 학습자들이 교육프로그램 전반을 결정하기도 한다.

자발성을 가진 학습자는 언제나 떠날 수 있으므로 학습자의 참여동기와 진행에 있어서 많은 노력이 필요하다. 자발적 참여는 민주주의 기초이며 더불어 사는 사회의 생활 원리며 성인교육의 열쇠이기도 하다.

(5) 교육의 목적 : 현실성

진보주의 철학이 주장하는 대로 학교교육이 생활중심 교육을 한다 해도 그것은 장래 사회의 일원이 될 것을 생각하여 그 생활 모형을 교육하는 것이어야 하며 나아가 기초적인 준비교육을 시키지 않으면 안 된다. 이에 비하여 사회교육은 현실적으로 해결하지 않으면 안 될 우리의 생활문제와 사회문제를 직접 해결하려는 데 교육의 목표를 두고 가르치는 경우가 많다. 그런데 그 중에서도 교양교육과 직업교육이 가장 많은 비중을 차지하게 된다.

그 사회가 얼마나 건전한가 하는 것은 얼마나 사회문제를 슬기롭게 해결하느냐에 달려 있다. 그런데 그 슬기는 사회구성원이 얼마나 깊은 지식을 가졌느냐와 함께 얼마나 바른 판단과 높은 의식수준, 올바른 가치관이 확립되어 있느냐와 관계가 있다. 따라서 사회교육은 사회가 쏟아내는 많은 문제들을 효과적으로 해결하기 위하여 계속적으로 공부하지 않으면 안 된다.

(6) 교육제도 : 융통성

학교교육은 일반적으로 형식적이고 획일적이어서 사회변화에 적응하기 어렵지만 사회교육은 형식과 제도에 구애됨이 비교적 적고 다양한 형태를 가지고 있으며 융통성(融通性)과 시사성(時事性)이 강하여 사회변화에 쉽게 적응할 수 있다. 바로 이 점이 사회교육이 가진 가장 큰 강점이라 할 것이다. 어떤 사회교육기관은 한때의 호황이 영원히 갈 것이라 생각하여 마치 학교처럼 사회변화에 무관심한 결과 불과 얼마 안 되어 사양길을 걷게 되었다.

사회교육은 학습자를 중심으로 하여 교육 프로그램이 작성되고 진행되기 때문에 학습자에 맞추어 다양한 내용과 방법이 수용되고 이를 수행한다. 교육의 목표와 내용에 따라서 교육의 시간과 기간, 장소와 교사가 달라지고 교육방법도 결정된다.

(7) 교육의 내용 : 다양성

학교교육은 미래지향적이고 획일적인 특성이 있지만 사회교육은 현실지향적인 생활교육이라서 당장 활용할 교육내용을 다룬다. 인간 생활상의 문제가 복잡한 만큼 이런 문제를 다루는 사회교육의 학습내용 역시 복잡하고 다양할 수밖에 없다. 그 외에도 교육 운영이나 방법도 다양하고 자유롭다. 학습자가 누구냐에 따라 또 그 규모나 지도자의 자격증 소지 여부, 어떤 문제에 대한 교육이냐에 따라 다양하고 자유로운 접근이 시도된다. 그러나 그만큼 책임성이 강하다.

(8) 교육의 방법 : 자기주도적 학습

학교교육에서도 학생중심 교육이어야 한다고 주장하지만 실제상으로 인격과 지식이 성숙된 교사와 아직도 미숙한 아동 사이에서는 교사가 주도적 역할을 감당할 수밖에 없다. 그래서 학교교육은 교사가 중심이 되고 학생은 수동적이고 의존적인 형태를 취하게 된다.

그러나 사회교육은 일반적으로 학습자가 자신이 원하는 학습목표와 학습내용을 스스로 선정하고 참여하며 평가하는 등 학습자들이 학습을 주도해 나아간다. 그리고 교사는 주로 학습자들이 학습을 해나아가는 데 있어서 효과적으로 성취하기 위하여 도와 주는 조력자(助力者)이며 학습을 장려하고 분위기를 조성하며 학습을 안내하는 편의제공자 혹은 학습촉진자이다.

표 2-3 학교교육과 사회교육의 특성 비교표

	학 교 교 육	사 회 교 육
교육대상	일부 소수, 고정적, 동질적	불특정 다수, 누구나, 이질적
교육시기	한정(졸업), 청소년기, 장기간	무한정, 수시로, 전생애, 단기간
교육장소	학교라는 한정된 공간	학교 내외 어디서나 가능
교육참여	강제적, 통제적	자발적, 자유롭게
교육기능	졸업장이 중요, 능력따라 선발	졸업장 불필요, 선발장치 없음
교육기회	제한적(사회계층 따라 격차 있음)	무제한(어떤 격차도 없음)
교육내용	미래준비, 획일적, 원리적, 계획적	현실(생활 · 실업)지향, 다양함, 실제적
교육목적	출세지향, 취업, 장래 이상실현	인간교육 지향, 현실문제 해결
교육제도	형식적, 고정적, 획일적, 弱적응력	비형식적, 다양성, 적응력 강함
교육방법	교사중심, 일방적, 보수적, 경직됨, 제도화, 수동적(학생)	학습자 중심, 능동적, 진보적, 가동력 강함, 제도화 덜됨
자아개념	의존적 존재 → 성숙으로가는 길	자주적 존재, 자기주도적
경험의 역할	새로운 경험의 축적	경험의 교환 = 상호교육
학습지향점	교과서중심 지향	문제중심 지향

그러나 사회교육은 본질적으로 상호교육(相互敎育)이다. 즉 학습자들이 서로 경험을 교환(shared experience)함으로써 성립된다. 학교교육은 1사람의 교사와 30명의 학습자가 있지만 사회교육에서는 31명의 교사와 31명의 학생이 있을 뿐이다.

<표 2-3>은 학교교육과 사회교육의 특성을 간결하게 서로 비교하여 표로 만들어 본 것이다. 서로 대조적인 다른 특성을 가지고 있는 것을 발견하기가 용이할 것으로 본다. 그리고 그 특성들과 현대사회에의 적합성을 판단하는 데 도움이 될 것이다.

3) 사회교육과 유사한 용어들

사회교육이라는 말의 뜻과 같거나 비슷한 내용의 용어들이 많이 있다. 이들은 서로 구분하기가 어렵지만 그 용어들이 강조하는 특성이 있어서 그것을 중심으로 하여 몇 개만 소개하기로 하자.

(1) 평생교육

앞에서 소개한 대로 우리나라의 법률과 행정 체제는 사회교육이란 말을 모두 제거하고 평생교육이라고 바꾸었다. 또 학자들 중에는 교육이라는 통합적 개념 하에 학교교육과 평생교육으로 나누어 종래 사용하던 사회교육이라는 용어를 버리고 평생교육으로 대체함이 바람직하다고 현행법의 체계를 옹호하고 있다. 이런 주장은 평생교육의 개념을 정립할 때 사회교육을 부상시켜 학교교육과 함께 중요한 교육적 역할을 감당하도록 하려는 의도에서 보면 상당한 합리적 근거를 가지고 있지만, 문제가 되는 것은 평생교육은 학교교육과 사회교육이 통합된 체계의 상위개념으로 생각하고 있다는 점이다.

(2) 성인교육

성인교육(成人敎育, adult education)이란 말은 좁은 의미의 사회교육과 같은 의미로 사용하고 있다. 그러나 조금 차이가 있다고 하면 성인교육은 사회교육에 포함시킨 청소년(靑少年)을 그 대상에서 제외하고 청년 이후의 사회교육을 그 대상으로 하고 있다. 사회교육이란 말은 한국을 위시하여 일본과 대만, 인도에서 주로 사용되고 있으며, 성인교육이라는 말은 주로 유럽이나 미국, 호주 등에서 사용하고 있다.

(3) 학교외교육

학교외교육(學校外敎育, out of school education)이란 말은 학교교육 이외의 모든 교육을 말하는 것으로 넓은 의미의 사회교육과 같다. 그리고 이것을 비정규교육 또는 비형식교육(informal education)이라는 용어를 쓰기도 한다. 그런데 이 정규(正規)니 형식(形式)이라 하는 'formal'은 학교교육을 의미하지만 사회교육 과정 중에도 형식적인 것과 비형식적인 것이 있어서 개념상 혼선이 있으므로 적당한 용어가 아니라는 주장이 있다(황종건, 1980).

(4) 계속교육

계속교육(繼續敎育, continuing education)이라는 말은 정규의 학교교육을 마치고 계속하여 교육을 받는 경우를 말하는데, 주로 대학에서 실시하고 있는 사회교육활동을 미국에서는 이렇게 사용하고 있다. 그리고 같은 의미를 가지면서도 영국에서는 연장교육(延長敎育, further education)이라는 용어와 성인교육이라는 용어를 혼용하고 있다.

계속교육이라는 말은 본래 의무교육을 보완하는 교육이라는 의미를 가지고 있다. 그런데 한국에서도 의무교육이 확대되고 평생교육의 이념이 확대되어 가고 있으므로 한국의 사회교육도 실제로 거의 계속교육화 또는 연장교육화하고 있다고 본다면 한국에서도 사회교육과 평생교육, 계속교육은 거의 같은 의미를 갖게 되었다고 할 수 있다.

(5) 유사하지만 다른 용어들

위에서 제시한 용어들은 사회교육과 거의 같은 용어로 사용하는 것들이었다. 그런데 다음에 소개할 용어는 비슷하지만 약간 다른 용어 그리고 많이 다른 용어들이다.

a) 순환교육

순환교육(循環敎育, recurrent education)이라는 말은 OECD 국가의 교육연구에서 유래되었는데, 의무교육을 마치고 일터로 진출한 사람이 다시 학교에 돌아와 충전이 되면 다시 직장으로 돌아가는 등 학교와 직장을 왕래하면서 이론과 작업의 실제를 배워 나아가는 교육이다.

b) 지역사회교육

지역사회교육(地域社會敎育, community education)이라는 말은 처음에 저개발국가의 지역사회개발을 위하여 수립된 계획에서 사회교육의 중요성을 인식하여 공식적으로 사용된 말이다. 지역주민의 교육을 통하여 지역사회의 종합적인 생활향상을 기도하려는 교육이다.

c) 생애교육

생애교육(生涯敎育, career education)이란 말은 사람이 직업에 종사하기 위하여 준비하는 모든 경험을 말한다. 이 말은 평생교육과 같은 것으로 오해되기 쉬우나 주로 진로와 직업의 준비 및 일에 관하여서만 관심이 있는 교육이다.

d) 사회과 교육(社會科敎育)

사회과 교육은 학교교육에서 역사, 지리, 정치, 경제, 윤리 등과 같이 사회과 교과목을 지칭하는 말이다. 따라서 사회교육과는 전혀 다른 말이다.

e) 유아교육

유아교육(幼兒敎育, early childhood education)은 유아기 어린이의 잠재능력을 최대한으로 발전시키기 위하여 신체, 언어, 인지, 정서, 사회성 등을 조화롭게 발달하도록 도와 주는 전인교육(全人敎育)이다. 넓은 의미로는 유아교육기관과 가정 및 사회교육 기관에서 시행하고 있는 유아교육까지 포함한다. 유치원은 정규교육이고 그외 영유아보육법에 의하여 설립된 보육시설이나 어린이집, 놀이방, 새마을유치원 등은 정규교육이 아닌 사회교육에 속한다.

f) 가정교육

가정교육(家庭教育, home education)은 학교 커리큐럼으로 가르치고 있는 교과목인 가정과교육(home economics education)과는 다르다. 가정에서 무의도적이고 무계획적인 가르침이지만 그 교육적인 의미는 대단히 크다. 교육을 좁은 의미로 해석하는 사람은 가정교육은 의도성이 결여되어 있어서 교육이 아니고 사회화라고 하지만, 넓게 보는 사람은 묵시적인 지도의지(指導意志)가 있다고 하여 의도성을 인정하고 있으며, 그래서 교육의 범주에 넣고 있다. 또 교육 중에서도 사회교육의 한 부분으로 할 것이냐 아니면 독립된 교육분야로 할 것이냐는 견해를 달리한다. 그러나 한국과 일본의 많은 학자들은 독립된 교육형태로 보고 있다.

4) 사회교육의 형태

학교교육과는 달리 사회교육은 그 형태가 다양하다. 그것은 사회문제가 다양하고 따라서 문제해결에 대한 요구도 다양하기 때문이다. 또 그 실시기관의 형태나 학습자, 교육 기간과 방법 등 모두 학교교육에 비하여 다양한 형태를 보이고 있다. 그 사례들을 몇 가지 들어보기로 하자.

(1) 학교에서 하는 사회교육

학교는 학교교육을 하는 기관이지만 때로는 사회교육 프로그램을 개설하기도 한다. 어떤 경우는 학교시설을 주민들에게 개방하여 지역사회의 사회교육을 돕는 경우가 있고, 또 어떤 경우는 학교가 사회교육 프로그램을 개발하여 운영하는 때도 있다. 후자의 예로는 대학 사회교육원과 시민교육강좌가 있고, 초·중등학교에서는 어머니교실과 새마을교실, 청소년 직업교육 등이 비교적 많이 개설되었다.

(2) 학교형태를 갖춘 사회교육

교육법에 규정된 학제 중에는 기간학제(基幹學制)가 아닌 방계학제(傍系學制)에 의하여 설립된 학교가 있는데, 예컨대 지금은 사라진 공민학교, 고등공민학교, 기술학교와 산업체 부설 야간 중·고등학교 그리고 아직도 유지하고 있는 방송통신고등학교와 많은 학생을 가진 방송통신대학 및 개방대학 등이 이에 속한다. 이들은 일반 학교와 같은 학교형태를 하고 있으며, 학력의 인정도 다르지 않다. 그러나 이들 교육기관은 학교교육은 아니고 사회교육기관이다.

(3) 공공기관의 사회교육

각 정부 부서의 산하에는 모두 자기부서 산하의 공무원을 교육하기 위한 교육원이 있다. 그 외에도 그 부서의 정책 목표를 달성하기 위하여 다양한 사회교육기관을 설립하였다. 노동부에는 산업인력공단을 두어 많은 산업인력을 배출하고 있으며, 농림부에는 농민교육을 위하여 농촌진흥청을 위시하여 각도의 진흥원과 각 군의 농촌지도소가 있는 등 모든 부서에는 모두 이렇한 사회교육기관을 가지고 있다.

각부 장관이 관장하고 있는 이런 사회교육기관을 교육인적자원부장관이 관여할 수 있게 하기 위하여 정부조직법을 개정하였는데 그것은 교육인적자원부장관을 부총리로 격상시켰고 부총리는 각부 장관의 사회교육을 관할할 수 있게 되어 사회교육이 명실상부하게 학교교육과 함께 평생교육 체제로 통합되게 되었다.

(4) 산업체의 사회교육

비교적 규모가 큰 산업체들은 신입사원들로 하여금 자기 회사에 적당한 인재로 만들기 위하여 교육 프로그램을 개발하고, 또 기존의 사원과 경영자들을 위한 재교육 프로그램을 개발하여 운영하고 있다. 더욱이 학교교육에 대한 불신이 많은 이들 산업체들은 비교적 긴 시간을 강도 높게 교육시키고 있다.

우리나라의 산업체 사회교육, 즉 산업교육(産業敎育)은 학문으로서 40~50년의 짧은 역사를 가진 인간자원개발론(人間資源開發論, human resources development)을 기반으로 하여 성장하였고, 이제는 사회교육의 중요한 영역을 차지하게 되었다. 우리나라의 산업교육의 수준은 아직 미국이나 일본에 미치지 못하지만 그래도 그 기초는 정립되었다고 생각된다. 특히 삼성그룹의 사원연구원을 위시하여 LG, 현대, SK 등 큰 기업체의 사원연수원은 그 시설과 연수 참여자의 규모나 년간 비용과 프로그램의 질 등으로 봐서 선진국의 것과 큰 손색이 없을 정도로 정비되어 가고 있다.

(5) 사설학원의 사회교육

여기에서 사설학원(私設學院)이라 하는 것은 "사설학원에 관한 법률"에 의하여 설립되어 교육인적자원부의 지도 감독을 받는 사회교육기관이다. 우리나라에는 이들 학원들의 대변기관으로 한국학원총연합회가 있고 그 산하에 대략 7만여 개의 학원이 등록되어 있다. 때로는 사교육비 문제와 더불어 입시학원이 언론의 도마위에 등장하기도 하지만, 다른 측면에서 보면 경쟁력이 약하고 많은 모순을 가지고 있는 학교교육을 보충해 준다는 긍정적인 의미가 있다. 그리고 직업교육을 담당해 오고 있는 학원의 역할은 우리 교육사에서 크게 다루어야 할 것이다.

(6) 민간단체의 사회교육

원래 사회교육은 사회적으로 소외된 계층의 서민을 위한 교육으로 발전하기 시작하여 확대된 역사를 가지고 있어서 지금도 그 사회교육 주류들의 저변에 흐르고 있는 정신적 흐름은 사회에 봉사하고 희생하는 사랑의 실천에 두고 있음을 볼 수 있다.

그래서 많은 사회교육기관들은 종교적인 배경을 가지고 있는 민간단체들이 사회운동과 더불어 사회교육을 하는 경우가 많다. 그 대표적인 기관을 보면 역사가 깊고 늘 활발하게 교육하고 있는 YMCA와 YWCA, 적십자사와 유네스코,

보이스카웃과 걸스카웃, 각종 여성단체와 여성회관, 노인교육 관련 단체와 근로자교육 단체, 청소년교육 단체와 농민교육 기관 등 많은 수를 헤아릴 수 있다. 이런 기관들은 뒤에서 숨어서 일하지만 사회를 개혁하고 나라의 큰 일에 많은 영향을 미치게 되는데, 예컨대 가나안농군학교는 민간단체 사회교육 기관이지만 새마을운동과 교육의 모델이 되어 우리나라의 근대화를 위하여 크게 공헌하였다.

(7) 대중매체의 사회교육

현대사회에서 TV나 라디오, 신문, 잡지 등 대중매체(大衆媒體, mass media)의 교육적인 큰 힘은 이미 증명된 지 오래다. 이런 매스 미디어가 사회교육적 기능을 긍정적으로 하느냐 아니면 부정적으로 하느냐 하는 것은 사회가 정상적으로 발전하느냐 아니면 비정상적으로 발전하느냐와 깊은 관계를 가지고 있다.

매스미디어는 교육을 목적으로 하는 기관이 아니다. 그러나 그 영향력이 너무 커서 사회교육이 매스 미디어에 대하여 깊은 관심을 가지게 된다. 특별히 감수성이 강한 청소년들에게 매스 미디어의 교육적 영향력은 대단히 크다. 그래서 많은 선진국들은 매스 미디어를 사회교육적 측면에서 부처간에 협의하고 협력하는 제도적 장치를 마련하고 있다.

(8) 사회교육 시설의 사회교육

지방자치단체가 지역사회 주민을 위하여 건물과 시설 설비를 마련하여 이를 이용하게 하거나 아니면 직접 사회교육 프로그램을 개발하여 이를 실시하는 경우를 말한다. 이들은 그들의 주업무가 있고 그 업무를 효과적으로 수행하기 위하여 사회교육 프로그램을 제공한다. 그런 기관으로는 도서관이나 마을문고, 박물관, 문화원이 있고, 실제로는 별로 활용하지 못하고 있지만 마을회관이 마을마다 있다. 그리고 대개 공업단지 주변에는 여성회관이 있으며, 청소년의 연수훈련을 위하여 도와 시에 청소년회관이 세워져 있다. 그런데 이런 시설들의 사회교육 프로그램 운영 실태를 보면 대개 큰 도시일수록 잘 운영되고 소도시 내지 농촌일수록 지도자도 운영비도 프로그램도 없어서 방치된 곳이 많이 있다.

참고문헌

권이종, 「사회교육개론」(서울 : 교육과학사), 1996 참조.

김난수 · 김민회 · 오연택 · 이성호 · 한준상, 「평생교육학－철학 · 심리학 · 사회학적 기초」(서울 : 문음사), 1995.

김석원 역, 「학교는 죽었다」(서울 : 한마당), 1979. Everett Reimer, *School is Dead*, 1971.

김남석 역, 「社会教育에서의 脱出」(서울 : 범조사), 1979. Ivan Illich, *Deschooling Society*, 1970.

김남정, 「인간과 교육의 탐구」(서울 : 성원사), 1992.

김재은 역, 「人間発達과 教育」(서울 : 배영사), 1963, Havighurst, R. J., *Developmental Tasks and Education*, N. Y. : Longmans, 1952.

김종서 · 이영덕 · 정원식, 「최신 교육학개론」(서울 : 교육과학사), 1996.

김필식, 오만록, 「현대교육학개론」(서울 : 형설출판사), 2003.

안태윤, "탈현대사회의 신 사회교육", 사회교육협회, 제22차 연찬대회 및 세미나, 1997, 기조강연 및 발제강연

이상주, "社会教育", 한국교육개발원, 2000년대 사회발전과 교육, 1982.

이상용, "家庭의 物理的 環境과 過程変因이 学業成就에 미치는 영향", 서울대학교 교육대학원 석사학위 논문, 1970.

김종서 외2, 「교육학개론」(서울 : 교육과학사), 1996, 재인용.

UNESCO 한국위원회, 평생교육 세미나 보고서, 1974.

이석재, 「사회교육학개론」(서울 : 교육과학사), 1990, p. 39.

이영덕, 「교육의 과정」(서울 : 배영사), 1994.

장진호, 「平生教育과 社会教育」(서울 : 대사출판사), 1985.

정범모, 「教育과 教育学」(서울 : 배영사), 1992.

파울로 프레이리, 「교육과 의식화」(*Education for critical consciousness*) (서울 : 새발), 1978.

한준상, 「사회교육론－교육사회학적 이해」(서울 : 청아출판사), 1987, pp. 63～99.

Dave, R. H., *Foundation of Life-long Education*, UNESCO Institute for Education, 1976.

__________., *Life-long Education and School Curriculum*, UNESCO Institute for Education, 1973.

Drucker, Peter F., *The Age of Discontinuity*, London : Pan Books Ltd., 1971.

Lengrand, Paul, *Introduction to Life-long Education*, Paris : UNESCO, 1970

Ornstein, A. C. & Levine, D. U., *Foundation of Education*, Boston : Houghton Mifflin Co., 1981.

Knowles M.S., *The Modern Practice of Adult Education*, New York : Association press, 1981.

R. J. Havigust, *Developmental Task and Education*, New York : David Mckday Co., 1962, p. 3.

Everett Reimer, *School Is Dead, an essay on Alternatives in Education*, Doubleday & Company, INC., New York, 1971.

Paulo Freire, *Pedagogy of Oppressed*, a Continuum Book The Seabury Press, New York, 1973.

제 3 장
교육의 심리학적 기초

교육에 있어서 그 주체가 되는 것은 다름 아닌 학습자라고 하는 인간이다. 그래서 인간이 교육의 대상이기에 인간에 대한 이해가 필요하다. 인간의 이해는 여러 방면으로 과학적 탐구가 가능하겠지만 심리학적 접근은 학습자에 대한 이해의 폭을 넓혀주는 데 가장 많이 기여한다고 할 수 있을 것이다.

여기에서는 심리학의 지식을 빌려와서 인간의 본성이 무엇이며, 어떻게 발달하는지 그리고 어떻게 학습하는지 그 과정을 살펴보기로 하자. 이런 일련의 작업은 인간을 이해하는 데 기본적인 관점을 갖게 하고, 교육을 이해하며 계획하는 데 그 기초를 제공해 줄 것이다.

1. 심리학에서 본 인간 이해

오랜 역사를 통하여 철학자들은 '인간이란 무엇인가?'라는 명제를 가지고 이를 해명해 보려고 부단한 노력을 경주하여 왔다. 심리학 역시 철학과 그 명제가 다르지 않다. 단지 그 보는 각도가 심리학적 지식을 기초로 하여 인간을 이해하려고 하는 것이다. 여기에서는 인간의 본성에 관한 생각들과 지적 특성 및 비지적 특성에 대한 주장들을 김종서 · 이영덕 · 정원식 공저인 「최신 교육학개론」의 체계를 중심으로 하여 소개하려고 한다.

1) 인간의 본성

본성(本性)이란 인간의 본질적인 성질을 말한다. 이 인간의 본성은 과학적으로 밝혀내기 이전에 몇몇 사상가들과 종교에서 주장한 것들이다. 그러나 그런 주장들에 대하여 과학적으로 증명되지 못하였다고 하여 무가치 판단을 내려서도 안 되고, 나아가 오랫동안 교육에 많은 영향을 주어 온 점도 간과해서는 안 된다.

(1) 과학 이전의 사상

a) 성악설(性惡說)

인간은 태어날 때부터 그 본성이 악하여 죄악으로 차 있는 존재라는 주장이다. 따라서 이런 사상을 배경으로 하는 교육은 일찍부터 철저한 교육을 받아서 죄가 자라나지 못하게 해야 한다고 주장한다.

이런 성악설을 주장한 사람으로서 동양에서는 중국의 순자(筍子)가 주장하였다고 알려져 있다. 그리고 서양에서는 고대 그리스의 철학자들이 성악설을 주장하였다. 그들은 인간을 육체와 영혼으로 구성되었다고 하는 이원론(二元論)을 주장하면서 악한 육신이 선한 영혼을 지배하면 악한 행동이 나오는데 대부분의 인간은 육신이 우세하여 악한 사람이 많다는 것이다.

구약성경을 가지고 있는 히브리 사람이나 그 이후 기독교 역시 대체적으로 성악설적 입장에 서 있었다고 본다. 특별히 5세기 성 어거스틴(Augustine) 이후의 기독교 교리는 원죄(原罪), 즉 인간이 아담으로부터 하나님을 배반하고 얻은 죄로 인하여 악한 본성을 이어 받았다고 주장한다. 또 16세기의 칼빈(Calvin) 역시 같은 주장이어서 성악설은 기독교의 신학사상이 되었다고 주장하는 교육학자가 많이 있다. 그러나 그런 주장은 기독교 사상의 한 부분만 보고 말하는 해석이라는 생각이다. 예를 들면, 성경의 기록은 하나님이 인간을 창조할 때에 '하나님을 닮은 인간'으로 창조하였다고 쓰여져 있다. 그러므로 인간에게는 하나님의 성품인 선한 본성이 있다. 그런데 인간은 하나님을 배반하여 악한 본성(원죄)을 가진 존재로 변화되었다. 그러나 인간은 구세주(救世主) 예수의 피 흘려 죽음으로 원죄로부터 해방되었고, 예수를 믿고자 하는 선한 마음을 갖게 되었다. 따라서 기독교가 보는 인간의 본성은 원죄(原罪)라는 악한 본성과 원죄로부터 해방되어 선하게 된 본성이 공존하는 존재로 봐야 할 것이다.

교육하는데 있어서 성악설을 적용하면 대개 규율과 훈육이 엄하고 조기교육을 시키는 경향이 있다. 그것은 악한 성품을 조기에 엄격한 교육을 통하여 제압해야 한다고 생각하기 때문이다. 그 대표적인 경우가 유럽의 중세 수도원(修道院) 교육일 것이다. 그리고 한국의 옛 서당에서도 훈장의 매는 교육에서 중요한 방법이었다.

b) 성선설(性善說)

인간의 본성이 선하다고 보는 입장이다. 동양에서는 일찍이 맹자(孟子)가 이를 주장하여 인간은 본래 성인(聖人)이나 범인(凡人)도 다 성품이 선하기 때문에 선한 행동을 하게 되면 모두 성인이 될 수 있다고 하였다.

서양에서는 18세기 중엽 "자연으로 돌아가라"고 외친 루소(Rousseau)가 서양 사회의 기독교적 성악설에 도전하여 성선설을 주장하였다. 그는 그의 교육철학이 담긴 「에밀」에서 말하기를 인간은 본성이 선하게 태어났는데 세상의 풍습과 관습에 오염되어 악하게 된다고 주장하고 있다. 그래서 어린이를 성인들이 그대로 두어 자연스럽게 성장하게 하면 착하고 친절하며 민주적인 인간으로 성장한다고 하였다. 따라서 교육은 엄격한 훈계로 통제하지 말고 자유로운 분위기에서 가르쳐야 한다고 하여 자유학교운동(free school movement)을 전개하였다. 비록 루소의 주장은 과학적인 검증을 거친 주장은 아니었지만 그의 이런 운동은 그 후 계속되어 오늘날에도 자연주의 사상이나 진보주의 교육철학을 통하여 과학적이고 구체적으로 교육에 적용되고 있다.

c) 백지설(白紙說)

1690년경 영국의 철학자이면서도 심리학에 조예가 깊었던 존 로크(John Locke, 1632~1704년)는 그의 인간 이해에 대한 발표 논문 중에서 인간의 마음은 출생시에 백지(Tabula Rasa ; 라틴어)와 같다고 주장하였다. 즉 아무것도 그려져 있지 아니한 상태라고 한다. 본능이라는 것도 없고, 단지 환경의 자극을 수동적으로 받아들일 수 있는 태세만을 갖추고 있을 뿐이라는 것이다. 따라서 인간은 환경에 의하여 만들어지는 수동적인 존재에 불과하다.

이러한 로크의 사상은 영국의 경험주의 철학에서 나왔다. 그리고 그의 주장은 다분히 환경결정론의 성격을 가지고 있다. 더욱이 인간의 본성 중에서 본능(本能)이라는 것을 제거하고 있으며, 인간의 역동성과 목적성까지도 부인한다. 로크는 경험을 통하여 인간의 본성이 결정된다고 주장한다. 그런데 그 경험이라는 것이 감각(感覺)과 반사(反射), 연상(聯想) 등과 같은 것으로 만들어진다는 것이다. 인간의 마음은 마치 카메라와 같아서 환경이 주는 경험을 그대로 기록하기도 하고 또는 두 개 이상의 기록을 합하여 하나의 관념을 만들기도 하는데, 이런 것들이 모여서 한 인간의 본성을 형성한다고 한다.

(2) 현대 심리학에서 본 인간본성

현대 심리학을 포함하여 현대 과학으로는 인간의 본성이 무엇인지를 다 파악하여 이를 과학적으로 검증할 수는 없다. 인간이 인간을 안다는 것은 그렇게 쉽지 않아서 최첨단 과학을 가지고도 미결의 의문으로 남아 있는 것은 얼마든지 있다. 더구나 인간의 능력이나 본성과 같은 것은 신의 창조물 중에서 가장 파악하기 어려운 부분이다. 단지 현대 심리학은 불완전하지만 다음과 같은 연구 성과를 발표하고 있어서 이를 간단히 소개하는 것은 의미 있는 일이라 생각한다.

a) 가지고 태어나는 것

인간은 이미 가지고 태어난, 즉 생득적(生得的)인 본성이 있다고 본다. 예를 들면, 첫째로 유기적 충동(有機的 衝動, organic drive)이 그것이다. 즉 성적(性的) 충동이나 배고프면 먹고자 하는 식욕 충동, 목마르면 마시고 싶은 충동, 호흡하려는 충동, 휴식과 위험에 대한 방어하려는 충동 등이다.

둘째로 감각기능(感覺機能)을 들 수 있다. 눈으로 보고, 귀로 듣고, 혀로 맛보고, 코로 냄새를 맡으며 피부로 느끼는 등 인간의 5관의 기능과 작용은 이미 생득적(生得的)이라는 사실이 검증되었다.

셋째로 중요한 것은 인간은 학습(學習)할 수 있는 능력을 태어날 때부터 이미 가지고 있다는 것이다. 학습에 필요한 반사기능뿐 아니라, 언어와 고등정신기능을 포함하여 높은 수준의 능력을 습득할 수 있는 본성을 이미 가지고 태어났다는 것이다. 그것은 인간에게 대단한 잠재가능성을 주고, 그 가소성(可塑性)을 발휘할 수 있게 하기 위하여 성장력을 준 하나님의 의지일 것이다. 그리고 이러한 능력은 한정적인 능력만 가지고 태어난 동물과 인간이 다른 점이다.

b) 인간이 되어지는 과정

인간은 출생하여 아기 때는 그 능력이 다른 동물에 비하여 보잘것 없는 약한 존재였다가 긴 기간을 두고 성장하면서 대단한 능력을 가진 존재로 발달한다. 이와 같이 인간이 인간답게 형성되는 과정을 보면 다음과 같다.

첫째로 인간에게는 생득적으로 주어진 성장력(成長力)이 있다. 이 능력은 출생하면서 나타나기 시작하여 사망할 때까지 계속되는 것으로 인간이 인간으로 형성되어 가는데 필요한 원동력이다. 그리고 인간의 성장력은 어떤 환경과 만나느냐에 따라서 인간 형성을 촉진하기도 하고, 나쁜 환경을 만나면 인간 형성이 늦어지는 결과를 가져오기도 한다.

둘째로 인간은 성장력뿐 아니라 다른 유전적(遺傳的) 요소들과 환경적(環境的) 요소들의 상호작용에 의하여 형성된다. 물론 이런 두 요소의 상호작용에 의하여 존재가 형성되어 가는 것은 인간만의 현상이 아니고 모든 생물이 다 그렇다. 그런데 특별히 인간에게는 교육이라는 환경이 인간의 특성을 형성하는 데 결정적인 역할을 한다는데 다른 점이 있다. 그러나 동물에게는 인간에게 주어지는 것과 같은 교육이 없으므로 동물간의 격차가 심하지 않다. 이들 두 요소가 어떤 형태로 상호작용을 하느냐에 대해서는 명백하게 밝혀져 있지 않지만 이들의 상호작용은 서로 상승작용을 하고 있을 것이라고 보고 있다.

셋째로 인간은 태어나면서 사회와 문화를 만나고 배우게 된다. 만약 만나지 못하면 문화가 실조(失調)된 인간이 되고 사회에 적응하지 못하여 반사회적 행동을 하기가 쉽다. 이와 같이 인간은 개체로서가 아니라 사회와 집단 속에서 사회화 과정(社會化 過程)을 겪으면서 인간으로서의 특징, 즉 선과 악, 미와 추, 의와 불의 등을 배워 나아가게 된다

넷째로 인간은 태어나서 초기에는 동물적이지만 자라면서 질적인 변화를 일으켜 인간적인 차원으로 전환된다고 본다. 그러나 그런 관점은 마치 어린 아기가 동물에 비하여 무능하게 보이지만 위대한 잠재능력이 있는 것처럼, 비록 어린 아기가 동물적인 특성밖에 나타나지 않지만 잠재된 본성은 신이 창조한 위대한 인간의 특성을 가지고 태어났다고 봐야 할 것이다.

c) 인간은 개인차(個人差)가 있다

인간은 다양한 형태의 유전과 환경이 서로 만나서 복잡하게 결합하여 여러 가지 모양의 인간 특성을 만들어 낸다. 사람은 얼굴이 다른 만큼 그의 능력과 성격, 흥미, 가치관, 태도 등 심리적인 특성에서 사람마다 각각 다른 차이를 나타나게 된다. 이것을 개인차라고 하는데 교육에서는 중요한 의미를 갖는다. 이 개인차에는 능력이 많고 적은 차이도 있지만, 성격이나 태도의 형태가 서로 다른 개인차도 있다. 이 두 종류의 개인차 중에서 능력의 개인차를 흔히 중요하게 생각하지만 성격의 개인차 역시 교육에서 중요한 의미를 갖는다.

사람에게는 개인차도 있지만 많은 사람들은 서로 공통적으로 닮은 특성(동질성)이 있다. 이를 정상성(正常性)이라고 한다. 그런데 그 정상적이냐 아니냐하는 것은 사람이 임의로 기준을 마련하고 그 기준에 합당한지 여부를 통계적 분석을 통하여 평균적이면 이를 정상적 범주(normal range)에 들어왔다고 하여 정상이라고 한다. 따라서 정상이냐 비정상이냐 하는 것은 시대와 사회에 따라 다를 수 있다.

d) 인간은 동적(動的)인 존재이다

인간은 다른 동물에 비하여 더 적극적이고 동적인 존재이다. 인간의 성장력은 인간으로 하여금 정적으로 머물러 있지 못하게 하고 계속적으로 변화 발전하도록 이끌어 준다. 이와 같이 계속적으로 발달하기 때문에 인간행동의 수정이 가능하며 그 가능성은 사람이 살아있는 한 계속된다. 그리고 인간은 환경의 변화에 따라 적응하려고 하는 존재이기도 하다.

그러나 이런 인간의 변화와 발달이 전부라고 생각하는 '변화의 철학'은 편협하다는 비판을 받는다. 즉 인간에게는 영원히 변화하지 않는 부분과 좀처럼 잘 변화하지 않는 부분도 있음을 인정해야 한다는 것이다. 예를 들면 '인간은 이성적인 존재다'라는 명제는 변하지 않는 진리이다. 그런데 이를 부인하고자 하는 어떤 학자가 술이나 마약을 먹고 동물적인 행동을 한 사람을 보고 '인간은 동물적이다'라고 할 수 있겠느냐 하는 것이다. 인간은 한편으로 대단히 적극적이고 동적이며, 그래서 변화하며 적응하는 존재이지만, 다른 한편으로는 영원히 불변하는 진리가 인간의 중요한 본성과 생활의 많은 부분을 지배하는 측면도 간과해서는 안 될 것이다.

2) 인간의 지적 특성

교육과 깊은 관계가 있는 것 중에는 학습자가 가진 지적(知的)인 수준이 얼마나 되는지와 비지적(非知的)인 특성의 수준은 어느 정도인지를 알아보는 것이다. 이들에 대한 전문적인 소개는 교육심리학에 맡기고 여기에서는 간략하게 개념을 소개하는 정도로 마치려 한다. 인간의 지적 특성은 지능(知能)과 창의력(創意力)으로 나누어 생각해 볼 수 있다.

(1) 지능

a) 지능의 정의

지능(知能, intelligence)이라는 말은 교육에서 자주 사용하는 중요한 용어인데도 불구하고 그 의미를 정의하는 것은 학자마다 다를 만큼 일정하지 않다. 그 유명한 「스탠포드－비네 지능검사(知能檢查)」의 저자인 ① 비네와 터만(Binet & Terman)은 '추상적 사고능력'이라 보고, ② 디어본(Dearborn)은 학습능력으로 그리고 ③ 핀트너와 스턴(Pintner & Stern)은 적응능력으로 보고 있다. ④ 웩슬러(Wechsler)는 이상의 정의들을 종합하여 말하기를 "지능은 목적을 위하여 행동하고, 합리적으로 사고하며, 환경을 효과적으로 다루는 개인의 종합능력"이라고 하였다.

그런가 하면 ⑤ 스피아맨(Spearman)은 지능의 구조에 초점을 두어, 지능이란 여러 문제사태에 일반적으로 동일하게 작용하는 일반요인(general factor)과 상황에 따라 특수하게 작용하는 특수요인(specific factor) 등 2개의 요인으로 구성되어 있다고 주장하였다. ⑥ 서스톤(Thurstone, 1941)은 지능을 기본 정신능력에 들어가는 7개의 요인－언어요인, 수요인(數要因), 공간요인, 지각요인, 기억요인, 추리요인, 언어유창요인－등으로 구성되어 있다 하고, ⑦ 길포드(Guilford, 1959)의 입체구조이론은 120개의 요인으로 구성되었다고 하며, 그것은 4개의 내용(사고의 대상)과 5개의 작용(사고 방식) 그리고 6개의 결과(사고＋방식＝결과 산물) 등이 상호작용하여 이루어진다고 하였다.

⑧ 가드너(Gardner)의 다중지능이론(theory of multiple intelligence)은 그의 저서 *Frame fo Mind*(1983)과 *Multiple Intelligence*(1993)에 의하여 제안되었는데 그의 이론은 전통적인 IQ개념을 벗어나서 새로운 이론의 시도라고 평가받고 있다. 그의 이론은 감성지능, 도덕지능, 성공지능 등의 출현에도 기여하였다(김필식 · 오만록 2002). 그는 지능을 재능과 같은 의미로 '문제의 해결능력 또는 중요하게 여기는 어떤 것을 만들어 내는 능력'이라고 하면서 9가지의 서로 독립된 지적 요소로 구성되어 있다고 주장한다.

결론적으로 말하면, 이상과 같은 많은 이론들을 종합 정리한 김종서 등은 다음과 같이 3가지 특징을 가지고 지능을 요약하여 설명하고 있다.

첫째로 지능은 환경에 대한 개인의 적응력으로서 가드너가 말한 문제해결능력, 곧 창의력(創意力)과 같은 의미로 보고 있다.

둘째로 지능은 곧 학습능력(學習能力)이라 한다.

셋째로 지능은 추상적 사고능력(抽象的 思考能力)이라고 한다.

b) 지능의 결정

위에서 정의된 지능은 유전에 의하여 결정되느냐 아니면 환경에 의하여 결정되느냐 하는 문제가 있다. 이 문제를 가지고 유전논자들은 지능을 결정하는 것은 유전이고 환경은 별로 영향을 미치지 못한다고 주장하는 반면, 환경론자들은 환경이 결정적인 역할을 한다고 주장한다. 그러나 많은 학자들의 일반적 견해는 지능은 유전적 요인이 지능발달의 한계를 결정해 주면 그 한계 내에서 환경이 지능을 결정하는 데 영향을 미친다고 하는 유전-환경 상호작용론이 우세하다. 따라서 유전은 주어진 지능이라면 환경은 장차 주어질 능력이므로 교육에서는 환경이 중요하다. 특별히 어린 시절의 환경은 대단히 중요하다.

c) 지능의 측정

지능의 측정은 지능검사(知能檢査)로 하는데 이를 지능지수(知能指數, IQ)로 표시한다. 지능지수는 보통 100점을 평균인의 것으로 본다. 그런데 이 IQ는 가변적인 지수라는 것과 측정상의 오차가 있기 때문에 이를 감안하여 해석해야 한다. 따라서 IQ는 절대시할 수 있는 것이 못되고 단지 대충 어느 수준인가를 알아보는 데 자료로 쓰일 뿐이다. 그래서 아래에 제시하는 터만과 메릴(Terman & Merrill)이 제시한 지능의 분류와 분포 역시 단순한 참고자료의 표준을 보여주는 것에 불과하다.

표 3-1 지능의 분류와 분포

분 류	IQ 수준	백분율(%)
최우수	160~169	0.03
	150~159	0.2
	140~149	1.1
우수	130~139	3.1
	120~129	8.2
평균 上	110~119	18.1
평균	100~109	23.5
	90~99	23.0
평균 下	80~89	14.5
정신결함 경계	70~79	5.6
정신 결함	60~69	2.0
	50~59	0.4
	40~49	0.2
	30~39	0.03

d) 지능과 학업성취

지능검사를 구성하는 주요 내용은 교과학습에서 중요한 내용인 언어 능력과 수리능력(數理能力) 및 추리력(推理力) 등을 측정하는 것이어서 IQ와 학업성취도 사이에는 높은 상관관계가 있다. 따라서 지능이 높으면 학업성적도 높을 가능성이 많을 것이라고 봐야 할 것이다. 또 이 점에 관한 연구에서도 상당한 상관관계가 있음을 밝혀내고 있다.

그러나 교과에 따라서는 상관관계가 별로 적은 것이 있다. 읽기와 산수는 높은 상관관계가 있으나 음악, 수공, 미술 등은 상관관계가 대단히 낮다. 또 검사의 대상이 얼마나 많으냐에 따라서 상관관계가 달라질 수 있는데, 대상집단이 적으면 상관관계가 적었던 연구결과도 있다. 그리고 학년이 높아질수록 상관관계가 높아지는 경향이 있음을 볼 수 있다.

지능의 수준을 나타내는 IQ는 학습의 성적을 예언해 주는데 많이 활용하고 있지만, 그러나 그것은 학업성취도를 결정하는 데 있어서는 영향을 주는 정도는 그렇게 많지 않다. 즉 학업은 지능에 의하여서만 결정되는 것이 아니고, 지능이 최대한 약 50%, 창의력이 약 50% 정도 영향을 미친다고 보고 있다.

(2) 창의력(創意力)

a) 창의력의 정의

창의력(創意力, creative power)이란 단순히 과거의 경험을 재생하여 만들어 내는 것이 아니고, 참신한 아이디어를 가지고 문제를 해결하고 새로운 산물을 생산해 내는 능력이라고 정의할 수 있다. 따라서 창의력은 어떤 사물의 단순한 집합이나 나열이 아니고, 기존의 지식이나 경험을 기초로 하든 또는 기초로 하지 않든 불문하고 새로운 것을 창안해 내는 능력이다.

메이(May)는 '사물을 새롭게 탄생시키는 과정을 창의성'이라 하고, 이 창의성은 갈등에서 온다고 하였다. 그리고 그 갈등을 무의식(無意識)에 기반을 두기 때문에 창의적인 능력은 무의식에 영향을 받는다고 하여 이를 정신분석학적으로 설명하고 있다.

b) 창의력 개발의 중요성

현재 세계는 WTO라고 하는 무역의 무한경쟁 체제가 지배하는 새로운 국제 질서하에서 살아가지 아니하면 안 된다. 세계는 과거에 부국강병(富國强兵) 정책을 근간으로 하는 자유경쟁 체제가 제국주의, 침략주의로 흘러갔던 경험을 가지고 있다. 지금은 동일한 상황은 아니지만 이러한 세계주의와 자유주의 체제의 부활은 약소국의 빈익빈(貧益貧)의 현상으로 나타날 가능성이 있다.

한국과 같이 겨우 OECD에 입문한 나라가 이 무한경쟁 사회에서 살아 남는 길은 1등 상품을 많이 확보하여 경쟁력을 확보하는 것 밖에 없다고 한다면 창의력 개발교육은 국운을 좌우할 만큼 중요하다고 해도 무방할 것이다. 그런데도 아직 우리나라의 창의력개발 교육은 실제적으로 거의 답보상태에 있다고 할 것이다. 선진 제국들은 벌서 40～50여 년 전에 이 교육을 시작하여 강력하게 추진해 나가고 있음을 볼 수 있다.

c) 창의력의 지적 특성

길포드(J. P. Guilford)는 지능에 대한 가설적 모형에 발산적 사고력(發散的思考力, divergent thinking)이라는 용어를 사용하였다. 즉 이 말은 없던 것, 알려지지 않은 것을 새롭게 생각해 내는 능력을 말한다. 이와 같이 그는 발산적 사고라고 하는 창의적 사고의 특성을 다음 3가지로 설명하고 있다.

첫째는 유창성(流暢性, fluency)이다. 그것은 어휘 사용이나 표현이 유창한 것, 연상(聯想)이나 개념화가 유창한 것 등 새로운 아이디어가 막힘이 없이 풍부하게 나타내는 능력을 말한다.

둘째는 융통성(融通性, flexibility)이다. 사고가 굳어 있지 아니하여 다양하고 광범위한 아이디어를 생산해 내는 능력을 말한다. 어떤 문제가 있으면 이 문제를 해결하기 위하여 다각적으로 접근하고 새로운 의미를 발견하여 해결책을 강구하는 능력이다. 사고(思考)의 습관 또는 고집스런 사고는 융통성이 없는 예일 것이다. 마차를 타던 인간들이 자동차를 만들었지만 마차의 동력인 말 대신 엔진을 차의 앞에 두지 않으면 불안하여 자동차의 엔진을 앞에 두는 것과 같은 것이다.

셋째로 독창성(獨創性, originality)이다. 사람이 어떤 문제 사태에 직면하였을 때, 그 문제를 위하여 독특하고 희귀한 해결책을 내는 능력을 말한다. 이런 능력은 IQ가 높다고 하여 나오는 것이 아니다. 사람에게는 누구에게나 각자 독특한 달란트(才質)를 가지고 태어난 것처럼 어떤 문제에 대하여는 다른 사람이 감히 생각할 수 없었던 해결책을 내는 경우가 있음을 우리는 자주 볼 수 있다.

d) 창의성 테스트

창의성에 대한 검사는 이미 1920년대부터 어린이의 행동반응을 관찰하여 시도해 본 기록이 있으나 실용화된 측정법이 마련된 것은 1960년대에 이르러서였다. 게젤스(Getzels, J. W.)와 잭슨(Jackson, P. W.)은 IQ와 창의성과의 관계를 연구하였고, 미국 미네소타대학 교육연구소의 토란스(Torance, E. P.)는 창의력 사고테스트의 모형을 완성하여 조직력과 감수성, 독창성, 심리적 통찰, 풍부성 등 5가지 기준으로 테스트하고 있다. 그 외에도 해리스(Harris, R.) 등이 만든 AC창의력 테스트를 위시하여 많은 창의력 테스트가 개발되었다.

e) 지능과 창의력의 비교

인간의 지적 능력에는 지능과 함께 창의력이 있다. 종래에는 창의력은 지능의 일부로 생각하여 서로 구별하지 못하였으나 그간의 연구결과 지금은 지능과는 다른 성질의 능력이라는 것이 밝혀졌다. 더구나 근래에 와서 창의력의 중요성이 인식되면서 지능에 대한 것보다 창의력에 대한 관심이 높아졌다.

1962년 게젤스와 잭슨은 IQ와 창의력 사이에는 서로 많은 차이가 있음을 밝혀냈다.

특히 지능은 높은데 창의력은 낮은 집단과 반대로 지능은 낮은데 창의력은 높은 집단과는 그 질에 있어서 차이가 심했다. 즉 고지능 집단은 수렴적(收斂的) 사고를 하는데 비하여 고창의력 집단은 발산적 사고를 한다.

또 이들은 IQ와 창의력의 학생 검사에서 상위 20%의 고지능 집단과 고창의력 집단을 비교한 결과 <표 3－2>와 같은 사실이 발견되었다.

<표 3－2>에서 보여주고 있는 것은 다음과 같다. ① 두 집단 간의 IQ차이는 많으나 학업성취도는 거의 같다. 따라서 학습의 성적은 지능뿐 아니라 창의력도 중요하다. ② 성취동기에 있어서도 두 집단 간의 차이는 없는 것으로 봐서 창의력 집단이 높게 평가되어야 한다. ③ 교사가 지능이 높은 학생을 더 좋

아하는 경향은 창의력이 높은 학생이 비교적 엉뚱한 생각을 하여 교사에게 고분고분하지 않기 때문이 아닌가 생각한다.

표 3-2 고지능 집단과 고창의력 집단의 비교

	전체 집단 (N :449)	고지능 집단 (N : 28)	고창의력 집단 (N : 24)
IQ	132	150	127
학업성취도	50	55	56
성취동기	50	49	50
교사평정	10.2	11.2	10.5

f) 창의력 개발

지능의 발달이 유전적 요인에 의하여 생물학적 한계를 결정해 주고, 그 한계 내에서 환경의 요인이 결정해 준다고 하는 유전－환경 상호작용론이 합당한 것처럼 창의력도 유전과 환경에 의하여 결정된다. 따라서 창의력도 교육을 통하여 개발하면 그의 능력이 높아진다.

① 한 연구에서 밝혀 낸 성인의 창의력 개발 프로그램에서는 성인에게 매일 20분씩 20일간 계속하여 암산 훈련을 시켰더니 계산능력이 배로 증가했다는 보고가 있다.

② 1962년 미국의 제너널 에렉트릭회사(General Electric Company)는 미국에서 최초로 창의력 개발을 위한 교육이 시행된 회사였다. 신입사원에게 2년 과정으로 교육한 결과 이 과정을 밟지 아니한 다른 사원보다 이수한 사원은 특허권을 무려 3배나 많이 취득하였다(월스트리트지, 1962. 8. 23.).

③ 미국 바펄로우대학에서는 학생 330명을 대상으로 하여 창의력 개발 교과목을 개설하였다. 그 결과 이 과목을 수강하지 않은 학생의 창의력을 100으로 할 경우 이 과목을 한 학기 수강한 학생의 창의력은 194에 이르렀었다. 그 이후 바펄로우대학은 창의력교육연구소를 세웠고 소장인 파안스의 저서는 좋은 교재로 알려져 있다. 그리고 1954년에는 미국 창의력교육학회가 조직되

었고, 오늘날 미국에서는 대부분의 대학이 이 과목을 개설하여 가르치고 있다.

g) 창의력 개발에 필요한 성격 특성과 요령

창의력 개발을 위하여는 다음과 같은 성격 특성을 갖추는 것이 바람직하다.

① 가장 중요한 성격 특성으로서는 긍정적 자아개념(自我概念)의 형성이라고 할 것이다. 즉 이런 자기 자신에 대한 긍적적 사고는 사람에게 자신감이나 진취적이고 적극적이며 희망적이고 정열적인 태도를 형성해 준다.

② 상상력(想像力)이 풍부해야 한다. 밤하늘에 무수한 별을 바라보고 상상력을 키운 농촌 청소년은 뒤에 위대한 꿈을 잉태할 수 있다. 그래서 도시화는 사람으로 하여금 현실적이고 약삭빠른 사람으로 키우기에 적당하지만 창의력을 키우기에는 좋은 환경이 아니다. 미국 카네기재단은 5년간의 연구 끝에 창의적 과학자가 대부분 어릴 때 농촌에서 자라난 사람임을 밝혀낸 바 있다.

③ 창의력은 당장 무엇인가 필요하여 노력하는 사람에게서 나온다. 그래서 민족의 운명이 달린 전쟁기간 중에 흔히 많은 창의적 생산결과가 나타남을 볼 수 있다. 일반적으로 가정이나 나라가 부유하면 사람들이 안일해지고 노동자는 불만이 많아지는데 그런 사람에게서는 창의력이 나오지 않는다.

④ 창의력과 연령은 지능과 연령에 비하여 깊은 관계가 없다. 즉 나이가 35세를 전후하여 창의력이 활발하게 나타나지만 나이가 많아져도 그 감소 속도가 대단히 완만하고, 사람에 따라서는 성년후기가 되었는데도 더 활발한 경우가 있다.

⑤ 창의력과 성(性)과의 관계는 여성이 남성보다 낫고, 여성 중에서도 주부가 좀 높은 편이다. 그 이유로 생각해 볼 수 있는 것은 주부일 경우 그가 하는 일이 다양하여 유창성과 융통성이 매일 같은 일에 매어 달린 남자 직장인보다 높기 때문이라고 생각된다.

⑥ 과거의 습관, 관습은 창의력 개발을 저해한다. 그것은 인간을 조건화(條件化)하고 경직시키기 때문에 융통성과 독창성이 없기 때문이다. 창의력 자체가 과거와의 인연을 끊어야 하기 때문에 때로는 비난의 대상이 될 수도 있지만 자유롭고 억압되지 아니한 분위기는 창의력 개발에 중요한 조건이다. 그리고 무서우면 사람의 생각이 좁아지지만(tunnel vision) 무섭지 아니하여 마음을

열 수 있는(open mind) 분위기는 창의력의 중요한 환경조건이다.

⑦ 그 외에도 창의력을 개발하는 데는 여러 가지 권고가 있다. 지나치게 겸손하거나 수줍음은 창의력을 저해하고, 칭찬과 격려, 친절함 등은 창의력을 증진한다. 그리고 취미생활과 독서(주로 자서전과 성경), 여행 등을 통하여 창의력을 촉진할 수 있다.

3) 인간의 비지적 특성

인간의 심리적 특성을 지적 특성과 비지적 특성으로 확연하게 구분하는 것은 실은 불가능하다. 왜냐하면 이들은 서로 함께 있어서 분리하여 생각하기가 어렵기 때문이다. 그러나 이렇게 나누어 생각해 보면 인간의 심리적 특성을 분석적으로 이해하기 쉽기에 지적 특성이나 비지적 특성 중 어느 쪽에 더 강한 특징이 나타나는지를 봐서 이렇게 2가지로 분류하여 설명하고 있는 것이다. 학습과 관련된 비지적 특성을 열거하자면 인성과 동기, 정서, 포부수준, 자아개념 등이 있다.

(1) 인성

a) 인성의 정의

인간의 심리적인 특성으로는 흔히 IQ라고 하는 지능과 새로운 아이디어를 만들어 내는 창의력을 합하여 소위 지적(知的) 특성영역을 만들고, 이 지적 특성과는 성질이 다른 것으로 예컨대 인성(人性)과 동기, 정서(情緖), 포부수준(抱負水準), 자아개념(自我概念)과 같은 비지적(非知的) 특성이 있다.

인성이라는 개념을 정의하는 것은 그리 쉬운 일이 아니다. 그래서 많은 학자들이 서로 다른 관점에서 정의하고 있다. 다음은 그들 중 대표적인 몇 개의 입장을 제시해 보면 다음과 같다.

첫째로 스태그너(Stagner)의 생물학적 관점이다. 즉 인성이란 사람이 언제나 같은 자기를 유지하려는 항상성(恒常性)을 유지하려는 기능과 그 기능이 보장되도록 환경에 적응하려고 하는 행동체계(行動體系)라고 한다.

둘째로 크라인(Klein)의 심신동형적(心身同型的) 관점이다. 여기서 인성이란 어떤 한 사람의 정신은 신체의 특유한 신경계가 어떻게 기능하는지에 따라서 특수하게 결정되는 정신현상이라고 한다.

셋째로 레빈(Lewin)의 정신역학적(精神力學的) 관점이다. 이 관점은 뒤에 참고할 올포트나 프로이드의 견해와도 상통하는 이론으로서, 인성이란 사람에게 주어진 환경에 대하여 사람마다 일정한 대응을 하게 되는데 그 대응형태를 결정하는 심리적인 체계라고 한다.

넷째로 카아딘너와 미드(Kardiner & Mead)의 사회학적 관점이다. 이 관점에서 인성이란 개인이 사회와 문화의 영향을 받아 이들에 적응하기 위하여 형성된 성격이라 하고, 인성교육 역시 사회 적응관계를 계획적으로 지도하는 것으로 보고 있다.

이상과 같이 인성을 정의하는 것은 학자들의 입장에 따라 다양하게 시도되고 있다. 그러나 여기에서는 그들 중에서도 많은 사람들이 동의하고 있는 올포트(Allport, 1961)의 정의를 이 책의 정의로 받아들이는 것이 무난할 것으로 생각된다. 그는 인성을 '개인의 특수한 행동과 사고를 결정하는 심리체제와 생리체제의 역동적 조직'이라 하고 있다. 이를 자세히 풀어서 설명하면 다음과 같다(김종서 외2, 1996). 즉 인성이란,

① 개인적인 특성이다. 그래서 사람마다 서로 다른 이유가 여기에 있다. 그러나 어떤 것은 같은 문화나 지역사회에서 함께 살기 때문에 유사한 특성을 보이는 것도 있다. 예컨대 국민성, 민족성 그리고 어떤 집단의 성격이 그것이다.

② 인성은 심리적인 특성과 생리적인 특성을 모두 가지고 있다. 전자를 성격(性格, character)이라 하고 후자를 기질(氣質, temperament)이라 한다. 성격을 사유양식(思惟樣式), 즉 '생각하는 모양새'라 한다면 기질은 감성양식(感性樣式), 즉 '느끼는 모양새'라고 할 수 있을 것이다.

③ 인성은 '역동적(力動的) 조직'이라고 하는데 이는 어떤 구조를 가지고 있다는 것이다. 예를 들면 프로이드(Freud)의 인성구조론에 따르면 사람은 원욕(原慾, Id)과 자아(自我, Ego) 그리고 초자아(超自我, Super-Ego)로 조직되어 있다는 것이다. 여기서 원욕이란 본능적인 욕구를 말하며, 자아란 자기의 독

특성을 말하고, 초자아란 사회나 국가와 같이 나를 초월한 세계를 말한다. 이들은 서로 결합하여 어떤 특별한 특성을 만들어 내는데 그것을 이해하면 내가 어떻게 적응해야 하는지를 알 수 있다.

그 적응은 다음과 같은 사례를 생각해 볼 수 있다.

첫째, 자아는 약하고 원욕이 너무 강하면 매사에 충동적으로 행동하기 쉬워서 비행으로 빠질 위험성이 많고, 둘째, 자아는 약한데 초자아가 너무 강하면 일상생활에서 적은 장애에도 힘들어 하며 지나치게 죄책감에 빠져 사회에 적응하지 못할 가능성이 많다. 셋째, 자아가 지나치게 강하면 내 이웃들과 함께 살아가지 못하여 외롭고 이기적인 사람이 되기 쉽다.

따라서 이들 세 가지가 적당히 조화할 수 있어야 원숙한 적응이 가능하다는 것이다.

b) 인성계발의 중요성과 시기

① 인성계발의 중요성

인간의 성장 발달은 지적인 발달만으로는 만족할 수 없고 더 중요한 것은 사람 됨됨이, 즉 인성을 계발하지 아니하면 안 된다는 것을 우리는 잘 알고 있으면서도 실제로 교육현장에서 이를 소홀히 하는 경우가 많다.

사회의 큰 범법자를 보면 머리가 나쁘고 무식한 사람이 아니다. 오히려 많이 배우고 똑똑한 사람이 더 많다. 그것은 지식을 선용하지 못하고 '아는 것이 병'이 되어 사회에 큰 피해를 주는 것이다. 좋은 칼(지식)은 무사(武士)나 가정주부, 푸주간의 주인에게 주면 좋은 도구가 되지만 강도에게 주면 그것이 곧 흉기로 변하는 것과 같다. 사람다운 사람이 되자면 지식보다 먼저 원만한 인성을 계발하는 것이 더 중요하다는 것을 우리는 우리의 사회생활을 통하여 절실하게 느끼고 있다.

② 인성계발의 시기와 특성

인간이 태어나서 죽을 때까지 그가 가지고 있는 인성이 어떻게 계발되어 가고 있으며 또 그 계발은 연령과 관련하여 어떤 단계를 거쳐 발전해 나가는지를 알아보는 것은 교육과 지도를 위하여 필요할 것이다.

▌태아기▐

태아에게 주는 영향은 산모의 약물의 오용과 담배나 알코올 등과 같은 것들의 자극도 중요하지만 더 중요한 것은 산모의 정신 신경의 자극이다. 특별히 산모의 영양 중에서 단백질은 출산 후의 병에 대한 저항력과 지능이나 언어 발달에 영향을 많이 미친다고 한다(Klein, 1975).

태아기에 인성의 형성에 관한 연구는 아직 보지 못하였지만, 버나드 네이슨 박사가 제작한 필름을 보면 이를 시인해야 할 것으로 생각된다. 즉 낙태시술을 하려고 기기가 자궁 속으로 들어가 양막을 터뜨리고 태아를 꺼내려고 하면 태아는 필사적으로 살아남고자 발버둥을 치는 모습을 볼 수 있다. 그 외에도 태아기에 엄마의 아름다운 노래와 착한 마음과 언어의 사용이 태아에게 안정을 줄 뿐 아니라 출산 후에도 태아 때 듣던 노래와 말을 기억하여 다르면 스트레스를 받고 같으면 안정감을 갖는다고 한다.

이런 사례로 봐서 태내환경은 태아에게 여러 가지 영향을 미치게 되며 그 자극이 계속될 때 장차 태어날 아기의 성격이나 기질 형성에 영향을 미칠 것이라는 생각을 할 수 있다. 그래서 옛날부터 태아교육을 중요하게 봤는지도 모른다.

▌영아기▐

신생아들은 거의 반사적으로 모든 욕구를 표현한다. 배고프거나 아프면 울고 편하면 손과 발을 흔들며 운동한다. 아기는 엄마의 가슴에 얼굴을 묻고 심장의 박동소리를 들으며 안정을 찾는다. 단맛을 좋아하며 젖 냄새를 구별할 줄 안다. 감정 표현은 분화되어 있지 못하지만 대단히 강하고 만족과 불쾌를 구별하여 반응한다. 더욱이 습관화가 가능하여 지속적으로 불필요한 자극이 오면 둔감한 반응을 보인다(김광웅 외, 2001).

아기가 뒤집고 걷기 시작하려고 하는 사건은 대단히 큰 변화로 영아(嬰兒)들은 흥분할만 하다. 이 때에 어른들이 기쁨을 함께 해주고 격려해 주는 것은 아기의 성격형성에 좋은 영향을 미친다.

프로이드(Freud, S.)는 아기에게 ① 너무 일찍 또는 너무 엄하게 배설훈련을 시키면 아동은 장차 '항문기적 성격'이 형성된다고 한다. 즉 인색하고 고집이 세고 지나치게 까다로운 성격을 형성한다고 한다. 그리고 ② 조기 이유식은 구순애적(口脣愛的) 성격을 형성하고, ③ 어린이의 놀이는 상상력과 협동심, 자아 통찰력을 습득하게 하고 감정욕구를 분출하게 만들며 대인관계를 배우게 한다. 뿐만 아니라 엄마의 젖먹이는 자세와 시간, 기저귀를 갈아주는 태도, 목욕시키는 자세, 수면 습관, 특별히 가족의 애정표시를 어떻게 하느냐에 따라서 그 아동의 성격형성에 영향을 미친다.

▌유아기▐

유아기는 인성형성에 있어 일생 중에서 가장 중요한 결정적인 시기라고 한다. 이 때 형성된 사회성은 성인이 되어서도 지속된다. 프로이드와 에릭슨(Freud & Erikson)은 이 시기는 자율성(自律性)과 양심이 발달되는 시기이며 외부세계를 탐험하여 공동체에서의 생활을 배우는 시기로 보고 있다.

이미 이 때가 되면 아기는 좋은 버릇과 나쁜 버릇이 형성된다. 따라서 본격적으로 가정의 사회화 내지 교육이 이루어져야 하는 시기이다. 특히 가족의 말씨와 사용하는 단어, 몸짓, 얼굴표정을 아기들은 모방하려고 하므로 어리다고 함부로 해서는 안 되는 시기이다.

유아기 때 공격적인 성격이 형성되는 원인은 ① 목표행동의 방해를 받아 좌절을 경험할 경우와 ② 공격적인 놀이감, ③ 흔히 또래에게 공격을 받았을 때에 만들어지는데 한국의 엄마들은 공격하도록 부추기는 사람이 많아 아기들로 하여금 비행청소년이 되는 데 도움을 주고 있다. 더욱이 부부싸움과 TV 등 영상물은 어린 아기에게 나쁜 모델이 된다.

유아기의 공격적인 어린이를 다루는 법으로는 먼저 매를 많이 때리지 말아야 한다. 매 맞고 자란 아이는 공격적 성격을 형성할 뿐 아니라 교정의 효과도 별로 없다. 오히려 맞는 아이는 강화(强化)되어 더욱 더 공격적인 아이가 된다. 공격적인 아이는 잠시 격리시키거나 친사회적인 행동을 강화하는 방법을 써야 하는데, 예컨대 유아기는 인정받으려는 욕구가 강하므로 그것을 이용하여 공격성을 줄여 나가야 한다.

▌학동기▐

학교에 다닐 나이가 되면 어린이들은 육체는 서서히 성장하고 대신 학업하기 좋은 여러 조건을 갖추어 나가게 된다. 그래서 인성의 발달 역시 학업성취와 관계가 있는데 이미 이 때에 생각이 깊은 아이와 충동성(衝動性)이 강한 아이가 구분된다. 대개 사려성(思慮性)이 깊은 아동은 학업수행 능력이 높은데, 소심하여 실수를 두려워하고 어떤 문제가 있으면 포기하지 아니하고 해결하려고 끝까지 노력한다. 그러나 충동적인 아동은 행동이 위험하고 누구와도 잘 사귀는데 지능에 자신감이 부족하여 도피하려는 경향이 있다.

학동기 아동의 성취동기(成就動機, achivement motivation)는 부모나 교사의 태도에 영향을 받는데 대개 소속 집단의 문화, 인종, 민족, 사회 경제적 지위 여하에 따라서 결정된다. 높은 성취동기를 가진 아동은 부모의 성취 기대(期待)가 높고 성취 보상도 많으며, 특히 강한 독립심을 갖도록 키운다. 그리고 성취동기가 낮은 아동은 부모가 지배적이고 거부적인 양육태도를 가지고 있다.

학동기의 아동들에게 교사(敎師)는 인성형성에 많은 영향을 준다. 교사는 아동들에게 하나의 모델이 되어 그 모델에 따라서 행동하고, 교사의 긍정-부정의 태도는 아동의 사고 방식을 형성해 준다.

학동기(學童期) 아동의 사회화(社會化) 과정을 보면 도덕성 발달과 깊은 관계가 있다. 유아기에는 자기중심적이었던 어린이가 학동기에 오면 또래와의 사회적 관계가 급성장한다. 에릭슨(Erikson)은 이 때의 아동은 가정 밖을 알게 되는 가장 중요한 시기라고 보고, 이 때의 중심문제는 자부심과 열등감의 형성이라고 하고 있다.

학동기 아동의 모델(모범, Modeling)이 되는 인물과 매체는 부모, 가족, 교사, 또래, TV 등장인물, 책 속의 주인공 등인데 그 중에서도 형제와 또래, 대중매체가 가장 많은 영향을 준다. 형이나 오빠가 있는 아동은 없는 아동보다 더 활달하고 용기가 있음을 볼 수 있다.

부모의 훈육(訓育)이 강압적이면 아동은 규칙을 잘 안 지키려 하는 의식이 성장한다. 그러나 합리적인 설득은 아동에게 자아의식(自我意識)과 판단력을 성장시키고 감정이입(感情移入)이 가능하게 한다

학동기 아동에게는 이타심이 형성되고, 만족의 지연(遲延)이 가능할 만큼 자기통제력이 발달하여 욕구를 조절할 수 있다. 특별히 자아존중감(자존심)이

강한 아동은 통제력이 더 강하다.

학동기 아동에게는 이미 통솔력이 드러나는데 통솔력이 있는 아동의 성격적 특성은 대개 진취적이고 독창적이며 상상력이 풍부하고 협동심과 유모어가 있으며 봉사적이고 신뢰성이 있고 사교성과 책임감, 관대성, 공정성 및 지도자의 욕망이 있는 학생이었다.

▌청년기 ▌

청년기는 중・고등학교 학생과 대학생까지의 청소년들을 말한다. 이 시기의 발달 특징을 보면 우선 아동기에서 성인기로 이행하는 중간 과도기라서 때로는 어린이 같고 때로는 어른 같은 2중적 성격을 갖는다. 따라서 심리적으로나 생리적으로 불안정되고 균형이 잡히지 않았으며 그래서 긴장상태가 지속된다.

청년기의 대표적인 특징으로서는 내면적인 자아(自我)를 발견하여 개성(個性)과 주체성(主體性)을 형성하는 시기라는 것이다. 그래서 경제적으로는 독립하기가 어렵지만 정신적으로나 정서적으로는 독립적인 존재로 성장한다.

개성과 주체성이 형성되면 자신이 이상적으로 생각하는 세계를 그리는데, 그 이상(理想)이 현실과 달라서 고민하기도 하고 이에 비판하고 저항하기도 한다.

부모로부터 독립하려는 자율성(自律性)의 발달은 자기 책임하에 모든 것을 결정한다는 의미를 가지게 되는데 막상 현실은 그것이 어렵다는 것을 경험으로 가르쳐 준다. 부모는 아동기의 자식에 대한 인상을 벗어버리지 못하고 언제까지나 어린애로 본다. 그리고 현실적인 자식의 불안한 행동을 보고 계속하여 통제하려 든다. 여기에서 부모와 자식간의 갈등이 야기된다.

청년기의 행동특성을 보면 먼저 독립적이고 자율적이며 그래서 반항적이다. 정서의 표현은 과격하고 자주 변하며 욕구불만으로 행동의 균형이 잡혀있지 않는다. 급격한 성적(性的) 변화로 이성(異性)에 대한 흥미와 관심이 많고 이성에 대한 인식도 부족하여 실수하기도 쉽다.

청년기 중・후반이 되면 '참삶이 무엇인가?', '정의와 이상은 무엇인가?' 등등으로 필요한 번민을 하게 되고, 이런 철학적 번민을 깊이 하는 청년은 종교에 몰입하게 되는 경우가 많다. 이런 과정을 거쳐 청년은 가치관과 윤리체계가 정립되고 그것은 직업선택에 영향을 준다. 직업은 가치(보람)있는 일이어야 되고 자기 적성과 능력 및 흥미에 맞아야 만족감을 얻을 수 있다.

폭풍이 몰아치는 청년전기, 즉 사춘기가 지나가면 청년후기에 이른다. 정서가 안정되고 사회적응력과 연애감정이 생겨서 가족과의 관계도 좋아지고 이성교제에도 눈을 뜨기 시작한다. 분명한 신념과 자신감이 생겨서 사회문제와 직업문제에 관심이 생기고 다양한 집단활동을 시도한다. 정서의 표출도 완곡하게 할 줄 알고 욕구가 충족되지 못해도 인내심이 작동할 수 있다.

청년의 지도방법으로는 사회적 부적응을 대처하기 위하여 정서를 순화하고 사회에 적응하도록 지도해야 한다. 특히 이성과의 건전한 교제를 유도하고 객관적이고 합리적인 사고(思考)를 하게 하여 훌륭한 가치관을 정립하도록 해주어야 한다. 특별히 강열한 정서적 동요와 신경질적인 조급함, 주의 산만, 갑갑증을 해소하고, 많은 사회적 압박과 간섭, 몰이해에서 해방시켜 주고 사회는 수용적인 태도로 이들을 포용해 주어야 한다.

c) 인성의 적응

① 적응(適應)의 원리

사람이 일상생활에서 당면하는 많은 사회문제를 효과적이고 능률적으로 해결하여 정상적인 삶을 살아가는 것을 적응이라 한다. 그런데 이 적응은 건전한 인성의 계발없이 불가능하므로 인성계발과 적응은 깊은 관계가 있다(한공우 외3인, 1996).

인간 개체들은 그 환경에 대하여 독자적인 적응을 한다. 어떤 한 사람의 욕구와 환경조건이 서로 잘 맞는 경우와 맞지 않는 경우가 있는데, 어떻든 이들은 서로 안정과 균형을 찾아가려는 노력을 하게 된다. 이렇게 안정과 균형을 찾아가는 적응을 다음 3가지 원리로 분석하여 설명해 볼 수 있을 것이다.

▌순응의 원리▐

사람이 환경의 조건에 맞추어 자기를 바꾸는 순응(順應, adaptation)은 환경조건을 전면적으로 수용하여 적응하기 때문에 안정된 생활을 하게 되고, 개개인의 인성은 서로 비슷해 지는 등질화(等質化) 현상이 나타난다.

▌통제의 원리▐

사람이 자기의 욕구 충족을 위하여 환경을 바꾸는 것을 말한다. 자기의 독자성을 강조하는 사람은 그 독자성을 가로막는 외부의 힘에 대항하여 통제를 가하고 그렇게 하여 환경을 자기가 살기 좋은 곳으로 만든다. 여기에서 개개인의 인성은 그 독자성으로 인하여 이질화(異質化)되고 개성(個性)은 뚜렷하게 형성된다.

▌창조의 원리▐

위에서 말한 순응과 통제 중 하나만의 선택이 아니라 둘 다 동시에 살리는 새로운 체제를 만든다. 여기에서 개개인의 인성은 정반합(正反合)의 변증법적(辨證法的) 발전단계를 거쳐 새로운 형태를 만들어 나아간다.

② 적응의 노력

다음은 사람이 어떤 형태로 적응하려고 노력하는지에 대하여 생각해 보기로 한다.

▌보상(補償, compensation)▐

사람은 신체의 한 기관에 장애가 오면 이를 보상하려고 다른 기관이 발달하는 것처럼, 어떤 열등감을 느낄 때 이를 보상하려고 하는데 그것은 자기가 우월하다고 하는 욕구를 만족하려고 하는 노력이다. 예컨대 장애인이 공부를 더 열심히 한다던가, 용모에 자신이 없는 여성이 복장에 관심을 많이 둔다던가 하는 것이다. 그런데 이 보상이 과도하면 비정상적인 행동과 인성을 만들지만, 건설적인 방향으로 발전하면 이것으로 훌륭한 인성이 형성되고 성공의 원동력이 되기도 한다.

▌승화(昇華, sublimation)▐

인간의 성욕이나 공격욕구 등과 같은 것들이 사회적 제약을 받아 억압되었을 때, 예술이나 과학, 스포츠, 종교 등과 같이 사회에서 승인된 활동으로 변형되어 욕구의 만족을 구하는 것이다. 프로이드는 예술활동은 성욕의 승화라 하고 있으며, 연애의 정을 시가(詩歌)나 작곡에 담는 것도 다 같은 승화의 현상으로 본다.

■ 억제(抑制, repression) ■

실패의 쓴잔을 마시게 된 사람이 자존심이 상하여 이 실패를 받아들이지 못하고 이것을 잊어버리고 나쁜 감정도 억제해 버린다. 그러나 잊었다고는 하나 무의식 세계에 남아 있어서 미래의 행동을 좌우한다. 후일에 쉽게 수치심을 갖는다든가, 책임을 회피한다든가, 소극적이고 사소한 일에 흥분을 잘 하는 것은 어렸을 때 억제 당한 감정 때문이라고 하는데 문제는 본인도 그 사실을 모른다는 것이다. 이 경우 최면상태에서 어떤 약을 쓰거나 아니면 꿈을 분석해 보거나 자유연상(自由聯想)을 시켜 보면 어렸을 때 만들어진 그 원인을 알 수 있다.

■ 퇴행(退行, regression) ■

청개구리처럼 유치한 행동으로 역행(逆行)을 하는 현상을 말한다. 예컨대 동생을 본 아이가 더 어린아이와 같은 행동을 한다든지, 어른들이 언쟁하다가 폭력으로 변한다든지, 히스테리 여성이 흥분하여 엉엉 운다든지 하는 것 등이다. 이 퇴행은 대개가 부적응 행동(不適應 行動)이며 이것이 반복되면 인성 형성에 장애가 된다. 그러나 어른이 동심으로 돌아가 즐겁게 노는 것은 사회생활에서 오는 긴장을 풀고 새로운 활력을 얻는 레크리에이션 효과가 있다.

■ 백일몽(白日夢, day-dreaming) ■

현실에서 충족되지 않은 욕구를 공상의 세계에서 충족시키는 것이다. 근래 심각하게 대두되고 있는 사이버 세계에서의 대리만족이 그것이다. 미국 대학생의 70%가 빈번한 백일몽을 경험하고 있다고 한다. 이런 공상에로의 도피는 현실생활의 불안과 압력에서 생긴 긴장을 완화하는 일종의 안전장치이다. 그러나 이것을 반복하면 현실생활을 기피하고 공상 세계와 현실 세계를 혼동하여 무서운 범죄를 저지르기도 한다.

■ 합리화(合理化, rationalization) ■

자기 잘못을 시인하기 싫어서 그럴듯한 이유를 붙여서 남의 비난으로부터 벗어나고 스스로 위로를 받는 행동이다. 예컨대 실패가 '부득이한 사정 때문이라서' 자기에게는 책임이 없다는 것이다. F학점을 받고 자기의 능력이나 노력이 부족해서가 아니라 채점이 불공평하고 교과서가 나쁘기 때문이라는 것 등이다. 이것은 일종의 자기 기만에 불과하지만 문제는 본인이 비정상적임을 모른다는 것과 무의식적으로 이루어진다는 것이다, 이것 역시 상습적으로 하면 인성형성에 문제가 된다.

▌전가(轉嫁, projection)▐

일종의 합리화인데, 자기의 잘못을 그대로 시인하지 않고 타인에게 책임을 전가시키므로 자기 책임을 면하고 사회적인 체면을 세워서 자아를 보호하려고 한다. 싸움을 잘 하는 사람은 흔히 정당방위라고 하여 자기를 보호하려 들고, 학생들이 부정행위를 하는 이유를 '자기만 정직하면 손해나기 때문'이라고 변명하는 것 등이다.

▌동일시(同一視, identification)▐

자기보다 우수한 자를 자기와 같은 사람으로 봄으로 좌절감에서 벗어나려는 것이다. 그 동일시 대상은 영화 속의 주인공이나 역사적 인물 중에서 찾기도 한다. 동일시는 훌륭한 스승을 닮으려는 노력으로 발전하면 좋지만 망상적인 것으로 발전하면 돈키호테처럼 되어 문제를 야기한다.

▌공격(攻擊, aggression)▐

공격적인 행동으로 자신의 긴장을 해소하려는 것이다. 폭력행위나 공격적인 언사, 폭력의 공상과 같은 것이 그것이다. 이 공격의 대상은 좌절을 준 사람에게만 하는 것이 아니고 관계가 없는 사람일 수도 있다. 예컨대 직장에서 창피를 당한 자가 집에 와서 분풀이하는 것이 그런 것이다.

그리고 폭행하고 도벽이 있는 학생의 경우, 흔히 무엇인가 공격하고 훔치는 것이 어떤 정서의 반응과 관계가 있다고 한다. 이 때 이런 비정상적인 학생을 처벌하는 것으로 끝이면 그 학생은 긴장이 해소되지 않은 채 그 공격은 다른 대상으로 옮겨가게 된다. 따라서 교사는 이들의 행동 밑바닥에 깔려 있는 좌절이 어떤 것인가를 알아서 해결하도록 도와 주어야 할 것이다. 특별히 유아의 경우 공격적일 때 귀엽다고 받아주면 그 아이는 공격을 계속하는 동안 좌절에 대한 인내력이 약한 인성을 형성하여 뒤에 사회생활에 장애를 가져온다.

d) 현대사회와 인성

▌현대는 급변하는 시대다▐

인간의 성장 발달을 결정하는 요인으로는 유전적 요인과 환경적 요인이 있다. 근래 빠른 속도로 발전하는 유전자 조작 기술로 유전의 일부를 인위적으로 개선할 수 있을지는 몰라도 실제로 유전은 거의 천부적인 것으로 태어날 때부터 타고나는 것이어서 인간이 관여할 수 없는 영역이다. 그러나 환경은 사람이 만들어 주는 영역이다. 가정과 학교, 사회와 문화의 환경은 인간의 성품, 즉 인성을 결정하는 데 있어서 중요한 의미를 갖는다.

더욱이 현대사회와 같이 그 변화의 속도가 대단히 빠른 시대에 살고 있는 우리들은 새로운 사회에 적응하는 것만 해도 너무 힘들고 어려워서 자칫 나태하거나 방향설정을 잘못하여 우왕좌왕하기가 쉽고, 그렇게 하다가는 살아남기 힘든 세계 질서 속에서 뒤떨어지는 사람이 되기 쉽다. 자식을 많이 낳지 말고 둘만 낳아서 잘 기르자고 가족계획을 역설했던 때가 불과 얼마 전이었는데 지금은 아이를 너무 낳지 않아서 장려금을 주면서 출산을 장려해야 할 판이다. 얼마 전까지만 해도 논문을 쓰려면 여기저기 도서관을 찾아다니며 자료를 구하였는데 정보화 시대에 살고 있는 지금은 집에 앉아서 세계의 모든 자료를 쉽게 얻을 수 있다. 산업사회의 시대가 정보화사회의 시대로 변하였고 아날로그 시대가 디지털 시대로 변하였으며, 국가와 민족 중심의 시대에서 세계화 시대로 변해가고 있다.

그런데 이 급변하는 사회는 사람들로 하여금 앞으로 이 사회가 어떻게 변화될지에 대하여 잘 알 수 없어서 사람들은 불안하다. 큰 기업이 하루아침에 망하고, 내가 하고 있는 이 일이 언제 쓸모 없는 일이 될지 몰라서 불안하다.

또 우리가 세워 놓은 현재의 법과 윤리 규범들이 바뀌지 않으면 열심히 배워서 합법적인 생활을 할 수 있는데도 사회의 변화에 맞추어 법도 자주 개정되고 윤리도 지켜지지 않는 사회에서는 합법적이고 도덕적으로 세상을 살아가기 어려우며 사람들은 법을 지키지 않으려는 아노미(無規範, anomie) 상태에 빠지게 된다.

▌현대는 포스트모더니즘 시대다▐

2000년을 넘긴 현대는 과학기술의 혁명을 통하여 사회의 대 변혁을 가속화하고 있는 초고속의 시대다. 모더니즘(modernism)을 철학적 기반으로 하여 산업사회를 만든 '제3의 물결' 시대를 지나서 이제는 포스트모더니즘(post-modernism)을 철학적 기반으로 하여 이루어진 정보화 사회 곧 '제4의 물결'이 진행되어가고 있는 시대에 와 있다(구범서, 1992). 과거에 수많은 사상과 제도의 변화가 있었지만, 그것에 대한 관심보다는 우리가 사는 현대의 사상과 사회적 변화가 우리에게 당장 와닿는 현실적인 문제다. 그러므로 모더니즘에 이어지는 포스트모더니즘과 정보화(情報化) 사회를 주목해야 할 필요가 있어서 이제부터 인성계발 문제와 관련하여 이 점을 생각해 보려고 한다.

이와 같이 과학기술의 혁명은 산업구조나 사회구조를 크게 변화시켰을 뿐 아니라 그와 더불어 인간의 가치관을 바꾸고 사람의 성품까지 바꾸어 놓고 있다. 예컨대 대량생산 대량소비에 바탕을 둔 산업사회 구조하에서는 상품이 규격화되어 있고, 그래서 가치관도 획일적으로 되어 있었지만, 다품종 소량생산의 체제를 바탕으로 하여 새로 떠오르는 정보화 사회의 구조하에서는 포스트모더니즘이 주장하듯이 우선 ① 물질문명을 벗어나려 할 뿐 아니라, ② 가치관 역시 획일화에서 벗어나려고 한다. 그래서 현대인들은 그들의 ③ 소비지출도 다시 조정하고, ④ 자유시간을 많이 갖기를 원하며, ⑤ 취미생활도 다양하고, ⑥ 생활의 질에 대한 관심도 높아질 것으로 예상된다(박수의 외3, 2002).

더욱이 이런 추세는 가치관이 다양해지면서 사람마다 특성이 있는 ⑦ 개성화(個性化)를 촉진하게 될 것이다. 그리고 현대인들은 과거와는 달리 활자매체가 아닌 ⑧ 영상매체를 통하여 정보나 지식 그리고 오락을 추구하는 경향이 강하게 나타남에 따라 ⑨ 이성중심(理性中心)에서 감성중심(感性中心)으로 변해가고, ⑩ 논리적 판단보다 감각적 판단을 하게 되며, ⑪ 자기 절제(節制)보다는 자기 표현(表現)에 열심이며, ⑫ 억제된 감성(感性)에서 벗어나서 해방된 감성을 가지기를 원하고 그리고 ⑬ 조용한 정적(靜的) 문화에서 동적 문화를 추구하는 사람들로 변화하게 된다.

포스트모더니즘이 지향하는 바를 보면 산업사회에서 형성되었던 모든 획일적 가치체계와 본질주의, 인간소외(人間疎外)와 인간성 상실, 관료화와 이성

(理性)의 도구화 등에 대하여 근본적으로 비판하고 이를 급하게 변화시키려고 한다. 그리고 그 동안 ⑭ 비이성(非理性)적이라 하여 냉대를 받아왔던 신체나 감각, 감성을 존중하며, ⑮ 비도덕적이라 하여 냉대받았던 욕구나 욕망, 충동 등도 역시 해방시키려 하고 있다.

▌포스트모더니즘과 인성▐

위에서 부족하지만 인성과 관계 있는 포스트모더니즘에 대하여 대충 소개하였다. 이들을 다시 정리하여 인성교육과의 관계를 보면 다음과 같다.

첫째, 일반적으로 도덕은 불변하고 누구나 다 지켜야 하는 보편적인 기초이며 삶의 기본원리라고 보지만 포스트모더니즘은 이를 부인한다. 왜냐하면 도덕이나 가치는 시대와 문화에 따라 다르고 도덕이 생기는 것을 보면 여러 이해관계나 전통, 환경 등에 따라서 만들어지기 때문이다. 그리고 지식에 우열이 있는냐 하는 질문에 관하여도 포스트모던 사회에서는 기술적인 것과 윤리적인 것, 미적인 것 그리고 인지적인 것이 모두 대등한 지식으로 대접받아야 하며 이들 요소가 모두 갖추어진 다양한 지식인이 이 시대에서 다양한 삶의 양식을 가져야 창조적으로 살아갈 수 있다고 보고 있다.

둘째, 포스트모더니즘은 다원주의(多元主義)를 표방한다. 즉 획일주의를 배격하고 다양성을 자랑스럽게 생각한다. 그들은 획일성과 전체성, 절대성을 비판하고, 그 대신에 다원성(多元性)과 상대성(相對性)이 강조되어 만들어진 사람을 원한다. 그래서 관료주의나 수직적 인간관계를 수평적 인간관계보다 덜 중요하게 생각한다.

셋째, 권위주의(權威主義)를 배격한다. 도덕이나 어떤 규범은 모든 이해 당사자의 합의에 의하여 민주적으로 결정되어야 하고 그것은 비권위적인 '대화의 절차'를 거쳐야 하는데 개방적이고 비판적인 대화의 중요성이 무엇보다 강조되어야 한다고 생각한다.

넷째, 다른 사람에 대한 관심과 연대의식(連帶意識)을 표방한다. 따라서 억압하는 권력이나 조종, 착취, 폭력을 거부하고 모든 사람과 더불어 살고자 하는 공동체의식과 남을 존중하는 자세 그리고 상호협력을 존중한다.

다섯째, 산업사회의 모순을 극복하려는 포스트모더니즘이 당면한 문제로는 먼저 환경문제와 극단적인 이기주의 그리고 정신적 빈곤화를 들 수 있을 것이다. 인간이 만들어 놓은 기계기술문명과 산업사회는 인간의 삶의 터전인 지구를 공해로 파괴하고 있으며, 나아가 인간성 자체를 파괴하여 극단적인 이기주의를 조성하였고, 사람이 사람되기를 거부하는 인간들로 인하여 삶의 두려움을 안고 살아가게 되었다. 그러나 포스트모던 사회에서 지향해야 할 실천목표가 소외된 사람이 적은 평등한 복지사회를 만들고, 상실된 인간성을 회복하며 하나뿐인 지구를 다시 살려내는 것이라면 이를 성취할 수 있는 유일한 길은 죄로 가득한 인간들의 지혜나 노력으로 이루어질 수 있는 것이 아니고 오로지 진리의 근원이 되시는 하나님의 은혜와 말씀 그리고 하나님이신 예수가 그의 삶을 통하여 우리 인류에게 모범적으로 보여주셨던 근로와 봉사 그리고 희생의 정신을 가지고 우리가 재무장하는 길밖에 다른 길이 없을 것이다.

기독교를 떠난 세속주의(世俗主義)가 시대를 풍미(風靡)했던 근대사회는 우리에게 물질적인 풍요는 가져다 주었지만 그러나 정신적 빈곤으로 대단히 불행한 삶을 가져다 주었다. 세속주의는 인간으로 하여금 감각과 쾌락을 추구하도록 부추겨 왔다. 마약과 에이즈, 폭력과 부정부패 등이 이를 입증하고 있다. 따라서 포스트모던의 사회가 추구할 교육적 과제는 정신적인 풍요와 영적인 양식(soul food)을 주는 인간교육 내지는 인성계발교육이 활발하게 이루어져야 한다는 것이다.

e) 인성계발 교육

인성교육 또는 인성계발교육(人性啓發教育)이라는 용어는 때로는 성격교육이나 인격교육과도 혼용하고 있을 만큼 이들은 서로 유사한 공통점을 가지고 있다. 그런데 이들 교육에서 다루는 문제는 크게 두 가지로 나누어 생각해 볼 수 있는데 그 하나는 일상생활에서 인성형성이 원만하도록 그 환경과 인간관계를 바람직하게 만들어 주는 일이고, 다른 하나는 이미 비정상적인 인성이 형성된 사람을 정상적인 인성을 가진 사람으로 교정하는 일이 그것이다. 전자를 예방적 교육(지도)이라 하고 후자를 치료적 교육(지도)이라고 한다.

그런데 여기에서 무엇이 정상이고 비정상이라고 판정할 것이냐 하는 기준은 좀 모호한 데가 있지만 보통 일반인의 가치를 기준으로 하는 경우가 많다. 그러나 이 구별은 기준을 정하는 방법이나 시대에 따라서 이상적(異常的)이라는 말의 의미가 달라지게 되므로 현실적이고 보편적인 기준에 따라 정해야 할 것이다.

① 예방적 교육

예방적인 인성교육은 성격이나 기질이 정상적인 사람을 대상으로 하여 그에게 주어지는 환경을 정화하고 인간관계를 원만하게 하여 바람직한 인성이 형성되도록 평소에 지도하고 교육하는 경우이다.

일반적으로 인성교육은 주로 도덕교과목에서 다루고 있지만 실제로는 모든 교과에서 간접적으로 가르치고 있다. 예컨대 국어 교과목에서 쓰기와 읽기 등을 가르치지만 그 문장이 훌륭한 위인의 인격을 소개하고 학생이 그 인품을 모방하려고 한다면 그 국어 교과목은 이미 인성교육을 하고 있는 것이다. 그리고 특별히 성인교육 프로그램 중에는 인간관계 교육을 위시하여 많은 인성교육 프로그램이 마련되어 있는 것을 볼 수 있다.

② 치료적 교육

비정상적인 성격을 교정하는 치료적 교육은 여러 가지 전문적인 교육형태로 발전하여 특수교육 체계를 만들었다. 여기에서 특수교육의 대상이 정상적인 아동에 비하여 그 정신과 신체, 성격 및 정서 상태가 심하게 달라서 특별한 교육적 조치를 필요로 하는 사람이다. 저능아와 정신적 · 신체적 장애자, 성격이상자 등이 주된 대상이지만 그 외에도 천재도 여기에 포함되기 때문에 이들은 치료적 교육의 대상은 아니다.

인성교육의 치료적 지도에서는 병원에서 치료하지 않으면 안 되는 알코올 중독과 노망, 조울증, 정신분열증 등과 같은 정신병일 경우에는 교육보다는 의학적 치료를 통하여 회복하게 하고, 불안감이나 긴장감, 주의집중 안 됨, 기억상실, 공포증, 강박관념 히스테리 등과 같은 신경증과 다양한 반사회적 성격, 정신결함 및 성적(性的) 이상 등은 교육으로 치료하고 있다.

③ 교육방법

인성교육의 교육방법은 그 중요성에 걸맞게 다양하고 전문적인 프로그램이 개발되어 있다. 첫째, 도덕적 인간으로 개발하기 위한 각종 강좌와 둘째, 인간의 바람직한 태도변화를 위한 프로그램 및 셋째, 올바른 생활 습관을 형성하게 하여 그 생활을 통하여 인성의 변화를 시도하는 프로그램 그리고 넷째, 카운슬링과 같은 심리요법, 다섯째, 유희(遊戲)를 통하여 비정상적인 인성을 치유하려는 유희요법도 많은 프로그램이 개발되어 있다.

(2) 동기

학습자로 하여금 어떻게 하면 공부할 마음이 생기게 할 것인가는 교육현장의 교사나 학부모의 머리에서 늘 떠나지 않는 제일 관심이 많은 문제 중 하나다. "말을 물가로 데리고 갈 수는 있으나 물을 먹일 수는 없다"는 말이 있다. 그 말은 학습의욕은 억지로 이끈다고 하여 생기는 것이 아니고 자발적으로 동기가 유발되어야 효과적인 학습이 가능하다는 의미가 들어 있다. 교육학에서 동기에 대하여 연구하려는 것은 학생들이 바람직한 행동을 하려는 노력을 증가시키는 요인을 많이 찾아내려는 데 있다. 그리고 학습을 하는데 얼마나 오랜 시간 공부를 할 수 있는지(학습 지구력)와 얼마나 집중하여 공부에 몰두할 수 있는지(학습 집중력) 등 그 강도를 결정하는 요인, 즉 동기의 강도를 찾아내는 데 있다.

a) 동기(動機 motive)의 의미

동기는 어떤 행동을 하게 하고, 유지하게 하며, 방향을 정해 주는 요인으로서 행동의 수준이나 강도를 결정하는 심리적 구조이며 과정이다(교육학 대백과사전, 1998). 그리고 모간과 킹(Morgan & King, 1971)은 동기란 '행동을 일으키는 원동력'이라고 정의하였다. 그런가 하면 행동주의 심리학자들은 '어떤 자극(S)에 대하여 어떤 행동(R)을 취하게끔 사전에 경향지어 준 힘의 집합체'라고 설명하고 있다. 이런 의미에서 칸트와 같은 이는 동기만 선하면 모두 선하다고 한 것(동기설)은 동기가 행동을 하게 하는 원동력이기 때문에 그 행위자의 내면을 중요하게 생각한 것이다.

교육학에서 동기라는 말과 유사하게 사용하는 용어로는 욕구(need)나 충동(drive), 욕망(urge) 등이 있다. 그리고 일상생활에서 사용하는 말에도 목적이나 희망, 소망 등은 비슷한 뜻을 가지고 있다.

b) 동기의 유형

공부를 열심히 하는 학생을 보면 대개는 어떤 목적이 분명하고 그 목적을 달성하려고 열심을 다하여 공부하는 것을 우리는 쉽게 볼 수 있다. 이 경우에 학생이 열심히 공부하게 된 동기가 있는데 그것은 2가지로 구분해 볼 수 있다.

외적 동기(外的動機, extrinsic motive)는 어떤 보상이나 사회적 압력, 벌과 같은 환경적 요인에 의하여 유발된 동기를 말한다. 예컨대 만약 어떤 부모가 '100점 맞으면 컴퓨터 사준다'고 하는 약속을 하여 공부를 열심히 했고 그래서 보상을 받게 되었을 경우에 생기는 동기와 같이 학습활동과는 관계없이 만족감을 얻는 것으로서 학습자가 아닌 외부의 유인(誘引), 즉 돈이나 맛있는 음식, 학점, 승진, 사회적 인정 등에 의하여 동기화된 경우다. 그런데 이 외적 동기는 그 외부 유인 조건이 사라지면 동기까지 약화되어 그 효과가 단기로 끝이 난다는 문제점이 있다.

내적 동기(內的動機, intrinsic motive)는 욕구나 흥미, 호기심, 즐거움 등과 같은 개인적 요인들에 의하여 유래된 동기를 말한다. 예컨대 학습자 자신이 어떤 일을 성공적으로 성취하여 성취감(成就感)이나 만족감이 생기고 성취에서 오는 자부심과 자아존중감(自我尊重感)이 생겨서 나타나는 동기를 말한다. 이런 내적 동기는 다음의 다른 일을 추진할 때 강력한 동기가 되어 다시 살아나는 것을 볼 수 있다. 브르너(Bruner)가 강조하는 탐구정신은 바로 이런 내적 동기가 그 기초를 이루어 하나의 의식(정신)으로 승화된 모습이라 할 것이다.

브로피(Brophy, 1988)는 학습에 있어서 내적 동기와 외적 동기 모두 중요하다고 하면서 교사는 학생들의 외적 동기의 수준이 적절한가를 확인하면서 내적 동기를 자극하고 육성해야 한다고 권한다. 따라서 교사들은 내적 동기를 주면 공부를 잘 할 듯한 학생과 외적 동기가 아니면 공부하지 않을 것 같은 학생을 파악하여 학생에 맞는 방법을 적절하게 적용해야 한다.

그런데 근래에는 학습에 있어서는 외적 동기보다는 내적 동기가 더 유효하다고 하여 강조되고 있다. 외부의 유인 조건은 짧은 생명을 갖는데 비하여 학습자가 공부하는 것이 만족스러워서 집중력을 가지고 공부에 몰두할 수 있게 하는 내적 동기 유발은 장수할 있기 때문이다. 학생이 학교에서 숙제를 받은 경우, 어떤 학생은 숙제를 안 하면 매맞을까 두려워서 하고, 어떤 학생을 숙제를 하는 것이 즐거워서 한다. 같은 숙제를 가지고도 학생마다 그 태도가 다르다. 즐거워서 숙제를 할 수 없는 학생에게는 부득이 외적인 동기를 줘서라도 숙제를 하도록 해야 할 것이다.

c) 학습동기의 유발

내적 동기나 외적 동기는 그 쓰임새가 다르기 때문에 외적 동기를 불필요한 것으로 취급해서는 안 된다. 특히 학습동기가 낮은 학생에게는 외적 동기를 유발하여 공부하도록 하는 수밖에 없다. 그런데 앞에서 언급한 대로 외적 동기는 약하고 일시적이어서 내적 동기를 유발하는 데 역점을 둬야 한다는 것이다. 이하에는 주로 내적 동기를 중심으로 하여 그 유발방법을 생각해 보기로 하자.

① 강력한 학습동기는 학습의 목표와 개인적 욕구가 맞을 때 유발된다

인간의 개인적 욕구(need)는 동기의 중심을 이룬다. 문학을 하고자 하는 학생에게 돈버는 공부를 시키면 학습 효과가 적을 수밖에 없다. 그런데 동기의 강도에 대하여 매슬로우(Maslow, A. H., 1970)의 성장동기(成長動機) 이론에 따르면, 만족되지 못한 인간의 욕구는 사람에게 긴장을 주고, 욕구만족의 목표를 향하여 행동하다가 달성하면 긴장이 해소된다고 한다. 그런데 그 욕구는 배고픈 것, 졸린 것, 안전을 위협받는 것 등과 같은 하위수준의 욕구가 만족을 얻지 못하면 학습이라는 상위수준의 욕구만족을 추구하지 않는다는 것이다. 그래서 교사는 학습 분위기를 부드럽게 하고 환경을 안정되게 하며 교사와 학생간, 학생과 학생간의 인간관계에 관심을 두어야 한다.

개인적인 욕구 외에도 소속욕(所屬慾)이나 명예욕과 같은 사회적 욕구도 학습동기 유발에 도움이 된다. 그러나 생리적 욕구와 같은 하위욕구는 학습동기 유발효과가 적은 편이다. “공부 잘 하면 생등심 사준다”고 약속하였더니 차라리 안 먹고 노는 것이 좋겠다고 생각하는 아동에게는 무의미한 자극이다.

② 개인의 흥미나 적성에 잘 맞는 학습내용은 학습동기를 유발한다

흥미는 어떤 특정한 대상이나 활동에 대하여 호감이 생겨 적극적으로 추구하는 심리상태를 말한다. 그리고 적성은 어떤 특정한 분야에서 자신의 능력 특성이 잘 맞아서 비교적 쉽게 성취할 수 있는 개인적 특성을 말한다. 일반적으로 흥미롭고 적성에 맞는 학업은 집중력과 지구력이 강하고 따라서 성취될

가능성이 그만큼 높다.

③ 학습목표가 분명하면 학습동기가 유발된다

학습하여 달성할 목표가 분명하게 보이면 학습동기가 강화된다. 그런데 문제는 학생에게 열등감이나 다른 장애가 있어서 목표가 분명함에도 불구하고 달성한다는 자신감이 없으면 동기는 유발되지 아니한다. 그래서 학습동기가 유발되려면 먼저 자기가 가진 탤런트(특별한 재능)를 확인하고, 그 위에 긍정적 자아개념의 정립이 선결되어야 한다.

이와 같이 긍정적 자아개념(肯定的 自我槪念)의 형성은 학습동기를 유발하는데 필요한 기본적인 전제조건이다. 가정교육에서 부모의 양육태도가 통제적이거나 방임적이고 거부적일 때 또는 질책과 매, 실패와 무시를 당해 온 사람은 대개가 부정적 자아개념이 형성되어 자신감을 잃게 되고 학습동기는 좌절된다. 그러나 가끔은 질책과 무시를 당한 것이 자극이 되어 이를 극복하려는 강한 의지를 만들어 주고, 그것이 학습동기를 유발하는 결과를 가져오는 경우도 있다.

학습목표를 세울 때는 구체적이고 실제적이어야 한다. 추상적이거나 관념적인 목표나 학생들의 성숙수준과 능력에 맞지 않는 목표는 학습동기 유발에 도움이 되지 못한다.

④ 학습결과에 대한 풍부한 정보는 학습 동기를 유발한다

자신의 적성에 맞는 어떤 학습이 성취되었을 때 그 결과가 만족감을 줄 수 있을 것이라고 하는 기대는 현재 진행중인 학습에도 동기를 유발해 준다는 것이다. 또 성취한 뒤에는 더욱 강력한 동기가 생겨서 다음의 학습에 열심을 다할 수 있게 한다. 물론 실패하면 동기 유발에 부정적인 영향을 준다.

⑤ 칭찬이나 상(賞)은 학습동기 유발에 큰 도움이 된다

지금까지 상과 벌에 대한 많은 연구는 칭찬과 상의 긍정적인 학습효과에 대하여 변호하고 있다. 허록크(Hurlock)의 연구는 연구대상 그룹을 4으로 나누어, 즉 칭찬해 준 그룹과 책망해 준 그룹, 방임해 버린 그룹 그리고 통제한 그룹으로 나누어 학습을 지도한 뒤에 조사해 보니 칭찬해 준 그룹이 학습효과가 제일 높았다는 것이다. 또 다른 연구에서는 교사가 질이 좋은 학생이라고 믿고－실은 그렇지 않은데－가르쳤더니 그 반의 성적이 좋아졌다고 한다.

그 외에도 손다이크(Thorndike)의 '효과의 법칙'이나 스키너(Skinner)의 '강화의 원리'들은 모두 같은 연구결과를 제시하고 있다.

그런데 그 칭찬과 상은 나이가 어릴수록 효과적이다. 또 남학생보다 여학생이 그리고 지능이 낮은 학생일수록 효과적이다. 우리는 어렸을 때 선생님으로부터 들은 한마디 칭찬이 평생의 좌우명이 된 경우를 자주 볼 수 있다.

빅제(Bigge, 1964)의 연구에서는 부분해답이 학습동기를 유발한다고 한다. 예를 들면 수수께끼에서 힌트를 주면 강한 동기가 나오는 것과 같은 것이다. 그 위에 적당한 칭찬을 말해 주면 학생들의 자부심을 유발하는 데 도움이 된다. 그러나 문제가 너무 어렵거나 다 풀어주면 오히려 학생들의 자부심에 상처를 주기 쉽다.

⑥ 경쟁심의 적절한 활용은 학습동기 유발에 도움이 된다

1929년 말러(Maller)의 연구는 개인간의 경쟁과 집단간의 경쟁 중 어느 경쟁이 더 학업성적을 높이는지를 알아보는 것이었다. 결과는 개인간의 경쟁이 더 유효했다고 보고하였다. 그런데 이런 경쟁심은 자기과시의 욕구를 충족시키는 효과는 있을지 모르지만 인간관계를 파괴하고, 협동적이고 공동체적 삶에 대한 훈련의 기회를 잃게 하여 심하면 질투와 저주가 생기고, 그것으로 인하여 긴장이 증폭되어 교실 분위기를 경직되게 하는 부작용이 조성될 수 있다. 그래서 경쟁심을 활용하려면 대단히 조심성 있게 적용해야 할 것으로 생각된다.

(3) 포부수준

포부수준(抱負水準, level of aspiration)이란 특정한 어떤 과제에 대하여 기대하는 구체적인 목표달성 수준, 곧 기대수준(goal expectancy level)이라고 할 것이다. 그래서 학생의 학습목표가 어느 정도인가에 따라서 학습의 성취수준 결정에 영향을 미치게 된다.

포부수준의 개념을 처음으로 발표한 호페(Hoppe)의 연구는 학습자의 동기가 얼마나 높았는지(동기수준)와 실제로 성취한 학습수준 사이에 어떤 관계가 있는지를 밝히려 하였고, 또 성공이나 실패의 경험이 학습에 어떤 영향을 미치는지를 밝히려 하였다. 그의 연구에 따르면 어떤 학습에 성공하면 기대수준을 높이

고 반대로 실패하면 낮추는 경향이 있다고 하였다. 따라서 학습자는 실패로 인하여 얻는 불쾌한 감정을 피하고자 포부수준을 낮추려는 경향과 할 수 있는 대로 높은 수준의 성공을 얻으려는 욕구로 포부수준을 높이려는 경향, 이 두 개의 경향 사이에서 절충이 이루어지고 그것이 곧 포부수준을 결정하게 된다고 한다. 따라서 이렇게 형성된 포부수준은 어떤 특정한 학습내용을 가지고 공부하려고 할 때에 긍정적인 영향을 주거나 아니면 부정적인 영향을 주게 된다.

(4) 자아개념

자아개념(自我槪念, self-concept)이란 사람이 자기 자신에 대하여 갖는 태도와 의미, 감정 등의 총체적인 판단이라고 할 것이다. 브루코버(Brookover, W. B.)는 자아개념이 행동의 방향과 강도를 결정하는 데 큰 역할을 한다고 한다. 인간은 살아가면서 많은 경험을 하게 되고, 그 경험들은 자신에 대하여 어떤 인상(印象, self-image)을 형성하게 한다. 예컨대 성공이나 실패를 많이 한 사람은 자신에 대하여 긍정적이거나 부정적인 태도를 형성한다. 그리고 그런 태도는 학습에도 영향을 미친다. 브루코버는 자아개념과 학업성취와의 관계를 밝히는 연구에서 인간의 지적능력이 학업성취에 중요한 영향을 미친다고 하는 주장에 이의를 제기하고 오히려 자아개념이 학업성취도를 결정하는 데 중요한 역할을 한다고 하였다. 특별히 불우한 어린이의 낮고 부정적인 자아개념을 긍정적으로 바꾸어 주는 것이 얼마나 중요한지를 말해 주고 있다.

어떤 학생이 학교에서 성공적인 경험을 계속하면 그 학생에게는 유능감과 효능감, 성취감과 정복감, 만족감과 쾌감이 생기고, 나아가 내적 동기가 긍정적으로 유발되고 학업에 대한 흥미가 생기며, 인간관계가 좋아지고, 부지런한 어린이로 자아개념이 형성된다. 반대로 실패의 경험을 계속하면 무능감과 열등감, 패배감과 좌절감, 불만과 불쾌감으로 자아가 손상되고 부정적인 자아개념이 형성된다. 따라서 학습이나 대인관계에도 부정적인 영향을 준다. 그리고 성공적인 학습으로 인하여 긍정적인 자아개념이 발달하는 폭보다 실패로 인하여 형성된 부정적인 자아개념의 형성 폭이 더 크다는 것이다(김필식 외1, 2002).

가정생활이나 학교생활을 통하여 형성되는 자아개념은 어린이의 인지적 특성의 발달이나 다른 정의적 특성의 발달에도 영향을 미친다. 더욱이 학년수준이 높아갈수록 자아개념이 어떤 것이냐에 따라서 학업성취에 격차를 보여준다.

2. 인간의 발달과정

무기력하게 태어난 인간은 동물에 비하여 장기간의 성장과정을 거쳐 하나의 독립된 인격체로 형성된다. 인간은 환경과 부단히 상호관계를 맺으면서 배우고 성숙하여 나아간다. 여기에서 인간이 어떻게 성숙해 가는지 그 발달과정과 특징을 이해하는 일은 인간을 바르게 이해하는 데 도움을 준다.

인간의 발달이 무엇인지에 대해 워렌(Warren)은 '사람이 태어나면서부터 성숙해 가는 과정에서 일어나는 구조나 형태의 변화'라고 하였다. 그런데 그 변화에는 크기의 변화와 비율(proportion)의 변화, 낡은 특징(features)의 소멸 그리고 새로운 특징의 획득 등이 포함된다(Hurlock). 그리고 양은 증대되고, 구조는 정밀화되며, 기능은 유능화되는 진보적인 변화를 의미한다. 특별히 양의 변화는 신체적으로 크는 것 외에도 어휘력이나 사고력, 기억력, 창의력, 지각력 등의 증가도 포함된다(Koffka).

변화에는 양적인 것 외에 질적 변화도 있다. 신체적인 변화를 말할 때는 성장(成長)이라 하고, 유전적으로 일어나는 점진적인 심신의 변화를 말할 때는 성숙(成熟)이라 한다.

1) 발달의 원리

인간이 태어나서 발달하여 나아가는 과정을 관찰하여 보면 아무렇게나 되는 것이 아니고 몇 개의 원리가 상호작용을 하면서 일정한 질서에 따라서 정해진 코스를 밟아 나가는 모습을 발견할 수 있다.

이렇게 인간발달의 과정에서 발견되는 원리가 무엇인지를 밝혀내는 작업은 인간을 이해하고 그 바탕 위에 교육을 계획하는 데 대단히 필요하다 할 것이다. 다음에서 여러 학자들의 이론들을 종합 · 정리하여 제시한다.

(1) 발달은 성숙과 학습의 소산이다

발달은 유전과 환경이 상호작용함으로써 이루어진다. 즉 발달은 사람이 유전적 요인에 의하여 생물학적으로 변화하는 것, 곧 성숙과 그리고 환경적 요인에 의하여 경험하고 그 경험을 통하여 학습되는 변화 등이 서로 복잡하게 작용하면서 만들어진 결과라 할 것이다. 따라서 발달은 성숙과 학습의 소산이라고 할 수 있다(김필식 외1, 2001). 이를 우드워스(Woodworth)도 같은 생각을 하였는데, 즉 인간의 발달은 생득적으로 타고난 내적인 유전인자와 후천적인 환경조건과의 상호작용에 의하여 이루어진다고 보고, 발달을 유전과 환경의 상승적 관계로 설명한 것이 그것이다.

인간은 임신했을 때 적은 세포가 모여 하나의 유기체를 형성한다. 그런데 속에는 수많은 유전인자가 들어 있어서 그것이 태아의 특징과 성장의 계열을 결정한다. 그런데 성숙하기 위하여는 환경으로부터 영양을 공급받아야 한다. 이 공급이 성숙을 결정하는 데 부분적으로 영향을 준다. 이와 같이 유전과 환경은 상호작용하여 태아의 성격을 형성하게 된다. 그런데 이들 두 개의 요소들이 동일하기 때문에 유사성을 띠는 한편, 각기 다른 특성이 형성되는 이유는 유전인자의 결합상의 차이가 있고 또 환경과 경험의 차이가 있기 때문이다. 그러므로 사람은 누구나 동일한 성장단계를 밟아 가지만 다른 한편으로는 개인차가 생기게 마련이다(이성진, 1983).

(2) 발달은 분화하고 통합하면서 이루어진다

사람의 모든 기관은 기능적으로 미분화(未分化) 상태에 있다가 점차 분화되어 나아간다. 그리고 그 분화된 기관은 다시 전체적으로 모여 새로운 체제로 통합되는 과정을 계속 반복하면서 발달하게 된다. 예를 들면 뛰는 능력은 걷는 능력과 스피드 감지능력이 통합되어 이룬 결과이고, 농구는 뛰는 능력과 달리는 능력, 던지는 능력, 받는 능력 등이 통합되어 이루어진 결과라 할 것이다. 이런 분화와 통합과정은 정신적 기능의 발달에서도 마찬가지의 과정을 밟는다.

(3) 연령증가에 따라 발달경향의 예언이 점점 어려워진다

발달하는 과정을 보면 성숙요인의 지배를 많이 받는 어린아이일수록 발달의 순서와 방향성이 일정하여 쉽게 예측이 가능하다. 그런데 점차 성장함에 따라 경험이 많아지고 그 성격특성이 달라지면서 발달 경향을 예측하기가 점차 어려워진다.

어린아이의 발달순서와 방향성은 운동기능의 발달뿐 아니라 언어나 지적인 발달에도 마찬가지이다. 예를 들면 ① 어린 아이는 머리 → 팔 → 다리의 순서로 먼저 발달하고, ② 중추신경 → 말초신경의 순으로 발달하며, ③ 전체운동 → 부분운동의 순으로 발달한다.

어린 아기의 발달을 연구한 두 미국 인디언의 사례가 있다. 그 연구에서는 어린아이일수록 그 발달순서가 거의 시간표를 짜 놓은 것과 같다는 것을 말해주고 있다. 즉 한 종족의 어린이는 하루 1시간 이상 업어줬고, 다른 어린이는 업어주지 아니하여 하루종일 걷게 하였다. 그런데 이 두 종족의 어린이는 거의 같은 나이에 걷기 시작하였다. 여기에서 우리는 어린이의 초기 신경근육의 성숙은 사람의 신체 내에 있는 능력이 조절해 준다는 사실, 즉 어린아이의 성장속도는 환경의 영향을 많이 받지 않는다는 사실을 알 수 있다.

그러나 나이가 점차 들어감에 따라서 유전적으로 결정된 시간표는 별로 영향을 미치지 못하고 환경과 경험은 개인차를 넓히며, 감정이나 태도, 가치관 등이 서로 많이 달라서 그 발달경향은 거의 예측할 수 없다.

(4) 발달은 연속적이고 점진적이다

인간의 모든 분야의 발달은 시기와 특성에 따라서 그 속도가 약간의 차이는 있지만 비약적인 발달은 없고 연속적 · 점진적으로 이루어진다. 그것은 어느 시점에서 그 발달의 기초가 정립되어야 그 후의 발달이 따라온다는 것을 의미한다.

그러나 단기간의 발달형태를 보면 어떤 아동은 불규칙적으로 진행되는 경우를 발견할 수 있다. 예를 들면 어떤 발달된 행동을 보이다가 특별한 이유도 없는데 한 순간 퇴행적(退行的)인 행동을 한다. 그 이유가 질병이나 피로, 흥분 등으로 인한 것이 아닌데도 이런 행동이 나타나서 그 이유를 알 수 없을 때는 그것을 수용하고 재발달을 위하여 조심스럽게 지도해 주어야 할 것이다.

그리고 인간의 발달에는 결정적 시기(critical period)가 있다. 인간 발달은 장기적으로 보면 점진적이고 연속적이지만 단기적으로 보면 불규칙적이라는 것은 전술하였다. 그런데 그 불규칙적 발달은 어떤 신체부위나 기능의 특성에 따라서는 급격하고 특별한 발달의 시기가 있음을 의미한다. 이런 특별한 시기가 있다는 것은 발달에 있어서 최적의 시기(最適의 時期, optimum period), 곧 결정적 시기가 있음을 말해 준다. 그래서 결정적 시기에 발달의 장애를 만나면 영구적 결함을 초래하기 쉽다.

예를 들면 에릭슨(Erikson)의 연구에서 보면, 출생 후 약 1년 반의 기간은 다른 사람에 대한 신뢰감이 발달하는 결정적 시기인데 이 때 사랑을 받지 못하면 불신감이 성장하기 때문에 훗날 대인관계 행동에 지장을 준다고 한다. 그 외에도 지적 발달과 결정적 시기에 대한 블룸(Bloom)의 연구에서 초기경험의 중요성을 강조하고 있다.

(5) 발달속도에는 개인차가 있다

모든 인간은 보편적인 순서에 따라 발달해 간다. 그러나 자세히 살펴보면 사람에 따라 그 발달속도가 빠른 사람과 느린 사람이 있고, 또 같은 사람이라도 발달부분에 따라 어떤 부분은 빠르고 어떤 부분은 느리다. 그리고 한 사람의 어떤 특징에 있어서도 나이에 따라 발달속도가 다르게 나타나고 있다. 아울러 발달에는 성적(性的)인 차이도 있음을 발견할 수 있다.

지능을 구성하고 있는 여러 요인들도 발달속도가 다르다. 예컨대 환경에 대한 적응력은 대단히 빠른데 비하여 추상적 사고는 느리게 발달하는 사람도 있다는 것이다. 또한 어린이가 매일매일 하는 경험은 발달의 방향을 바꾸기도 한다. 이와 같이 발달의 속도가 다르고 방향을 바꾸기도 한다. 이러한 사실들은 교육에 있어서 개별지도의 필요성을 뒷받침해 준다. 그리고 교육은 힘이 들면서도 신기한 작업이라는 것을 말해 준다.

(6) 발달영역간에는 서로 관련성이 있다

개인마다 그의 신체적 영역, 인지적 영역, 사회적 영역, 정서적 영역 그리고 도덕적인 영역 등의 발달 상호간에는 긴밀하고 유기적인 관련성이 있다. 어떤 한 영역의 발달이 지연되면 그것으로 인하여 다른 영역이 부정적인 영향을 받아 지연된다는 것이다. 그래서 인간 발달은 모든 영역이 균형 있게 조화로운 발달이 이루어지도록 지도해야만 원만한 인간 발달이 가능하다. 이는 전인교육의 필요성을 뒷받침해 준다.

(7) 발달의 초기단계는 대단히 중요하다

어린이의 어린 시절, 즉 영아기와 유아기 그리고 아동기까지의 인생의 초기단계의 발달은 그 이후 모든 단계의 성장과 발달을 좌우할 만큼 중요하다. 그 중에서도 태어나서 돌 이전까지의 발달은 더욱 더 중요하다. 예를 들면 어린아이의 발달초기에 부모의 따뜻한 사랑을 받지 못하고 적절한 생활관리를 받지 못하면 이후에 나쁜 성격의 소유자가 되고 원만한 대인관계가 형성되지 못하여 사회생활에 적응하지 못하는 사람이 된다. 여기에 우리가 가정교육의 중요성을 재삼 강조하지 않으면 안 되는 이유가 있다. 그리고 몹시 걱정하는 것은 현재 우리나라의 이혼율이 세계 2등이요, 신중하지 못하고 무계획하며 무책임한 출산으로 인하여 버려지는 아기와 또 부끄럽게도 이를 다른 나라에 수출하는 나라로 아직도 남아 있다는 현실을 개탄하지 않을 수 없다.

2) 발달이론

인간의 발달을 연구하는 데 어떤 방법을 사용하느냐에 따라서 그리고 발달의 어느 측면을 중요하게 생각하느냐에 따라서 다양한 발달이론(發達理論)이 성립되어 있다. 여기에서는 이들 중에서 정신분석학적 발달이론과 인지적 발달이론, 그리고 과업 발달이론을 소개하기로 한다.

(1) 정신분석학적 발달이론

a) 프로이드의 성격발달이론

인간의 성격과 정서를 중요하게 생각하는 정신분석학적(精神分析學的) 발달이론은 프로이드(Freud)의 성격발달이론에 근거를 두고 있다. 그는 정신(精神)이 의식과 전의식(前意識) 및 무의식(無意識)으로 구성되어 있다고 하고, 이 무의식이 행동과 사고를 결정한다고 한다. 그리고 성격은 원욕(Id)과 자아(Ego) 및 초자아(Super Ego)로 구성되어 있고, 이들 상호작용에 의하여 행동의 특성이 나타난다고 한다. 특히 그는 성적(性的) 본능의 에너지를 리비도(libido)라 하고, 이것이 인간의 일생을 통하여 신체부위에 성감대로 나타나는데, 연령에 따라 성감대의 변화와 그에 상응한 성격발달을 구분하여 구강기(구순기), 항문기, 남근기(성기기), 잠복기, 생식기 등 다섯 단계로 나누어 설명하고 있다. 이런 프로이드의 발달이론은 다음과 같은 몇 가지 특징으로 요약할 수 있을 것이다.

첫째, 인간의 성격은 만 6세 이전에 그 기본이 다 형성된다고 주장한다. 그리고 그 이후의 발달은 이미 형성된 기본적 구조가 좀더 세분화되고 능률화되는 것이라고 한다. 이런 주장은 오늘의 발달이론에서도 인정하여 어릴 때일수록 중요하다는 것이 증명되고 있다.

둘째, 인간의 발달은 긴장을 해소하는 과정이라고 한다. 그 긴장을 만드는 원천으로는 생리적으로 성장하는 과정과 욕구좌절(欲求挫折), 갈등상태, 위협적인 상황 등 4개를 들고 있다.

셋째, 정신분석학의 발달이론은 인간의 정신적인 부적응상태를 치료하는 정신의학자들이어서 그들이 역점을 두는 것은 인지발달이나 사회성 내지 언어발달이 아니고 정서적 발달에 관심이 더 많다.

넷째, 정신분석학적으로 발달이론을 정립하는 에릭슨(Erikson)이나 수리반(Sullivan)의 이론은 인간발달이란 단순한 양적 증가가 아니고, 인간이 발달하는 몇 개의 단계마다 질적 변화를 수반한다고 주장한다.

b) 에릭슨의 성격발달이론

이러한 정신분석학 이론 중에서도 에릭슨의 발달단계설은 교육에 많은 시사점을 주고 있다. 그는 자아가 점진적으로 형성되어 가는 것이 발달이라 하고, 각 발달단계마다 부정적인 면과 긍정적인 면이 나타나는데 그 긍정적인 면이 성취해야 다음 단계로 발달하게 된다고 한다. 성년이 될 때까지의 발달단계로는 다음과 같다.

① 제1단계 : 기본적 신뢰감(信賴感) 대 불신감

생후 1살 반까지의 시기로 프로이드(Freud)가 말하는 구강기에 해당된다. 이 시기의 유아에게 일관성과 계속성이 있는 경험을 하게 하면 기본적인 신뢰감과 애착(愛着)이 생기고, 그것이 안 되면 불신감을 형성하여 불안전한 애착(회피와 저항)이 생긴다. 이 기본적인 신뢰가 생기면 다른 일에도 신뢰가 생기게 된다고 하고, 그것은 이후 모든 사회관계에서 성공적인 적응과 밀접한 관계가 있으므로 인생에서 가장 중요한 시기로 보았다.

② 제2단계 : 자율감(自律感) 대 의혹감

1세 반에서 3세까지의 시기로 프로이드가 말하는 항문기에 해당된다. 이 시기의 어린이는 여러 개의 서로 상반되는 욕구들 사이에서 자신의 의지에 따라서 선택하고자 하는 자율감을 가지려 한다. 이 때는 자기 주장이 강화되고 부모로부터 사회적으로 적합한 행동을 하도록 훈련된다. 예를 들면 대소변 가리기, 뛰기, 밥먹기, 옷입기 등이다. 이런 자조기술(自助技術)이 사회적 기대에 미흡하여 기대에 어긋나면 수치감과 회의감에 빠진다. 오줌을 싼 유아가 부끄러워 하고 자신은 무능한 사람이라고 생각하게 되는 것이다.

③ 제3단계 : 주도감(主導感) 대 죄책감

3세에서 6세까지의 시기로 프로이드의 남근기에 해당된다. 이 시기의 어린이는 자기 나름대로의 목표와 계획을 세워 이를 달성하고자 주도적으로 노력한다. 그러나 다른 사람으로 인하여 그 계획이 억압당하거나, 타인의 기대에 어긋나거나, 사회의 금기를 범하는 경우에는 죄책감에 빠지기 쉽다. 부모의 양육태도에서 어린이에게 자유로운 활동을 하게 하고 어린이의 질문에 대하여 잘 대답해 주면 주도성이 생기지만, 활동이 제한되고 질문이 억압적이면 죄악감이 생긴다.

④ 제4단계 : 근면감(勤勉感) 대 열등감

약 6세에서 11세까지의 시기로 프로이드의 잠복기를 말한다. 에릭슨은 이 시기를 자아가 성장하는 결정적 시기로 보고 있다. 이 시기에 어린이들은 가족의 범위를 벗어나 넓은 세상의 지식과 기술을 습득하려고 열심이다. 학교에 들어가게 되고 또래집단과 교류하면서 자신의 능력을 알게 되고 성취할 수 있다는 생각을 하여 근면감이 형성된다. 그러나 실수나 실패를 반복하면 사회를 부정적으로 평가하게 되고 활동을 제한하며 일의 결과에 대하여 비판만 하면 열등감이 생긴다. 이 열등감에서 벗어나게 하려면 적당한 어떤 일에 칭찬을 해 주는 것이 가장 좋은 보약이다.

⑤ 제5단계 : 정체감(正體感) 대 혼미감

청소년기에 해당하는 이 5단계는 급격한 신체의 변화와 사회적 요구에 직면하여 당황해 하는 시기이다. 여기에서 자기를 다시 돌아보게 되고 자기존재에 대하여 의문과 탐색이 시작된다. 즉 자아정체감(自我正體感, ego identity)이 확립되는 중요한 시기이다. 자기의 위치와 능력, 역할, 책임 등을 알게 되고, 자기 자신에 대하여 동일성과 계속성을 주위로부터 인정받으면 정체감이 생긴다. 그런데 성역할과 직업선택 등과 같이 중요한 문제에서 정체감에 대한 의문에 해답을 얻지 못하고 이로 인하여 방황하다가 시간이 길어지면 혼미감, 즉 정체성의 위기를 맞게 된다.

에릭슨은 특별히 청년기에 자기 자신에 대한 정체감 형성은 제1단계만큼이나 대단히 중요하다고 강조한다. 이 시기에 자아정체감이 긍정적으로 형성되면 뒤에 올 심리적 위기를 무난히 넘기지만 그렇지 못하면 다음 단계에서부터 부적응 상태에 빠지기 쉽다.

⑥ 제6단계 : 친밀감(親密感) 대 고립감

청소년기에 정체감이 확립되면 개인적이었던 사람이 결혼이나 취업으로 인하여 복잡해지는 타인과의 관계가 순탄해진다. 그러나 정체감이 확립되지 못하면 자기에 대한 자신감이 없으므로 대인관계에서 고립감에 빠지게 된다.

⑦ 제7단계 : 생산감(生産感) 대 침체감

결혼하여 배우자를 사랑하면 다른 사람으로 확대되고, 자식을 낳아 기르면 다음 세대 양성에 관심이 생기는데, 이것이 성공하지 못하면 정체감(停滯感, 침체감)에 빠져 타인에 대한 관심이나 관대함보다 자신의 욕구에 더 치중한다.

⑧ 제8단계 : 통합감(統合感) 대 절망감

노년기에 이르면 신체적 노쇠, 직업에서 은퇴, 배우자의 죽음 등으로 인하여 생에 대한 무력감(절망감)에 빠진다. 이 시기에는 신체적으로나 사회적으로 닥쳐오는 퇴보를 어떻게 받아들이느냐가 생의 성패를 좌우한다. 특히 과거의 자기 생이 무의미했다고 생각되면 절망감에 빠지게 되고, 반대로 인생의 의미를 찾고 보람을 느끼는 사람은 지금까지 7단계 동안 이룬 지혜를 통합하여 보다 높은 차원의 인생철학을 가지고 기쁘게 임종을 맞게 된다.

(2) 인지발달이론

a) 인지발달의 개념

삐아제(Jean Piaget)는 스위스 출생 심리학자로서 그는 독특한 그의 연구방법을 통하여 인간의 인지발달이론(認知發達理論)을 체계화하였다. 즉 그는 인간의 지식(인지)이 어떻게 획득되는지 그 과정을 분석하여 인지발달의 성격을 밝히고자 하였다.

삐아제에 따르면 인지발달은 인간이 출생한 후 환경과 계속적인 상호작용을 하면서 자기와 외계 및 이들간의 관계에 대한 지식을 얻게 되고 이 지식이 누적됨에 따라 점차 조직화되고, 그 조직화의 계속을 통하여 인지구조의 질적인 변화(지능의 분화)의 과정이라고 한다.

b) 인지발달의 단계

삐아제는 인지발달 과정을 설명하기 위하여 연속적인 발달의 흐름을 편의상 4단계로 나누어 다음과 같이 설명하고 있다. 각 발달단계는 독립적인 것이 아니고, 어떤 연령에 한정된 행동도 아니다.

① 제1단계 : 감각동작기(0~2세)

인간은 태어나자마자 감각으로 느끼고 그 느낌으로 동작하고 이를 통하여 환경과 사물을 알게 된다. 이 감각동작(感覺動作, sensory motor)의 행동은 모든 지적 발달의 기초를 세우게 된다.

생후 초기 영아의 인지활동은 감각적이고 동작적인 것 뿐이다. 따라서 이 때는 다양한 감각적인 경험과 운동을 하게 하는 것이 중요하다. 영아는 점차 습관화되고, 1년 반이 넘으면 간단한 문제해결이 가능하며, 기억력과 상상력도 발달하기 시작한다.

② 제2단계 : 전조작기(3~6세)

전조작기(前操作期, period of preoperation)는 감각동작기에서 조작적 사고의 단계로 넘어가는 과도기다. 또 감각조작기에서 지배적이었던 자기만족의 행동이 사회적 행동으로 넘어가는 전환기이기도 하다. 감각적 행동은 점차 언어로 대치되고, 언어 이외에도 다양한 상징적 활동도 발달한다. 이 언어의 발달은 인지발달을 촉진하는 데 대단히 중요한 역할을 한다.

전조작기 후기에 이르러서는 개념화 능력이 확대되고, 보다 복잡한 사고가 가능해지나, 아직 복합적 사고는 불완전하다. 또한 언어의 사용빈도가 갑자기 많아지고 그 어휘력도 넓어지며, 아직도 자기 중심적이지만 이는 점차 감소해 간다. 도덕 수준은 타율적이며, 꿈과 실제를 구분하지 못한다.

③ 제3단계 : 구체적 조작기(7~11세)

여기서 조작이란 아동이 생각하여 문제를 해결하는 행위를 말한다. 구체적 조작기(具體的 操作期, period of concrete operation)에 이르면 정신적 기능을 조작할 수 있는 능력이 나타난다. 그런데 그 사고 능력이 나타나는 것은 어떤 구체적인 사물을 통해서만 사고가 가능하다. 같은 크기의 두 개의 원형 흙덩어리 중 한 개를 길게 만들 경우 앞의 단계 어린이는 부피가 다르다고 보는데 이 단계에서는 같다고 한다. 그리고 자기중심적 사고와 언어에서 사회화된 언어와 사고로 변화하고, 도덕적 사고와 판단이 가능하며, 일정한 분류 체계를 가지고 사물을 분류하고 사물간의 상호관련성을 이해하여 그 곳에 숨은 의미를 찾아낸다. 그래서 식물과 동물을 구분하고 귀납적 사고에서 연역적 사고로 전환할 수 있는 시기이다.

④ 제4단계 : 형식적 조작기(12~15세)

이 형식적 조작기(形式的 操作期, period of formal operation)에 이르면 어린이는 가장 발달한 인지적 조작단계에 이른다. 이제는 구체적인 사물을 통해서만 사고하지 않고 눈에 보이지 않는 것과 미래에 대하여도 사고가 가능하다. 그리고 조합(combination)적 사고가 가능하고 논리적 사고로 문제해결이 가능하다. 사고의 융통성과 능동적 태도 및 추상적이고 상상력이 동원되는 사고가 성장한다. 나아가 도덕적인 상대주의를 갖추고 사상(事象)의 인과관계를 파악할 수 있다. 더욱이 자기중심에서 벗어나서 어떤 사물을 여러 가지 관점에서 볼 수 있는 사고능력을 갖추게 된다.

(3) 발달과업이론

앞에서 소개한 대로, 각 연령단계마다 중요하게 강조되는 행동유형을 긍정적인 것과 부정적인 것을 중심으로 하여 발달이론을 설명한 에릭슨으로부터 영향을 받은 해비거스트(Havighurst)는 각 연령단계에 따라 성취해야 할 과업을 국한하지 않고 이를 광범위하게 제시하였을 뿐 아니라, 부정적인 측면은 배제하고 긍정적인 측면만 기술하여 이를 발달과업(發達課業, development task)이라 하였다.

인간에게는 각 발달단계마다 반드시 달성해야 할 과업이 있다. 만약 그 과업을 달성하지 못하면 다음 단계의 과업을 성취할 수 없다. 그러므로 각 단계별로 달성해야 할 과업이 무엇인가를 아는 것은 교육에 있어서 대단히 중요한 일이 된다.

1952년에 쓴 해비거스트의 저서 「발달과업과 교육」(*Developmental Task and Education*)에서는 “발달과업이란 개인의 생애 중 어떤 특수한 시기에 나타나는 과업으로서 그 과업을 훌륭히 성취하면 행복을 누릴 수 있고 후일에 겪게 될 다른 과업도 잘 처리하게 된다”고 하였다. 이런 발달과업이론은 두 가지 측면에서 교육에 도움을 준다. 그 첫째는 교육의 목표를 정하는 데 기준을 제공해 주고, 둘째로는 어떤 특정의 능력과 기능 및 태도 등을 교육시킬 수 있는 가장 적당한 시기를 가르쳐 주고 있다.

해비거스트는 인간발달을 구분하여 영아기－유아기－아동기－청년기－성인초기－중년기－노년기 등으로 나누고, 이들은 각각 달성해야 할 과업이 있다고 한다. 이런 발달과업의 개념은 평생교육의 내용을 가르쳐 주는데 많은 것을 시사해 주고 있다.

a) 영아기 - 유아기 발달과업

① 걸음걸이 배우기

② 딱딱한 음식 먹기 배우기

③ 말 배우기

④ 대소변 가리는 것 배우기

⑤ 성차(性差)와 성 성숙에 따른 행동 배우기

⑥ 생리적 안정 이루기

⑦ 사회적 물리적 현실에 대한 기본 개념의 형성

⑧ 부모 및 타인과의 정서적 관계 형성하기

⑨ 선악의 판단 및 양심 발달시키기

b) 아동기의 발달과업

① 유희에 필요한 신체적 기능 학습하기

② 건전한 생활태도 갖기

③ 동무 사귀기

④ 성 역할 습득하기

⑤ 읽기와 쓰기, 셈하기 기초 닦기

⑥ 일상생활에 필요한 개념 익히기

⑦ 양심과 도덕성 및 가치기준 발달시키기

⑧ 인격적으로 독립하기

⑨ 사회집단과 제도에 대한 태도 발달시키기

c) 청년기의 발달과업

① 남녀간 성숙한 관계 익히기

② 남녀 각 성의 역할 감당하기

③ 자기의 체격에 맞게 효과적으로 구사하기

④ 부모 및 다른 성인으로부터 독립하기

⑤ 경제적 독립의 필요성 익히기

⑥ 직업의 선택과 준비하기
⑦ 결혼과 가정생활 준비하기
⑧ 사회적으로 책임 있는 행동을 실천하는 습관을 형성하기
⑨ 시민적 자질로서 지적 기능과 개념을 발달시키기
⑩ 행동의 지표로서 하나의 틀(set)의 가치관과 논리체계를 습득하기

d) 성년초기의 발달과업
① 배우자의 선정
② 결혼생활 익히기
③ 가정생활의 출발
④ 육아하기
⑤ 가정관리 익히기
⑥ 직업 갖기
⑦ 공민적 책임 이행하기
⑧ 마음에 맞는 사회집단 발견하기

e) 중년기의 발달과업
① 성인의 공민적(公民的) 책임 다하기
② 생활의 경제적 표준 확립하기
③ 청소년 지도하기
④ 성인 여가활동하기
⑤ 배우자와의 인격적 관계 확립하기
⑥ 중년기 생리적 변화에 적응하기
⑦ 연로한 부모를 이해하기

f) 노년기의 발달과업
① 쇠퇴해 가는 건강에 적응하기
② 은퇴와 수입감소에 적응하기
③ 배우자의 사망에 준비하기
④ 동년배와의 인간관계 개선하기

⑤ 사회적 · 공민적 책임지기
⑥ 만족한 생활 조건 만들기

3) 발달의 영역

이미 앞에서 설명하는 중에 여러 발달 영역에 대하여 부분적으로 논의한 바 있다. 좀 중복되는 점이 있지만, 여기에서는 이들을 간단하게 종합하고 정리하여 제시함으로써 전체를 보는데 유익하게 하려고 한다. 신체와 운동기능의 발달과 인지발달, 정서의 발달, 사회성의 발달 등을 보기로 하겠다.

(1) 신체 및 운동기능의 발달

신체의 발달과 변화는 일생을 통하여 계속되고 그 발달에는 일정한 순서가 있는 것을 볼 수 있다. 신장의 성장속도나 운동의 기능도 성장단계에 따라 굴곡이 있다. 이러한 신체와 운동기능의 발달특징을 보면 다음과 같다.

① 출생 이후 유아기에 신체의 발달속도가 가장 빠르다. 그리고 다음으로는 사춘기와 청소년기가 빠른 편이다.
② 균형이 잡히지 아니한 채 태어난 신생아라 하더라도 성장해 감에 따라서 신체의 각 부분이 균형을 갖추어 발달해 간다.
③ 신장의 성장은 영아기－아동기－청소년기까지 점차적으로 발달하다가 청소년 후기에 이르러서 거의 정지된다.
④ 신체 여러 기관의 발달은 일정한 순서가 있는 것은 아니지만, 체중이 발달하는 시기와 신장이 성장하는 시기가 서로 교차하면서 주기적이고 반복적으로 발달한다.
⑤ 일반적으로 여자의 신장발달은 9～14세 사이에, 체중은 10～16세 사이에 남자보다 앞선다. 그러나 그 이외의 시기에는 일반적으로 남자가 앞선다.
⑥ 신체적 발달에는 개인차가 있게 마련이므로, 이 점에 관하여 교육적인 배

려가 있어야 한다.

⑦ 신체와 운동기능의 발달은 유전적인 성숙(成熟)과 동시에 환경적인 경험(학습)의 영향을 받게 되기 때문에 적절한 교육적 지도가 요구된다. 특별히 가장 적당한 시기가 있으므로 이 때를 놓치지 말아야 한다.

⑧ 신체 및 운동기능의 발달은 성격발달뿐 아니라 모든 다른 영역에도 영향을 미치므로 원활한 발달이 이루어지도록 지도해야 한다. 특별히 신체적 건강은 정신적 건강의 기초가 되므로 소흘함이 없어야 한다(김필식 · 오만록, 2002).

(2) 인지의 발달

주위환경을 지각하고 기억하며 개념을 형성하고 사고나 문제해결 과정 등과 같은 인간의 정신적 사고과정을 인지(認知, cognition)라 한다. 이러한 인지적 능력을 지능(知能)이라고 하는데 이 점에 관하여는 앞의 '인간의 지적 특성'에서 자세히 소개하였다. 그래서 여기에서는 생략하기로 한다.

(3) 정서의 발달

a) 정서의 의미

인간은 출생 후 주변 환경에 대하여 다양한 정서적 반응을 일으키고 그 반응은 뒤에 인격형성에 영향을 미치게 된다. 일반적으로 정서적 반응이 적절하고 조화롭게 표현되는 사람은 사회적 적응이 원만하지만, 균형과 절제를 잃으면 사회적 부적응을 초래하게 된다.

쾌－불쾌와 같은 미분화된 흥분상태를 감정(feeling)이라 하고, 희노애락과 같은 분화된 신체적 반응을 정서라 하여 서로 구별하고 있지만 실제로 그 기반은 같은 것으로 볼 수 있다. 웃거나 우는 것, 놀람과 공포, 분노 등은 혈압이 오르는 등 신체적 반응을 일으킨다.

b) 정서의 발달

생후 1개월 이내의 영아의 정서는 미분화된 공포와 분노, 애정 등의 흥분이었다가 점차 분화된다. 이런 분화 발달과정은 거의 유사하다. 그리고 그 표현방법도 처음에는 주로 행동으로 표현하지만 뒤에는 언어로 표현한다.

특별히 유아기나 아동기의 정서는 성인에 비하여 빈번하고 강렬하며, 일시적이다. 그런데 이런 특성은 개인의 생리적 조건에 의해서 영향을 받고, 그 외에도 여러 환경적 조건에 의하여도 영향을 받는다.

c) 정서발달에 영향을 미치는 요인

개인차가 있는 정서발달은 유전적인 성숙요인과 환경적인 학습요인으로 나누어 생각해 볼 수 있다.

① 성숙(成熟)요인

인간의 정서발달은 우선 유전적으로 이루어지는 성숙요인에 의하여 영향을 받는다고 해야 할 것이다. 예를 들면, 뱀에 대한 공포의 발달에 대한 실험에서 2세까지는 무반응, 3세 반에서는 경계적 태도, 4세 이상의 어린이는 공포반응을 일으키는데 그것은 지각의 성숙에 따른 반응이다. 또 맹아나 농아의 정서반응도 정상아와 같은 것은 그것이 성숙이기 때문이다.

② 학습요인

인간의 정서발달 역시 성숙요인 외에도 학습요인의 영향을 받는다. 학습요인에는 첫째로 조건화(條件化, conditioning)에 의한 학습이 있다. 왓슨(Wastson)은 자기 자식을 통한 시험에서 이를 밝히고 있는데, 모든 동물을 좋아하는 어린아이에게 쥐를 가까이 할 때마다 큰 소리를 내어 놀라게 했더니 결국은 쥐를 싫어하게 되었다는 것이다. 그러므로 반대로 조건화를 통하여 공포를 해소할 수 있을 것이다. 존스(Jones)는 조건화 해제(unconditioning)를 증명하였다. 그의 실험은 동물을 싫어 하는 아이에게 서서히 동물을 접근시켜 공포로부터 해제시켰다.

둘째로 모방에 의한 학습이 있다. 어린이는 타인의 정서를 모방하여 배우기를 잘 한다. 예를 들면 옆 사람이 울면 따라서 울고, 어머니가 무서워하면 아이도 따라서 무서워하며, 인기 있는 학생이 교사에게 반항하면 다른 급우들도 따라서 반항하는 것 등이다.

d) 정서발달 지도

정서발달 역시 성숙(유전)을 통한 발달 외에도 학습(환경)에 의하여 발달한다. 특별히 부모와 이웃 등 주변환경에 의하여 정서가 발달한다. 그런데 정서표현이 사회와 잘 통합되고 조화를 이루어 적절히 통제되면 사회에 적응하는데 문제가 없지만 그렇지 못하면 부적응 상태에 빠지게 된다. 정서표현의 지도에 관하여 유의해야 할 사항을 몇 가지 제시하고자 한다.

첫째, 아동에게 어떤 주도적(主導的)인 정서를 키우도록 지도해야 한다. 여러 정서가 있지만 그 중에서도 주도적인 정서가 있게 되는데, 그것은 부모의 양육태도나 성장환경, 생활지도 등이 결정한다. 아동들에게 생활에 필요한 건전한 정서를 키워주는 것은 중요한 일이라 생각된다.

둘째, 정서적 균형(均衡)을 유지하도록 지도해야 한다. 예컨대 유쾌한 정서만 많이 경험하고 불쾌한 경험을 전혀 해 보지 못하면 정서적 균형이 깨어진다. 유쾌한 경험이 비교적 많은 것이 필요하고, 불쾌한 정서상태가 강할 때는 그것을 그대로 표현하지 않고 시간적으로 유예할 수 있는 지도 역시 중요하다 할 것이다.

셋째, 아동들은 정서를 조절(調節)하는 훈련을 받아야 한다. 어릴 때는 강한 정서표현도 사회가 용납하지만 나이가 들수록 용납되지 않는다. 특별히 정서표현이 어릴 때 습관화되면 뒤에 이를 교정하기가 대단히 어렵기 때문에 일찍부터 서서히 조절하는 훈련이 요구된다. 아동들이 자신의 감정과 충동에 따라 행동하지 않고 사회적으로 승인된 방식으로 자신의 정서를 조절하도록 지도하는 것이다.

넷째, 정서가 순화(純化, catharsis)되도록 지도해야 한다. 사회적 모순과 문화적 갈등으로 인하여 아동의 정서가 억압되고 긴장되어 정서표현에 어려움이 오면 아동들은 정신적으로나 신체적으로 강한 스트레스를 받는다. 이런 경우에는 그 정서표현을 간접적으로 표현하는 방법이 있다. 예를 들면 스포츠를 한다든가, 어떤 취미활동을 권장하는 방법이 그것이다. 그리고 불만스러운 대상이나 어떤 자극(행동)에 대하여 새로운 태도나 신념을 갖도록 하여 순화하는 방법도 있다. 대개는 부모나 교사, 또래 동무와의 대화를 통하여 이해시키는 방법도 유효하고, 대화를 원하지 않을 때는 그 아동과 비슷한 처지의 등장인물이 나오는 책이나 비디오, 영화 등을 보여주는 것도 좋다.

(4) 사회성 발달

a) 사회성 발달의 의미

인간이 성장해 감에 따라 그가 접촉하는 사회가 점차 넓어지고 복잡해진다. 그래서 사회성이 발달하지 못하면 사회생활에 지장을 주게 되므로 원만한 사회생활을 위하여 사회성(社會性, sociability)의 발달은 중요하다. 이 사회성은 타인과의 접촉을 통하여 발달하게 되는데, 원만한 대인관계와 그로 인한 사회적 적응력이 발달하게 된다. 이런 사회적 적응력은 언어와 태도, 가치관과 신념, 지식과 행동 등이 사회에 적합하도록 형성되어 가는 사회화(socialization) 과정을 거치면서 성장해 간다.

b) 사회성 발달에 영향을 주는 사람들

① 가족의 영향

'부모의 양육태도와 성격형성'에서도 이미 언급한 바와 같이 인간 특성의 전반적인 발달은 부모의 영향이 가장 크다. 부모는 아동들의 제1차 접촉대상으로서 아동에게 가장 가치가 높은 희생적 사랑을 실천하는 존재다. 일반적으로 아버지로부터는 객관적 태도와 정의, 관용과 여성 사랑을 배우고, 어머니로부터는 희생적 사랑과 부드러움, 화평과 안정을 배운다. 그리고 부모를 통하여 이성간의 사랑과 성 역할 및 가정의 화합에 대한 중요성을 배우게 된다.

핵가족화한 우리나라의 가정에 조부모가 별로 없지만, 조부모는 어린이들에게 부모로부터 배울 수 없는 많은 것들을 배울 수 있게 한다. 예컨대 여유가 있는 생활 태도, 포용력과 원만한 인간관계를 배우고, 부모가 조부모에게 효하는 것을 보고 아동들은 그의 도덕적 가치관을 정립한다.

형제자매는 그 출생순위나 성별 및 수에 따라서 사회성 발달에 영향을 준다. 첫째 자식은 대체로 책임감이 강하고, 양보와 권위 및 포용력을 갖춘 지도자적 특성을 갖게 된다. 그리고 외아들로 자란 아동은 일반적으로 과보호적 양육태도에서 보여주는 특성을 형성한다. 또 아들만 있는 가정의 자식들과 딸만 있는 가정의 자식들은 이성교제에서 부족한 면을 보이고 있다.

② 또래의 영향

여기에서 또래(peer)란 연령뿐 아니라 행동의 복잡성이 거의 비슷한 수준에 있는 사람들을 말한다. 일반적으로 또래의 영향은 생후 12개월쯤 된 유아에서부터 시작된다고 본다. 그 후 점차 영향이 증가하다가 3세가 되면 안정적인 관계를 맺게 된다. 그러나 또래들의 사회화 과정은 4～5세에 이르러야 많은 영향을 받는다. 이 때는 이미 부모의 칭찬보다 또래의 인정을 더 중요하게 생각하게 되고, 5세 이후에는 또래에 대한 애착(愛着)이 형성된다.

유아기의 어린이는 또래들과 하께 놀면서 때로는 협동적이고 때로는 경쟁적인 사이가 되어 자아 통제력을 배우고 대인관계의 요령을 알기 시작한다. 또 또래들의 개인차를 통하여 개성(個性)을 이해하기 시작하고 자신을 돌아보는 기회가 제공된다. 그리고 또래들의 인정을 받기 위하여 친절과 협동, 주는 것과 규칙의 준수 등이 필요하다는 것을 알게 되고, 적대적 표현이나 규칙의 위반, 타인을 무시하는 것 그리고 위축되는 것 등이 또래로부터 배척을 받는 행동임을 알게 된다. 이런 또래로부터 얻어진 사회성 발달은 뒤에 중대한 영향을 미친다.

③ 교사와 학교의 영향

교사는 부모 다음으로 아동의 사회성 발달에 중요한 영향을 주는 존재다. 더구나 근래 우리나라처럼 학생들이 학교에 머무르는 시간이 긴 경우는 더욱 그렇다.

교사와 학생들간의 관계에 관한 연구에서 밝혀진 바에 따르면, 일반적으로 교사의 성격특성과 학생에 대한 태도 및 교육방법은 학생의 사회성 발달에 중요한 영향을 미치는 것으로 나타나 있다. 예를 들면 저학년 아동일 경우 교사가 칭찬하고 벌을 주는 방식을 아동은 그대로 받아들인다.

교사가 민주적이고 허용적인 부드러운 학급 분위기를 만들어 주면, 학생은 질문과 대답을 잘 하고 교사와 학생간의 인간관계가 활발하게 이루어진다. 그러나 이와 반대로 교사가 권위적이고 전제적이면 학급 분위기는 어색하고 인간관계는 단절되며 그렇게 자란 학생들은 대인관계에서 자신을 잃기 쉽고 회피하는 경향을 보인다. 또 학교의 규모나 교육방침도 학생의 사회성 발달에 영향을 준다. 작은 학교의 학생들은 교사와 또래가 가족처럼 가깝게 느껴진다. 교육지도 방침이 순종과 질서, 정돈을 강조하는 학교보다 자발성과 창의성, 탐구활동을 강조하는 학교의 학생이 사회성 발달에 있어서 더 유리하다.

c) 사회성 발달을 위한 지도

① 영아(嬰兒)는 누구의 도움을 요구할 때 운다. 그리고 4주쯤 지나면 아기는 사람의 얼굴을 바라보고, 4~5개월이 되면 아기는 눈을 마주친다. 이 때 눈과 눈이 마주치는 것(eye-contact)은 뒤에 대인관계를 형성하는데 큰 영향을 준다.

② 유아의 옹알이는 애정과 주의를 받고자 하는 정서적 표시이다. 이 때 적절한 대응은 뒤에 언어발달이나 대인관계, 특히 어머니와의 애착관계 형성에 유익하다.

③ 생후 1개월까지는 무의식적으로 반사적 미소를 짓다가 그 후에는 아무에게나 미소를 짓고 4~6개월에는 애착이 형성된 사람에게만 미소를 짓는다. 이런 미소는 뒤에 사회적 행동의 기초가 된다.

④ 아동이 돌 때가 되면 애착이 형성된 사람의 행동을 모방하게 된다. 이 모방은 아동의 학습으로서는 중요한 의미를 가지며, 사회적 행동을 유발하는 데 효과적인 방법이다.

⑤ 아동이 훌륭하게 사회성을 발달하기 위해서는 아동과 부모 및 교사가 건전한 관계를 수립해야 한다. 어린이는 성인의 합리적인 권위에 따르고 존경할 수 있도록 하고, 성인과 쉽게 저촉할 수 있어야 하며, 정서적 후원을 서슴없이 요구할 수 있는 관계라야 한다. 특히 어린이가 도움을 요구하거나 문제를 제기할 때에는 진지하게 받아들이는 자세가 요구된다.

⑥ 또래와의 관계가 원활하게 성장할 수 있도록 도와 주어야 한다. 그것은 사회성 발달뿐 아니라 언어발달과 지적 사고에도 중요한 의미를 갖는다. 비록 공격적이거나 충동적인 아동들이라 해도 아동간에 자주 만날 기회를 만들어 주고 놀이기구를 공유하게 하고, 다른 동무의 의견을 받아들이게 하는 아량을 키우는 것은 잘 어울리게 하는데 유익하다.

4) 인간발달과 교육

이상에서 인간발달이 교육과 얼마나 깊은 관계가 있는지에 대하여 단편적으로 소개하였다. 그 중에서 특히 좀더 자세하게 생각해야 할 몇 개의 주제가 있어서 소개하기로 한다. 즉 적시성과 결정적 시기 및 문화실조(文化失調)에 대한 것이다.

(1) 적시성(適時性)

현대 교육에서 적시성을 중요하게 다루는 것은 학생들이 어떤 지식이나 기능을 습득하는데 있어서 가장 적당한 시기가 있음을 인정하고, 그것이 정신적으로나 신체적으로 어느 때 성숙되는지를 알아야 하기 때문이다. 이를 준비성(準備性)이라고도 하는데 어떤 교육을 시행하는 데 필요한 성숙상태를 말한다.

따라서 모든 교육은 적시성 내지 준비성을 고려하여 계획되지 않으면 성공할 수 없다. 그래서 학교에 적령기가 있게 마련이다. 만약 이 적시성을 무시하고 학부모의 욕심으로 아동들에게 학습으로 혹사를 시키면 아동들에게 무리가 가서 역효과를 내기도 한다.

(2) 결정적 시기

결정적 시기(critical period)란 인간에게 어떤 특정한 심리적 특성이 학습되는 시기가 있기 때문에 그 시기에 학습을 못하면 뒤에는 학습이 잘 안 되는 중요한 시기를 말한다. 이 개념은 1957년 로렌쯔(Lorenz)의 새끼 오리의 각인(刻印, imprinting)에 관한 연구로부터 나타나기 시작하였다. 즉 새끼 오리가 부화되어 수 시간 안에 만나는 어떤 움직이는 물체를 그들의 어미로 알고 따르게 된다는 것을 알게 된 것이다. 여기서 그 수 시간이라는 '짧은 시간'안에 보이는 물체에 집착하는 경향이 나타나기 때문에 이를 결정적 시기라고 한다.

이런 현상은 인간에게도 나타날 것이라는 생각을 하게 되었다. 심리학자들은 인간에게도 이런 결정적 시기가 있는데, 그것이 생후 초기라는 것이 밝혀졌다. 그래서 인간에게는 어린 영아기와 유아기의 초기경험이 대단히 중요하다고 설명하는 근거가 여기에 있다. 이와 유사한 이론은 오래 전에 프로이드(Freud)가 주장한 바 있었는데, 그는 인간의 결정적 시기를 3∼5세라고 주장하였다.

인간은 이 결정적 시기에 학습이 되지 못하면 발달에 지장을 초래하고, 그 지장은 다음 단계의 다른 결함을 낳아서 그 결함이 축적되기 때문에 어릴 때의 초기경험이 대단히 중요하다는 주장을 뒷받침해 주고 있다.

(3) 문화실조(文化失調)

문화실조란 인간의 발달과정에서 결정적 시기인 어릴 때의 초기경험이 대단히 중요하다고 한다면 이 때에 문화적으로 취약한 주변 환경에서 성장한 아동은 발달하는데 있어서 어떤 결함이 있게 될 것이라는 데서 만들어진 개념이다. 마치 생물이 어릴 때 영양실조에 걸리면 자라면서 좋은 환경을 만나도 건강이 좋아지지 않는 것과 같다.

여기서 문화실조란 인간발달에 요구되는 심리적 요소의 결핍이나 과잉, 시기가 적당치 않아서 생기는 지적 · 사회적 · 인성적 발달의 부분적 상실과 지연 및 왜곡 등이 있다(정원식, 1975). 헌트(Hunt, 1961)나 브룸(Bloom, 1964) 등의 학자들도 초기경험에서 문화가 실조되면 지능이나 인성의 발달에 영향을 많이 미친다고 한다.

어린 시기에 문화실조를 당한 아동은 뒤에 보완하는 교육을 하면 상당한 정도 회복의 효과가 있다는 연구결과가 있다.

3. 학습이 이루어지는 과정

1) 학습의 의미

교육의 심리학에서는 인간이 어떻게 하여 효과적으로 배우게 되는지, 그 원리와 방법을 과학적으로 탐구하는 것을 중요한 과제로 삼아 왔다. 그런데 막상 학습이 무엇인가를 따져보면 그 의미를 명확하게 답하기가 그리 쉽지 않다. 종래에는 지식을 습득하여 저장하는 것이라고 하는가 하면(貯藏說), 인간의 능력을 연마하는 것(能力硏磨說)이라 하기도 하였다.

오늘날에 와서는 행동주의(行動主義) 이론과 인지주의(認知主義) 이론 및 인본주의(人本主義) 이론들이 각각 서로 다른 자신의 이론을 정립하여 학습을 설명하고 있다. 행동주의 심리학에서는 학습을 인간이 후천적인 '연습(경험)의 결과로 얻어지는 비교적 영속적인 행동의 변화'라고 한다. 이에 반하여 인지이론에서는 '인지구조의 변화'라고 주장한다.

2) 학습의 조건

학습이 무엇인가를 설명하는 이론적 배경이 다르면 당연히 어떻게 학습이 이루어지는지를 설명하는 학습현상 역시 다를 수밖에 없다. 그럼에도 불구하고 학습현상에 기본적인 요소가 있다고 하여 이를 제시한 도라드와 미러(Dollard & Miller)의 설명은 학습을 이해하는 데 유익할 것이다(김종서 외2, 1996). 즉 "학습이 이루어지기 위하여는 학습자가 원해야 하고, 감지(感知)해야 하며, 행해야 하고, 그리고 무엇인가를 얻어야 한다"라고 하였다. 여기에서 우리는 4가지의 학습과정 요소가 있음을 알 수 있다.

(1) 동기(動機)의 단계

즉 위에서 학습자가 '원하는 것'이 있어야 한다. 이는 학습의 요구와 필요에 의하여 만들어지는 의욕이다. 아무리 가르치고 싶어도 배우고 싶은 마음이 없는 사람에게는 가르칠 수 없다. 그리고 그 동기는 내적 동기와 외적 동기를 포함한다.

(2) 감지(感知)의 단계

위의 설명에서 '감지한다는 것'은 무엇인가 보거나 느끼게 하는 단서를 말한다. 즉 밖으로부터 주어지는 어떤 자극에 대하여 학습자가 이를 아는 것을 말한다. 교사가 되길 원하는 사람이 장애인을 위한 특수교육이 얼마나 보람이 있는지를 알게 되는 경우와 같다.

(3) 반응(反應)의 단계

동기가 부여되고 그것이 감지되었으면 학습자는 행동으로 나타나는 단계에 이른다. 위의 설명에서 '행한다는 것'은 학습을 위한 어떤 노력 내지 반응을 의미한다. 여기에서 행동은 가시적인 동작만을 의미하지 않고 심리적인 것도 포함된다. 특수교육 교사가 되기를 결심한 사람은 특수교육학에 대한 책을 읽고 좋아한다.

(4) 강화(强化)의 단계

위의 설명에서 '얻는다는 것'은 학습자가 학습하기 위하여는 무엇인가 보상을 얻을 수 있을 것이란 기대가 있어야 한다. 특수교육 교사가 된다는 보상이 있어야 열심히 학습을 하게 된다. 특수교육에 대한 학습은 교사자격증이 강화하여 준다.

3) 학습이론

학습이론은 지금까지 정립된 수가 상당히 많고, 그래서 이들을 어떻게 분류할 것인가에 대하여도 사람에 따라서 여러 가지로 나누어져 있다. 그래서 여기에서 이들 이론들을 다 소개할 수 없고, 대개 이론의 주류를 이루고 있는 행동주의 학습이론과 인지이론만을 소개하기로 하겠다.

(1) 행동주의 학습이론

변화의 철학을 배경으로 하는 행동주의(行動主義, behaviorism) 학습이론에서는 학습을 연습(경험)에 의하여 비교적 영속적으로 행동이 변화되는 것이라 하였다. 따라서 이 행동의 변화는 인간이 유전적으로 성숙해 감으로 인하여 자연적으로 생기는 행동변화나 어떤 약물이나 피로 등으로 인하여 일시적으로 일어나는 행동변화와 구별된다. 그리고 여기에서 학습이 되려면 어떤 형태든 일정한 연습이라는 경험이 있어야 하고, 일시적인 변화가 아니라 비교적 오랫동안 지속되는 변화이어야 하며, 변화란 밖으로 나타나는 변화뿐 아니라 마음 속으로 변화하여 행동에 이르는 것까지도 포함하고 있다.

행동주의 학습이론에 따르면 인간이 자극(刺戟, stimulus)을 받으면 이에 반응(反應, respons)하는 연결(결합)을 통하여 학습이 이루어진다고 하여 이를 'S－R이론'이라 한다. 그리고 이 이론에는 고전적인 조건화 이론 외에도 시행착오론, 작동적 조건화이론, 사회학습이론 등이 있다.

오늘날 대표적인 학습이론으로 등장한 행동주의 심리학은 파블로프(Pavlov)으로부터 시작하여 왓슨(Wastson)에 의하여 1913년 체계화된 이론이 제창되었고, 이어서 쏜다이크(Thorndike)와 스키너(Skinner)에 의하여 발전되었다. 그 이전까지의 연구가 주로 인간의 의식현상(意識現像)을 내면적인 관찰방법으로 연구한데 비하여, 행동주의 심리학은 가시적이고 객관적이며 수량적 측정이 가능한 행동만을 대상으로 하여 자극과 반응의 관계를 규명하려고 하였다.

a) 고전적 조건화이론(classical conditioning theory)

파브로프는 개에게 먹이를 줄 때마다 종소리를 들려 주는 훈련을 되풀이 하면 나중에는 종소리만 듣고도 침을 흘린다는 사실을 발견하였다. 이처럼 조건적인 자극(종소리)을 무조건적 자극(먹이)과 결합시켜 이를 반복적으로 제시하게 되면 나중에 조건 반응(침흘림)을 일으키는 것을 조건화(條件化) 또는 조건형성이라고 하였다.

여기서 학습이란 조건자극을 무조건 자극과 결합시켜 조건반응을 일으키게 하는 것, 곧 조건화되는 것이라 하였다.

b) 시행착오이론(trial and error theory)

이 이론은 쏜다이크(Thorndike)의 동물실험에서 얻은 결과를 인간의 학습에 적용하였다. 그는 닫혀진 상자안에 굶주린 야생 고양이를 넣고 밖에는 생선을 놓아 두었다. 그리고 상자 안에는 발판을 만들어 이것을 밟으면 문이 열리게 해

놓았다. 고양이는 생선을 먹으려고 노력하다가 우연히 발판을 밟아 문이 열리고 먹이를 먹으면 다음의 같은 상황에서는 즉시 발판을 밟게 된다는 것이다. 즉 시행착오를 거치면서 행동의 진보적 변화를 나타낸다는 것이다.

쏜다이크는 이 실험에서 3가지 학습법칙을 만들어 냈다. 첫째는 효과의 법칙(law of effect), 즉 여러 번의 반응을 반복하게 하기 위하여는 어떤 보상을 주어야 한다는 것이고, 둘째로 연습의 법칙(law of exercise), 즉 자극과 반응의 관계를 반복하면 결합이 견고하게 된다는 것이며, 셋째는 준비성의 법칙(law of readiness), 즉 어떤 학습이 되려면 생리적으로나 심리적으로 충분한 성숙상태가 갖추어져야 한다는 것이다.

c) 작동적 조건화이론(operant conditioning theory)

스키너(Skinner, B. F.)는 파블로프의 생각과 달라서, 먼저 반응을 일으키게 한 다음 강화(强化, reinforcement)를 주는 방식으로 행동을 하게 한다. 이를 '기구적 조건화이론'이라고 한다.

스키너는 비둘기를 실험 대상으로 하였다. 굶긴 비둘기를 유리로 된 상자에 가두고 어떤 행동을 할 때마다 먹이를 주어 그 행동을 강화하면 조건이 형성되어 변화가 생기는 것이다. 파블로프의 이론과 다른 점은 조건자극과 무조건자극의 결합이 아니고, 여기에서는 최초의 자극은 알 수 없고 반응을 방출하며 이 반응은 뒤따라 제공되는 강화자극에 의하여 통제된다는 점이다.

그는 이것을 근거로 하여 상담에서 행동수정과 프로그램 학습방법을 개발하였다. 즉 학생의 바람직한 행동은 촉발하고, 그렇지 못한 행동은 감소 내지 제거하는 방법의 원리를 제공하였다.

d) 사회학습이론(social learning theory)

반두라(Bandura)는 인간의 학습은 타인의 행동을 보고 이를 모방하여 배우게 된다는 것이다. 그는 아동에게 인형을 나누어주고, 두 집단으로 나누어 한 집단에게는 공격적인 영화를, 다른 집단에게는 그렇지 않은 영화를 보여 주었더니 앞의 집단이 더 공격적인 행동을 하더라는 것이다.

그래서 반두라는 인간의 학습과정에서 강화에 의하여 학습되기도 하지만, 타인을 모방하여 배우게 되기도 한다고 주장하였다. 그래서 이런 모방학습을 사회

학습 또는 관찰학습이라고 한다.

(2) 인지주의 학습이론

앞에서 소개한 행동주의 학습이론에 반대되는 학습이론을 총칭하여 인지주의 학습이론(認知主義 學習理論, cognitive theory)이라고 한다. 이 학습이론을 창안한 베르트하이머(Wertheimer)를 이어서 쾰러(Köhler)와 레빈(Lewin) 등에 의하여 발전 주장되었다.

이 이론에 의하면 학습은 행동의 변화가 아니라 인지구조의 변화를 의미한다. 그리고 인지구조의 변화는 자극과 반응의 결합이나 조건형성 때문에 일어나는 것이 아니고 개인의 정신활동을 통하여 온다는 것이다. 그리고 학습자는 타인의 조건화된 통제에 의해서가 아니라 학습은 자기 자신을 분명히 알고 자아실현하기 위하여 자발적으로 학습한다고 한다. 인지주의 학습이론에는 형태학습이론 외에도 장학습이론과 기호－형태 학습이론 등 여러 가지가 있으나 여기에서는 대표적으로 형태학습이론(形態學習理論, Gestalt learning theory)만을 소개하기로 한다.

이 이론은 S－R이론과 반대되는 이론으로 형태심리학자(形態心理學者)인 쾰러에 의하여 주장되었다. 그는 학습이란 인간의 통찰(洞察, insight)에 의하여 문제사태를 전체적으로 이해하고 분석하여, 그것을 재구성함으로써 인지구조를 변화시키는 과정이 곧 학습이라고 한다. 그래서 학습과정에는 분화(分化)와 통합, 곧 문제사태를 알고 이를 재구조화하는 과정이 진행되며 이해력이 생기게 되는데 이를 그는 통찰이라고 하였다. 따라서 학습이란 학습자가 통찰과정을 통하여 인지구조(認知構造)를 변화시키는 것이다.

쾰러의 침팬지의 실험에서, 그는 침팬지 우리에 높게 먹이를 달아 놓고 침팬지가 따먹으려는 노력하는 것을 관찰하였다. 뛰든가 발돋움하는 등의 노력이 성공을 못하자 먹이를 포기하고 막대기를 가지고 놀던 침팬지는 그 막대기로 먹이를 쳐서 떨어뜨리게 된다. 침팬지는 그 후 시행착오를 하지 않고 그 수단을 이용하여 목적을 달성하는 전체적인 관계를 파악하는 지능적 행동을 하였다.

인간은 S－R의 기계적 결합에 의해서만 이루어지는 것이 아니고 능동적이며 의도적인 정신활동에 의해서도 학습이 가능하다는 것을 밝혔다는 점에서 의미가 있다. 더욱이 형태이론은 인간을 동물의 차원으로 격하시키는 S－R이론의 모순을 극복하여 인간을 중심으로 인간의 학습을 이해하려고 했다는 점에서 더욱 의미가 있다.

4) 학습에 영향을 주는 요인들

학습이 원만하게 이루어지려면 여러 가지 요인들이 적당하게 갖추어지지 않으면 안 된다. 그런데 그 요인들은 다양하고, 또 이들 요인간의 복잡한 관계를 형성하고 있다. 학습의 효율성을 제고하는 요인으로 대개 학습자 특성변인(特性變人)과 교수자 특성변인 및 환경 특성변인 등으로 나누어 볼 수 있다.

(1) 학습자의 특성변인

학습자가 어떤 사람인가 하는 것은 학습이 효율적으로 이루어 졌느냐의 여부가 결정되는 데 가장 많은 영향을 미친다. 그런데 이 특성변인은 다시 그 학습자의 인지적(認知的) 특성변인과 정의적(情意的) 특성변인 및 신체적(身體的) 특성변인 등으로 나누어 생각해 볼 수 있다.

a) 학습자의 인지적(認知的) 특성변인

인지적 변인으로서는 지적 수준, 즉 지능(知能, IQ)의 수준과 창의력의 수준이 얼마나 되는지를 말한다. 그리고 그 외에도 먼저 공부한 수준(선수학습의 수준)이 얼마나 되고, 언어능력과 파지(把持)와 망각 및 전이(轉移) 등도 여기에 포함된다. 망각의 수준은 낮고 그 외의 수준이 높으면 학습의 효과는 높게 나타난다. 블룸(Bloom)은 이 인지적 특성변인이 학업성취도에 미치는 영향이 무려 50%에 이른다고 주장하고 있다. 이 점에 관하여는 앞의 '학습자의 지적 특성'에서 소개하였다.

b) 학습자의 정의적(情意的) 특성변인

앞의 '비지적 특성'에서 이미 언급한 대로 정의적 특성에는 학습동기와 불안수준, 포부수준과 자아개념 그리고 학교와 교과에 대한 태도 등이 포함된다. 블룸에 의하면 이런 정의적 특성은 학업성취도에 약 25% 정도 영향을 미친다고 하였다. 그러나 인지적 특성과 정의적 특성은 겹치는 부분이 있기 때문에 이들 둘의 학업성취도에 미치는 영향은 약 65%에 이른다고 주장하고 있다.

c) 학습자의 신체적 특성변인

세 번째로 학습자가 신체적으로 얼마나 정상적으로 성숙되었느냐와 얼마나 건강한지도 학습 효율화에 한 요인이 된다. 인지적 특성이나 정의적 특성에 비하여 그 영향력이 적으나 평균 이하로 불량할 경우 그것은 중요한 요인이 될 수 있다. 더욱이 성인교육에서는 건강이 학습효과에 미치는 영향은 어린이에 비하여 많다고 할 수 있다.

d) 학습준비도

이상과 같이 학습자의 인지적·정의적·신체적 특성변인들이 잘 갖추어진 학습자를 학습에 대한 준비성(準備性, readiness)이 있다고 하고, 그 정도를 준비도(準備度)라 하여, 그것은 곧 어떤 특정의 학습과제를 성취하는 데 필요로 하는 조건이 갖추어진 상태를 말한다. 그리고 이런 학습 준비도와 유사한 개념으로 사용하고 있는 것은 그래저(Glaser)가 말하는 출발점행동(出發點行動, entry behavior) 또는 시발점행동과 브루너(Bruner)의 학습경향성(學習傾向性)이 있다.

여기에서 출발점행동이라는 것은 학습이 시작될 때 학생이 가지고 있는 여러 가지의 준비된 특성의 수준을 말한다. 예를 들면 선행학습(先行學習)의 정도, 지능의 수준, 정의적 특성의 형태 그리고 신체적 성숙과 건강의 정도 및 학습동기의 정도 등을 말한다.

e) 학습자의 개인차

다양한 형태의 학습자 특성은 학습준비도에 있어서도 개인적인 차이가 있게 마련이다. 그런데 이 개인차에는 두 가지가 있다. 일반적으로 개인차라고 할 때는 사람과 사람간의 차이를 말하지만, 다른 면으로는 동일한 한 개인의 내부에서 여러 가지 특성간에 차이가 있음을 말한다. 예컨대 어떤 한 사람이 지능은 높은데 신체는 약하다던가, 영어는 잘하는데 수학은 못하는 경우를 말한다. 전인교육의 필요성이 있지만 다른 한편으로는 적성과 특출한 영역을 더욱 성장하도록 도와 주는 것도 중요하다고 할 것이다.

개인차의 문제는 교육현장에서 대단히 중요하다. 개인차가 심한 학습집단을 지도해야 할 교사는 교육의 효율화를 위하여 개별적인 지도가 요구되지만 한국과 같이 한 교실에 많은 학생을 수용해야 하는 경우, 심하면 교육부재에 이르게 된다. 그래서 선진 제국에서는 이 문제를 해결하기 위하여 많은 노력과 제도를 경주하고 있다. 이 점에 관하여는 다시 자세하게 소개하기로 하였다.

(2) 교수자의 특성

학습의 효과를 결정하는 또 하나의 요인으로 교수자(교사)의 특성을 생각해 볼 수 있다. 여기에서도 교수자의 인지적 · 정의적 · 신체적 특성이 학습에 어떤 영향을 미치는지를 살펴보기로 하자. 그러나 자세한 내용은 교사론에서 재론할 것이다.

a) 교사의 인지적 특성으로는 사고력과 함께 판단력, 추리력, 통찰력, 평가력 등으로 구성된 지적 능력과 언어표현의 유창성과 명확성, 담당 교과목에 대한 지식과 교육방법(교수기법) 그리고 폭 넓은 교양 등은 다 여기에 포함된다.

b) 교수자의 정의적인 특성으로는 인성 내지 성격특성과 태도, 가치관, 자아개념 및 성취동기 등이 있는데, 이들 특성들은 비록 간접적이지만 학습자들에게 의외로 심각한 영향을 미칠 수 있다.

c) 교사의 신체적 특성이 학습의 효과에 영향을 미치는 경우는 건강과 용모를 들 수 있을 것이다. 교사가 아무리 의욕이 강할 지라도 건강이 따라주지 못하면 학습의 좋은 결과는 얻기 어려울 것이다.

이상에서 살펴본 교사의 특성은 가르치는 데 있어서 그 질을 결정하게 된다. 블룸은 교사가 가르치는 질을 높이면 학업성취율을 25%까지 끌어올릴 수 있을 만큼 큰 영향을 미칠 수 있다고 하였다.

(3) 환경의 특성

학습은 주변의 환경이 어떻냐에 따라 그 효과가 많이 달라진다는 것이다. 이 학습의 환경에는 가정환경이나 학교환경 및 사회환경 등이 있을 것이다. 예를 들면 가정의 분위기나 부모의 자녀 양육방식, 가정의 물리적·심리적 환경, 가정의 사회·경제적 지위, 부모의 성격특성과 인간관계 등이 학습자의 학습에 직접·간접으로 영향을 미친다. 그리고 학교의 제반 환경여건, 즉 지리적 여건, 인적 구성, 시설과 설비, 수업자료, 학교의 풍토와 교사-학생간의 인간관계 등도 학습에 영향을 많이 미친다. 그 외에도 자연환경이나 대중매체, 문화적 특성, 가치관과 심지어 사회 문제에 이르기까지 학습에 영향을 미친다.

참고문헌

구범서 편저, 「2000년대와 한국의 선택」(서울 : 고려원), 1992.

김경동, 「현대의 사회학」(서울 : 박영사), 1994.

김광웅, 방은영, 「아동발달」(서울 : 형설출판), 2001.

김언주 · 구광현, 「신교육심리학」(서울 : 문음사), 1998.

김영우, 「현대사회와 교육」(서울 : 교육과학사), 1994.

김정휘 · 주영숙, 「교육심리학연구」(서울 : 교육과학사), 1995.

김종서 · 이영덕 · 정원식, 「최신 교육학개론」(서울 : 교육과학사), 1996.

김종서 · 황종건, 「학교와 지역사회」(서울 : 익문사), 1973.

김필식 · 오만록, 「현대 교육학개론」(서울 : 형설출판사), 2002.

박의수 외3인, 「교육의 역사와 철학」(서울 : 동문사), 2002.

윤정일 · 신득렬 · 이성호 · 이용남 · 허형, 「교육의 이해」(서울 : 학지사), 1997.

이성진, 「교육심리학」(서울 : 교육과학사), 1985.

이흥구, 「지역사회학교론」(서울 : 형설출판사), 1975.

정범모 · 박용헌, 「성취동기」(서울 : 배영사), 1969.

정우현, 「교육사회학연구」(서울 : 교육과학사), 1991.

정원식, 「인간과 교육」(서울 : 배영사), 1975.

차경수 · 최충옥 · 이미나, 「교육사회학의 이해」(서울 : 양서원), 1995.

Arnstrong, D. G., Henson, K. T., & Savage, T. V., *Education-An Introduction*, New York : Macmillan Publishing Co., 1992.

Bigge, M. L., *Learning Theory for Teachers*, N. Y. : Happer & Row, 1964, 김종서 외2, 「최신 교육학개론」, 1996, 재인용.

Bloom, B. S., *Stability and Change in Human Characteristics*, N. Y. : Wiley, 1964, 김필식 외1, 「현대 교육학개론」, 형설출판사, 2002, 재인용.

Brophy, J. E., *On Motivating Students*. In D. Berliner, B. Rosenshine(eds.). Talks to Teacher. N. Y. : Random House, 1988.

Dave, R. H., *Founndations of Life-long Education*, N. Y. : Pergamon, 1976.

Dollard, J., and Miller, N. E., *Personality and Psycholotherapy*, New York : McGraw-Hill, 1950. 김종서 외2, 「최신교육학개론」, 1996, 재인용.

Gardner, H., *Frames of Mind : The Theory of Multiple Intelligence*, N. Y. : Basic Books, 1993.

Illich, I., *Deschooling Society*, New York : Happer & Row, 1970

Klein, R.(1975)Malnutrition and Human Behavior. Paper presented at Conference on Malnutrition and Behavior Cornell University.

Lewin, K., *Dynamic Theory of Personality*, N. Y. : McGraw-Hill, 1935.

Maslow, A. H., *Motivation and Personality*(2nd ed.), N. Y. : Happer, 1970.

Ogburn, W. F., *Social Change*, New York : Viking Press, 1966

Ornstein, A. C. & Levine, D. U., *Foundations of Education*, Boston : Houghton Mifflin Co., 1980.

Skinner, B. F., *Contingencies of Reinforcement : A Theoretical Analysis*, N. Y. : Appleton, 1969.

제 4 장
교육의 사회학적 기초

인간이 '사회적 동물'이라는 말은 인간은 사회를 떠나서는 살아갈 수 없는 존재라는 것을 의미한다. 인간의 성장과 삶의 질을 높이려는 교육 역시 사회 안에서 이루어지는 사회적 기능의 하나라고 할 수 있다. 교육사회학(敎育社會學)은 사회현상으로서의 교육문제를 규명하고 그 해결을 모색하는 것을 주된 목적으로 한다. 당연히 그 이론적 배경은 사회학 이론에서 영향을 받은 것이다.

사람은 태어나면서부터 그 사회의 보호를 받으며 자라난다. 그리고 그 사회가 가지고 있는 문화와 생활양식을 따라서 살아가도록 가르치고 배우게 된다. 그런데 여기에서 교육은 학교에서만 이루어지는 것은 아니고 가정이나 이웃 동무들, 직장과 지역사회의 다양한 생활을 통하여 배우게 된다. 이렇게 사회는 그 구성원들을 끊임없이 가르치고 배우게 함으로써 그 사회가 계속하여 존속하고 성장 발전하게 된다.

이와 같은 사회의 교육적 기능에 대하여 그 성격과 역할을 알아보고 이해하여 교육의 지경을 넓히고 올바른 방향을 정하는 데 도움을 줄 수 있다. 이 장에서는 교육과 사회, 문화, 지역사회, 및 교육의 사회적 기여 등에 관하여 생각해 보기로 한다.

1. 문화와 교육

1) 문화의 의미와 교육

문화(文化)란 한 사회가 가지고 있는 사고와 감정 및 행동양식 등을 위시하여 그 사회가 축적해 놓은 기술과 예술 및 학문적 업적에 이르기까지 유형・무형의 모든 생활양식을 총칭하는 말이다. 사회가 담는 그릇이라 한다면 문화는 그 그릇에 담겨진 내용물이다. 따라서 사회가 발전한다는 것은 곧 문화가 발전한다는 것을 의미한다. 그런데 그 문화는 유전에 의하여 자연스럽게 다음 세대에 전승되는 것이 아니라 교육에 의하여 계승 보존되고 나아가 혁신 발전되는 것이다. 한국이 일본제국주의에 의하여 35년 간 우리 문화를 제대로 물려주지 못한 단절의 아픈 역사를 가지고 있었던 것과 같이 외적인 요인 때문에 문화의 전승학습이 단절되면 문화적 침체를 면할 수 없게 된다. 한 개인이 사회에 태어나서 그 사회의 문화를 배우므로 그 사회의 성원으로 성장하여 나아가는 과정을 사회화(社會化, socialization)라고 한다. 그리고 교육은 이런 사회화 과정의 중요한 부분을 차지한다.

2) 문화의 형태와 특징

문화는 성격에 따라서 정신문화와 물질문화로 나누는데 오그번은 이를 가치문화와 기술문화라고 하였다. 그리고 문화는 그 향유자의 범위에 따라서 보편문화(普遍文化)와 특수문화 그리고 선택문화로 구분한다. 전자는 모든 사람이 향유하는 문화이고, 다음은 특정의 사회인만 향유하는 문화이며, 후자는 개개인마다 다를 수 있는 선택적인 문화를 말한다. 그리고 문화는 일반적으로 정신문화, 문명은 물질문화를 지칭하기도 하지만, 실제로 문명이란 말은 문화 전체 중에 물질적인 내용을 강조하는 말에 불과하다고 할 것이다.

문화는 사회가 만들어서 공유하고 있는 것으로 취사선택하여 다음 세대에 교육을 통하여 전해준다. 그런데 그 문화는 좀처럼 잘 변하지 않지만 항상 변화하고 있다. 오그번(Ogburn)은 그의 저서 「사회변동론」(*Social Change*, 1966)에서 '문화지체현상(cultural lag)'을 말하고 있는데, 그것은 기술문화(물질문화)가 가치문화(정신문화)보다 변화속도가 빨라서 가치문화가 따라가지 못함으로 생기는 부조화와 갈등을 말하는 것이었다. 특별히 한국과 같이 사회변동이 심한 나라에서는 이런 문화지체현상이 심하여 사회적 불안으로 이어지는 것을 볼 수 있다.

그래서 일반적으로 문화는 그 사회에서 살고 있는 사람들의 사람 됨됨이(人性)의 특성을 만들기 때문에 국민성이나 민족성이 생기고 지역적 성격특성이 생기게 마련이다.

2. 사회와 교육

(1) 사회화의 의미

인간은 자연상태로 태어나서 세상에 나오자마자 사회화 과정을 겪기 시작하여 그 사회에서 더불어 살 수 있는 인간으로 되어 간다. 그 사회의 제반 문화를 배워서 내면화(內面化, internalization)한다. 그 사회가 요구하는 태도와 가치, 습관과 규범, 신념과 지식 및 행동양식을 배워서 사회생활에 지장이 없는 사람으로 성장한다. 사회화(社會化)란 번스타인(Bernstein)이 말한대로 생물적인 존재로서 있는 인간이 문화적 존재로 변화되는 과정이다. 그런 의미에서 교육은 큰 사회화 과정에서 중요한 역할을 담당하는 기능을 가지고 있다. 인간은 인간과 관계를 맺지 못하면 인간다운 행동이 아닌 다른 행동을 학습하게 된다. 그것은 인간은 본래 잠재가능성만 가지고 태어났을 뿐 교육에 의하여 인간이 되는데, 교육을 받지 못하고 짐승과 함께 살면 짐승과 같이 되는 것이다. 인도의 늑대 어린이(wolf children)가 그 좋은 예가 될 것이다.

1920년 10월 인도의 싱(Sing)목사는 새벽에 산보하다가 늑대 떼 속에서 발견한 두 아이를 구출하여 양육하였다. 어린 아이 Amala는 1년 만에 죽었고 큰 아이 Kamala는 그 후 9년을 더 살았다. 처음 두 아이는 사지(四肢)로 기어다니고, 생고기를 뜯어먹으며, 늑대 소리를 지르고, 빛을 싫어하였고, 고기냄새에 예민하였다. 음식은 땅에 놓아 핥아 먹었고, 옷은 입으려 하지 않았다. 그러나 6년이 지나자 소리 대신 말을 하게 되었고, 익은 음식을 좋아했으며, 빛을 좋아하고 인정을 느끼게 되었다. 그러나 늑대행동에서 인간행동으로 변하는 데는 아무것도 모르는 백지 인간이 배우는 것보다 더 많은 시간이 소요되었다. 두 손으로 그릇을 잡는 것과 직립(直立)하는 데만 각각 1년 반이 걸렸고, 9년 동안 배운 언어는 보통 아이 5~6세 수준밖에 되지 않았다.

(2) 사회화의 내용

사회화를 통하여 얻어지는 것은 인성특성만이 아니라 동기와 신념, 가치관과 태도, 언어와 지식, 기술과 성 역할 및 성적(性的) 표현방식 기타 인간이 살아가는데 필요한 모든 것들이 다 사회화된다. 즉 그것은 넓은 의미의 교육과 같다고 할 것이다. 단지 교육은 의도적이고 계획적이지만 사회화는 무의도적이고 무계획적이다. 또 사회화는 마치 평생교육과 같아서 일평생을 두고서 그 발달단계에 따라서 이루어진다.

사회화 중에서 근래 관심이 많은 정치사회화(政治社會化, political socialization)는 정치교육(政治敎育)과 더불어 주목을 끌고 있다. 특별히 정치적 이데올로기 시대가 지난 오늘에도 정치와 사회 및 경제의 민주화 발전을 위한 노력은 정치교육에 관심을 갖도록 한다. 정치사회화는 사회의 구성원들로 하여금 그들의 정치체제가 바람직하다고 하는 생각을 내면화하도록 태도와 가치 및 행동특성을 정립하는 과정이다. 예컨대 학교에서 배우는 일반사회와 정치경제, 국민윤리나 도덕 등의 교과에서 취급되는 국민윤리나 시민의식, 정치문화, 국민정신 등은 다 정치사회화에서 취급하는 내용이다.

(3) 사회화에 영향을 미치는 것

사회화하도록 영향을 미치거나 매개체 역할을 하는 사회화 중개체(仲介體, socializing agents)에는 중요한 부모에서부터 형제자매, 친척, 친구와 교사, 학교와 교회 그리고 근래 부상한 TV와 라디오, 신문, 영화 등 대중매체도 포함된다.

a) 인적 기관

부모나 또래, 교사 및 주변의 사람들이다. 가장 중요한 중개체(仲介體)로서 부모는 그 역할이 대단히 크다. 부모의 교육정도와 성격, 가치관, 태도, 특별히 양육태도는 자녀의 사회화에 결정적인 역할을 한다. 또래(親友)와의 교제를 통하여 평등이 무엇인가를 배우고 준법정신과 참여의식, 사고방식 등을 배운다. 그런데 근래 청소년의 사회화에 큰 영향을 미치는 인적 기관으로는 교사를 들 수 있다. 한국의 청소년들은 하루 중 대부분의 시간을 학교에서 보내기 때문에 교사의 지도는 점차 중요성을 더해 가고 있다. 특별히 유아기나 아동기에는 누구와 만나느냐는 인성형성에 대단히 중요하다. 만약 이 시기에 부모와 상호작용을 통하여 정서적 안정과 신뢰감이 형성되는데 그 관계가 형성되지 못하면 정서적 불안과 정상적인 인간관계를 갖지 못하는 사람이 된다.

b) 사회적 기관

개인의 사회화에 영향을 미치는 중개체로서는 인간이 모여 사는 가정과 학교 그리고 지역사회가 많은 영향을 미친다. 부모와 함께 가정은 제1차적으로 중요하고, 교사나 또래와 더불어 학교는 점차 중요성을 더해 가고 있다.

그 외에도 대중매체는 청소년들에게 폭발적인 영향을 미치고 있는데 긍정적인 영향뿐 아니라 부정적인 영향도 많다. 그래서 대중매체도 다분히 교육적인 관점에서 프로그램을 짜야 한다는 논의가 많은 것도 그 영향력 때문이다.

c) 사회화 방법

사회화는 타인과의 상호작용을 통하여 사회적 행동을 습득해 가는 과정이어서 사회화 기관이 어떠냐에 따라서 그 사회화 방법도 다양하다. 여기에서는 일반적으로 사회화되는 데 적용되고 있는 방법을 소개하기로 한다.

① 모방학습(模倣學習, modeling)

이 학습방법은 부모나 가족 등 타인의 행동이나 사고방식 및 생활양식을 모방하는 사이에 자신의 습관과 의식을 정립하는 학습을 말한다. 그런데 문제는 어떤 행동은 모방하고 어떤 행동은 모방하지 않는데 그 이유가 중요하다. 대개 모방하는 행동은 첫째, 시간적으로나 공간적으로 가까이 있는 것과 빈번하게 관찰되고 경험하게 되는 것이다. 둘째, 칭찬을 받게 되거나 보상이 많은 것, 셋째, 자신의 생각과 욕구를 충족하는 것, 넷째, 좋아하고 존경하는 사람일 때, 즉 동일시(同一視, identification)하고 싶은 대상의 행동을 모방하려고 한다. 어떤 학자는 모형학습(模型學習)은 이 네 번째의 동일시(同一視)까지 포함할 때를 말하고 모방학습과 구별하고 있다. 즉 이 모형학습에서는 모방할 타인을 선택하는 과정, 즉 동일시까지를 포함한다. 예를 들면 아들이 아무런 생각 없이 아버지를 닮아 가는 것이 아니고, 아버지를 동일시 대상으로 선정하여 아버지의 행동을 모방하는 것이다.

② 역할학습

어떤 특정한 지위에 있는 사람이 그 지위에 합당한 역할을 수행하는 데 필요하다고 기대되는 행동을 학습하는 과정을 역할학습(役割學習, role learning)이라고 한다. 여기에서 지위(status)란 개인의 사회적 위치(position)를 말하는데 그 위치에는 일정한 권한과 의무 및 책임이 따른다. 그리고 그 지위에 따른 권한과 책임에 따라 행동하는 것을 역할이라고 한다.

사회는 개인으로 하여금 그 지위에 합당한 행동을 하라고 요구하는데 이를 역할기대(役割期待, role expectation)라 하며, 그 기대를 어떻게 보고 있느냐에 따라서 그의 역할행동도 달라진다. 더욱이 역할수행자와 타인들이 그 역할에 대한 기대가 각각 심하게 다른 경우에는 갈등을 일으키게 되는데 이를 역할갈등이라고 한다. 예를 들면 어떤 교사에게 어떤 특정한 역할을 기대하는데 본인은 그것을 알지 못하고 있다고 하면 갈등이 생기게 될 것이다. 또 같은 역할기대라 해도 서로 다른 경우가 있다. 즉 가족의 일원으로서의 역할과 직장인의 역할이 서로 다른데 이들이 서로 충돌하여 갈등을 일으킬 때가 있다. 그리고 역할기대 역시 아버지의 기대와 어머니의 기대가 달라서 어느 쪽을 맞추어야 할 지를 결정해야 한다. 기대가 사람마다 심하게 다를 경우 어린이는 갈등을 일으켜서 성격형성에 영향을 미치게 된다.

③ 보상과 벌

개인이 친사회적인 행동을 하면 칭찬이나 인정 및 보상(報償)을 주게 되고,

그것은 같은 행동을 계속하게 하는 힘이 있어서 습관화되고 이어서 사회화로 이어지게 된다. 반대로 사회생활에 적합하지 못한 행동을 했을 때는 꾸중이나 매를 때리기도 하고 활동을 제한하기도 하며 사랑이나 사회적 승인을 중지하기도 하고 고립시키는 방법으로 벌을 주기도 한다. 이런 상과 벌은 가정이나 학교에서 자주 사용하는 사회화 방법이다.

④ 암시

사회적으로 바람직한 행동을 하도록 하기 위하여 필요한 힌트(자료)를 제공하거나, 그렇게 행동할 수 있는 능력자라는 것을 믿게 하는 것을 말한다. 암시를 받은 자는 자신감과 용기가 생기고 의욕이 넘쳐나서 사회화에 도움을 준다.

⑤ 경쟁과 협동

소위 '선의의 경쟁'은 사회화를 촉진하는 데 도움을 줄 때가 있다. 그러나 그 경쟁은 지나치면 과열을 가져오고 그것은 상대방에 대한 시기질투와 저주로 변하여 인간관계를 해칠 뿐 아니라 낭비를 촉진한다. 그래서 인간은 투쟁이나 경쟁보다 서로 도와 주는 협동관계를 수립하여 원만한 사회생활을 영위해 나아가는 데 필요한 모든 행동특성을 습득해 나가게 된다.

⑥ 사회통제

사회통제(社會統制)는 사회의 어떤 세력, 즉 교육이나 집단 압력, 전통이나 법률, 정치 이데올로기와 종교교리 기타 여론 등에 의하여 그 구성원에게 사회의 어떤 기준이나 필요에 합치되는 행동을 하도록 압력을 넣는 것을 말한다. 이런 사회의 압력은 사람들로 하여금 사회화하는 데 기여하게 된다.

이상에서 살펴본 바와 같이 사회화 과정에서는 지식이나 기술 등과 같은 지적인 것보다 인성이나 태도, 가치관, 동기와 같은 비지적이고 정의적인 내용이 중요한 관심사라는 것을 알게 되었다. 사회화를 사회적 입장에서 보면 그 사회의 구성원으로 하여금 그 사회가 가지고 있는 가치체계(價值體系)나 행동양식을 가르쳐서 사회가 안정되고 동질성을 유지하게 하려고 하는데 비하여 개인적인 입장에서는 사회의 행동양식과 가치체계를 배워서 사회에서 인정받고 능력을 발휘하여 무난하고 보람있는 사회생활을 해 나가려 한다는 데 그 의미가 있다.

3. 사회집단과 교육

(1) 사회집단의 유형

사회집단의 유형과 성격은 학자들의 관점에 따라서 여러 가지로 분류하고 있다. 우선적으로 퇴니스(Tonnies)가 공동사회(共同社會, Gemeinschaft)와 이익사회(利益社會, Gesellschaft)로 나눈 이후에 인간이 접촉하는 빈도를 고려하여 1차집단(primary group)과 2차집단(secondary group)으로 나누기도 하고, 또 이들에 포함되지 아니한 집단을 중간집단(intermediate group) 또는 3차집단이라 하여 세분화하기도 하였다.

위에서 공동사회와 1차집단은 비슷한 성격을 가지고 있다. 예를 들면 가족이라든가 향토마을, 또래집단, 지역사회, 민족 등은 혈연적이고 친밀한 정을 느끼며 문화적으로 동질적이다. 따라서 이들 사이에는 우리의식(we-feeling)과 공동체의식이 강하여 비교적 협동적이고 자발적이며 소속감과 책임감을 가지고 있다.

이익집단 또는 2차집단은 인정(人情)은 중요하지 않고 따지고 계산하여 이익이 되면 계약을 맺어 만들어지는 집단이다. 회사를 위시하여 정당, 국회, 학회, 국가 등이 이에 속한다. 그리고 스미스(Smith)는 1, 2차 집단에 속할 수 없는 집단으로서 중간집단이 있다고 하였다. 예를 들면 학교나 교회, 자선단체 등이 이에 속한다. 그러나 이들 집단의 교육적 의미로는 가족집단과 또래집단 및 학교집단이 중요하다. 하지만 평생교육적인 입장에서는 학교를 제외한 중간집단의 교육적 역할도 상당히 중요하다.

(2) 가족집단과 교육

가족집단, 즉 가정에 대하여는 이미 앞의 '가정교육'에서 자세히 소개하였다. 그래서 여기에서는 재론하지 않고, 단지 가정을 사회적 관점에서 간략하게 보려고 한다.

가족집단은 사회적으로 공인된 성인 남녀간의 성적 관계를 통하여 이루어진 자녀와 혈연적으로 결합된 근친자가 특정한 공동의 거주 가옥에서 함께 생활을 해 나가는 생활공동체라고 할 것이다.

그래서 가족은 부부가 중심이 되고 그 자녀와 근친이라는 혈연자들이 공동의 생활을 영위해 간다. 가족 중 어머니는 자녀를 출산하고 아버지와 다른 가족은 어머니와 더불어 자녀 양육에 협력한다. 여기에서 가족들은 가정에서 자신의 역할이 무엇인지를 배우고 수행한다. 또 여자다움이나 남자다움이 무엇인지도 배운다.

가족집단은 법적으로 가구(家口) 또는 세대(世帶)와 같은 의미로 사용하지만 사회학적인 관점으로 보면 가족집단은 일정한 공동체의식을 가진 사람들의 집단이다. 따라서 한 집에서 함께 사는 사람들이라도 우리의식이 없는 사람들의 집합은 가족이라 할 수 없을 것이다.

가족집단의 교육적 기능에 대하여는 앞에서 누누히 소개하여 왔지만, 그것은 아무리 많이 강조하여도 부족함이 없다. 그런데 문제는 근래 한국 사회가 비정상적으로 이혼율이 급증하고 있다는 데 심각성이 있다. 한국의 부부들이 이혼하는 과정을 보면 대개는 감정이 격하여 비난과 저주가 오고 가고, 그렇게 하는 사이에 자식들은 많이 고려되지 않는 경향이 있다. 이와 같이 책임성 없는 부모들로 인하여 소외된 자녀들은 부정적인 자아개념과 사회적 부적응아로 성장하여 사회악을 만드는 사람으로 성장하기 쉽다.

더욱이 정부와 지방자치단체는 이런 사회변동에 빠르게 대처하여 결손가정에서 외면당하여 상처를 입은 어린이를 보호하고 위로할 시설과 제도를 신속하게 갖추어야 함에도 불구하고 한국은 그 경제적 수준에 비하여 대단히 미비된 사회다.

다음으로 지적해야 할 가정교육의 문제로는 부모의 자녀교육에 대한 교육관이다. 한국의 부모들은 세계에서 가장 높은 교육열을 가지고 있으며, 교육비 역시 과외비까지 합하면 세계에서 가장 많이 쓰는 국민이다. 그럼에도 불구하고 아직도 우리의 부모들은 급격한 사회변동으로 인하여 생기는 문화지체 현상, 즉 급속한 물질문화의 급속한 변화에 정신문화가 따라가지 못하여 생기는 갈등에서 벗어나지 못하여 부모의 기성세대들은 아직도 가부장적 권위주의에 가까이 머물러 있는데 비하여 어린이들과 청소년들은 포스트모더니즘(post-modernism)의 영향으로 기성세대와 많이 다른 가치관과 생활태도를 가지고 있다. 이런 가족 구성원의 이질화(異質化) 현상 때문에 가족 사이에 대화가 적어지고 인간관계가 단절되어 드디어는 가출 등과 같은 사회적인 부적응 문제로 진전되기도 한다.

(3) 또래집단과 교육

a) 또래집단의 특성

동료집단 또는 또래집단(peer group)이란 연령과 신분, 흥미 등이 비슷하여 같이 느끼고 함께 행동하는 아동들의 모임이다. 이들은 서로 평등하다고 느끼고 동무라는 감정을 가지고 자연스럽게 만들어지는 집단이어서 개인의 사회화에 많은 영향을 준다. 이 또래집단에서 이루어진 사회화는 청소년들의 장래 성장과 발달에도 많은 영향을 미친다.

이들이 가진 그 평등(平等)하다는 의식은 그 집단 안에서는 비교적 자유스럽고 자율적(自律的)으로 자신의 의사를 결정하고 발표하게 한다. 그 집단 안에서 생기는 모든 일들은 모두에게 공감되는 일이 많아서 흥미롭고 생리에도 잘 맞기 때문에 상호 적응성(適應性)이 높다. 또 이들은 일단 서로 신뢰가 전제되어 있으므로 서로 접촉이 잘 이루어진다. 그리고 자기들끼리의 세상을 만들기 원하므로 성인들은 철저하게 배척된다. 이 또래집단은 아동끼리 서로 친밀감을 가지고 있기 때문에 비교적 강한 집단감정을 가지고 있어서 응집력(凝集力)이 강하나 그 관계는 오래가지 않는 한시성(限時性)을 가지고 있다.

b) 또래집단의 기능

또래집단이 어떤 성격을 가지고 있느냐에 따라서 아동들은 긍정적인 사회문화를 강화하기도 하고 그 반대일 수도 있다. 그런데 그 강화효과(强化效果)는 뛰어나다. 그것은 또래집단이 성인들의 감시나 간섭이 적기 때문에 부담이 없고 활동무대도 넓고 자유스럽기 때문이다.

또래집단은 그들 나름대로 특수한 문화를 가지고 있다. 그런데 이 문화는 사회 현실을 반영하고 있어서 사회생활에서 얻어진 가치를 강화해 주고 있다. 예를 들면 어떤 도덕적 가치나 게임의 공정성, 협동적 태도, 정직성과 책임감 등을 이 집단에서 배우게 된다. 더구나 또래의 성 역할 행동은 가정에서 배우지 못하는 긍·부정적 내용을 배우는 것이다. 그 외에도 아동들은 또래들로부터 다양한 정보와 지식을 얻기도 하고, 서로 다른 사회계층을 이해하며, 때로는 계층

이동에 필요한 정보를 얻기도 한다.

특별히 또래집단의 교육적 의의는 적지 않다. 또래집단의 활동은 잠재적 교육과정(潛在的敎育課程)으로서 교육적 역할을 발휘한다. 또래집단을 통하여 청소년들은 여러 가지를 배우게 되는데 그 내용을 요약하면 다음과 같다.

① 민주주의를 간접적으로 배운다. 청소년들은 또래집단의 활동이 자아를 발견하는 계기가 된다. 그리고 자신을 적절하게 표현하고 나아가 자신을 통제하며, 타인의 가치와 권리를 인정하기도 하는 등 민주적인 사회공동체 생활을 배운다.

② 또래집단은 그들 나름대로의 동질적인 하위문화(下位文化)를 가지고 있다. 그들이 이 문화와 접하게 되면서 사회생활에 필요한 지식과 정서 및 행동양식(行動樣式)을 익히게 된다.

③ 또래집단은 구성원 개인에게 사회적 역할을 가르쳐 준다. 상부상조하는 공동사회적 성격을 띤 이들 집단은 구성원의 연령이나 성별, 외모, 성격 기타 개인적인 특성에 맞게 그 집단에서 어떤 지위와 역할을 부여받고 이를 수행하는 과정에서 사회적 지위와 역할을 배우게 된다.

④ 또래집단에 소속된 구성원들은 안정감과 소속감(所屬感을) 얻는다. '불확실성 시대'에 살고 있는 현대 청소년들은 안정되기를 원한다. 청소년들은 이들 또래집단에서의 집단체험을 통하여 인간성을 개발하고, 소속감과 정서적 안정감을 찾게 된다.

c) 또래집단의 종류

① 유희집단(遊戲集團, play group)

또래집단은 연령에 따라서 그 성격을 달리하는 모임을 갖게 된다. 먼저 4, 5세에서 12세 정도까지의 아동들은 5~6명씩 모여 유희를 목적으로 하여 자발적으로 집단을 만든다. 이 유희집단은 놀이가 끝나면 즉시 해체되고 성별의 구별도, 지도성도 없으나 나이가 들어가면서 이런 것들이 서서히 분화되어 간다.

이런 유희집단을 통하여 아동들은 상호 협동하는 방법을 배우고, 집단에서의 게임규칙과 언어, 참여의식, 사회적 역할, 경쟁의식, 지도력과 순응하는 태도 등을 배우고 경험한다. 그리고 아동들은 자기본위의 사고에서 벗어나서 인간관계를 배우고 동무에게 봉사하는 것도 배운다.

② 동인집단(同人集團, clique)

10대 초반 이후의 청소년들이 취미나 또는 사회계층(신분)에 따라서 만들어지는 모임이다. 예컨대 음악감상회나 독서회, 연극회, 스포츠 동아리들이 그것이다. 이들은 대개 구성원들끼리 응집력이 강하여 타집단에 대하여는 상당히 배타적이고 폐쇄적이다. 집단활동을 통하여 집단의식이 강화되고 구성원들의 합의로 지도성이 정해진다.

이런 동인집단은 교양과 오락, 공동체 의식을 갖는데 유익하고 여가시간을 선용한다. 이들은 가정이나 학교에서 얻지 못하는 지식과 경험을 얻을 수 있고 새로운 욕구의 분출구가 되기도 한다. 청소년들은 이 동인집단에서 안정감과 인정감(認定感)을 얻으며 독립심과 자율성이 발달할 수 있는 기회를 제공해 준다. 그러나 이 집단은 배타성 때문에 적개심을 키우고 구성원의 개성이 신장되는 것을 막기도 한다. 더구나 때로는 부정적인 동인집단의 출현으로 사회문제를 야기할 때도 있다.

③ 도당(徒黨, gang)

청소년들이 부모나 교사 등 어른들의 통제를 벗어나서 자기들만의 경험을 즐기고자 모인 집단으로 때로는 반사회적 행동의 온상이 되기도 한다. 도당은 대개 7~8세에서 시작하여 청년기까지 지속되는데 어떤 집단은 성인이 되어서도 계속 유지하면서 상부상조하는 집단으로 생명이 연장되기도 한다.

집단원들 사이에는 단결력이 강하고 저희들 나름대로의 규칙도 있으며 충성심도 있다. 청소년들은 이 도당을 통하여 일반사회에서 채워주지 못하는 어떤 욕구를 채울 수 있다. 그리고 그들의 집단생활을 통하여 사회생활을 배우는데 도움을 주지만, 그것이 비정상적인 생활경험이 되어 범죄나 건강파괴 등 평생 도리킬 수 없는 과오로 남을 수도 있다. 그래서 건전한 도당의 형성을 위한 청소년의 지도가 필요하다.

도당은 처음에 유희집단으로 출발하지만 경우에 따라서는 타집단과의 싸움이나 대립 기타 경쟁을 통하여 연대의식이 생기고 결속력이 강화되면서 조직체적 성격을 띄기도 하여 상하의 인간관계나 리더의 통솔력이 정립되기도 하고 엄한 훈련을 시키는 경우도 많이 있다.

(4) 학교집단과 교육

a) 학교의 순기능

파슨스(Parsons)는 사회체제로서 학교가 수행하는 기능을 다음과 같이 제시하고 있다. 즉 문화유산의 전달기능과 사회적 적응의 기능, 사회창조의 기능 및 사회통합의 기능 등 4가지다.

① 문화유산(文化遺産)의 전달기능

학교가 생기기 전에는 가정이 그 역할을 감당하였지만 사회가 발달하고 문화유산이 많아지면서 이를 체계적으로 정리하여 효과적으로 다음 세대에 전달하는 데는 학교가 그 역할을 담당하지 않으면 안 되었다. 사회가 살아남기 위하여는 그 사회의 기존 질서를 유지해야 할 필요성이 생기게 되었으며, 학교는 그 질서유지의 임무를 제1차적 과제로 맡게 되었다. 즉 학교는 사회적으로 공인된 행동양식과 가치관 등을 차세대에 전하여 사회공동생활을 유지하고 통합하는 가장 기본적이고 일차적인 역할을 담당할 수 있는 중요한 기관이라서 이 기능을 학교의 제1과제로 하는 것이다.

더욱이 현대사회와 같이 다원화된 사회에서는 문화의 동질성과 공동체 생활이 유지되고 사회적인 연대가 공고하여 결속과 협동이 가능하도록 하는데 교육과 학교의 역할이 더욱 확대되고 있다. 그리고 이와 같은 보수적 기능은 사회화의 기능과 보수적인 사회적응 기능, 사회질서의 유지기능 및 사회통합적 기능 등에서도 찾아 볼 수 있다.

② 사회적응(社會適應)의 기능

사람은 태어나면서 먼저 가정이라는 사회에 적응하지 못하면 살아남을 수 없다. 그리고 성장하면서 그 지역사회와 그 나라의 문화와 통치질서에 적응해야 한다. 이에 적응하지 못하면 반사회적인 사람으로 비난과 부자유의 제재를 당하게 마련이다. 또 반면에 기존 질서에 적응하는 보수적 기능 외에도 사회변화에 능동적으로 대처하지 않으면 안 되는 개혁적 적응도 있다. 특별히 현대와 같이 빠른 속도로 변해가는 사회에 적응하기 위한 능력을 키워주는 역할 역시 학교가 담당해야 한다. 산학협동(産學協同)을 장려하고 지역사회학교운동(地域社會學校運動)을 전개하는 등 그 사회와 직장에서 요구하는 인재를 양성하려고 한다. 이런 인력자원의 개발(人力資源開發, human resources development) 기능은 학교의 중요한 기능 중 하나이다.

③ 사회창조의 기능, 곧 사회혁신(社會革新)의 기능

학교는 전통문화의 전달을 통하여 사회를 유지하고 통합하는 기능에 그치지 않고 그 전통문화를 기반으로 하여 바람직한 새로운 문화와 사회를 창조하고 변화시키는 능동적이고 진보적이며 개혁적인 기능을 담당하고 있다. 이런 변화는 사회 구성원의 의식과 가치관 및 태도 등을 포함하는 사고와 행동양식의 변화를 통하여 가능하다. 그리고 그 변화는 교육을 통하여 이루어진다. 이 기능은 변화하는 사회에 적응하려는 교육기능과 밀접하게 관련되어 있다.

④ 사회통합(社會統合)의 기능

학교교육은 사회와 국가의 구성원들에게 이념과 정신, 가치관과 태도, 행동특성과 생활규범 등을 가르쳐 그 사회를 유지하고 나아가 발전하게 할 뿐 아니라 이들을 통합하는 기능을 가지고 있다. 그리고 그 통합을 위하여 지도자를 양성하고 공동체의식을 가르친다.

학교는 학생들의 바람직하고 공인된 행동은 권장하지만 비정상적인 행동에 대하여는 일정한 제재를 가하여 학생들로 하여금 사회가 원하는 방향으로 나아가게 한다. 이러한 학교의 노력은 학생들로 하여금 동질화하는 데 기여하고, 그것은 사회적 통합으로 기능하게 된다. 특별히 현대사회와 같이 개방적이고 세계화된 여건하에서 사회적 통합을 이룬다는 것은 대단히 어려운 작업이지만 학교를 통한 의식화(의식의 정착 및 변화)는 다른 어떤 기관의 노력보다 효과적이다.

위의 파슨스가 제시한 4가지 기능 외에도 학교의 기능을 더 살펴볼 수 있다.

⑤ 사회적 지위 이동(地位移動)의 기능

사회적 이동에는 사회 계층의 이동과 같은 수직적(垂直的) 이동과 직업이나 지역의 이동과 같은 수평적(水平的) 이동이 있다. 더욱이 현대와 같이 신분에 의하여 지위가 결정되는 시대가 아닌 사회에서는 교육이 그 사회적 지위를 결정하는 중요한 요인이 된다.

현대사회는 가정적 배경이나 종교, 인종, 성별 등과 같은 태어날 때부터 정해지는 귀속적(歸屬的) 지위보다 그 사람의 업적(業績)이 얼마나 큰가를 가지고 사람을 평가하는 사회이기 때문에 전문적인 지식이나 기술을 중요시하게 되고 따라서 이들 전문적인 사람으로 만드는 교육이 사회적 지위를 향상시키는 중요한 요인이 된다.

⑥ 사회를 위한 충원적(充員的) 기능

학교와 학교 밖의 교육에서는 사회가 필요로 하는 인간자원을 개발하여 제공해 준다. 기초에서부터 고급의 전문적인 지식과 기술을 가진 인물, 그 위에 바람직한 인성(人性)과 가치관 및 태도를 가진을 인물을 양성하는 기능은 가장 현실적이고 구체적으로 중요한 기능이다. 그리고 이들을 선발하고 분류하며 배치하는 기능도 가지고 있다.

사회의 필요에 따라서 인력을 충원하는 것이 어떤 신분이나 부정(不正)에 의하여 이루어지지 않고 교육의 질과 양에 따라서 이루어지는 것은 민주사회, 개방사회의 특징으로서 바람직한 것이다. 그런 의미에서 교육의 개방체제는 단순한 경쟁체제로 가는 길을 제공해 주는 제도가 아니고, 학교마다 가지고 있는 훌륭한 특수성을 살려 그 배출되는 인물이 다양한 사회의 요구에 적절한 인물로 인정받을 수 있는 체제로의 변화이어야 할 것이다.

b) 학교의 역기능

학교는 이상에서 설명한 순기능만 있는 것이 아니고 병리적인 역기능도 있다. 경우에 따라서는 학교가 학생들의 성장과 발달을 방해하고 왜곡시키는 사례를 우리는 주변에서 자주 볼 수 있다. 특히 학교와 학교교육이 인간성을 나쁘게 만든다는 비판의 소리가 높다. 오늘날 심각한 청소년문제는 현대사회의 불건전한 환경여건이 만든 병리현상으로 인하여 만들어진 결과라고 할 수 있으나, 그 중에는 비정상적인 학교교육의 영향이라는 비판의 목소리가 드높다. 그래서 최근에는 학교무용론(學校無用論)이 대두되고 있는 형편이다.

학교교육에 대한 비판은 1960년 본격적인 시발이 되었던 굿맨(Goodman)의 저서 「부조리의 성장」(*Growing up the Absurd*)에서부터 1970년 일리치(Illich)의 「탈학교 사회」(*Deschooling Society*)와 같은 해 프레이리(Freire)의 「피압박자의 교육」(*Pedagogy of the Oppressed*), 실버맨(Silverman)의 「교실의 위기」(*Cri-*

sis in the Classroom) 그리고 1971년 라이머(Reimer)의 「학교는 죽었다」(*School is Dead*) 등을 통하여 강력한 비판의 소리가 높다. 이런 주장들은 오늘날 학교에 대한 불신과 평생교육에 대한 애정표시로 나타나고 있다. 특히 미국을 중심으로 한 학교사회의 심각한 문제와 더불어 가정학교(home schooling)운동과 같은 탈학교운동이 활발하게 확산되고 있는 실정이다.

이들 탈학교론자들의 주장에 따르면 현대 학교가 가지고 있는 여러 가지 특징, 즉 강제적 출석제도, 학교의 관료화와 주입식교육, 학교의 대형화, 정의적 교육의 경시, 지적(知的) 교육의 중시, 과도한 입시경쟁, 많은 실패의 경험, 사제간의 대화부족 등은 학생들의 정신건강을 해치고 자아정체감(自我正體感)의 성장을 방해하며 학생들에게 많은 소외감을 느끼게 하고 전인적(全人的)인 성장·발달을 저해한다고 한다. 그 중에서도 학교의 대형화와 입시경쟁은 학생과 학생, 학생과 교사 사이를 서로 소원(疏遠)하게 만들고, 지나치게 행정적이며, 학교활동에서 참여기회를 제약한다. 또 학생들 사이는 경쟁적이고, 이 경쟁에서 우승하지 못한 대부분의 학생들은 자신들을 평가절하(平價切下)하여 열등감에 사로잡히게 만든다. 그러나 학습평가가 일률적이고 획일적이며 단순할 때 야기되는 것은 사람마다 각각 특별하게 가지고 있는 다양하고 대단한 잠재능력과 소질 적성이 무참하게 파괴하는 잘못을 범하게 된다는 것이다.

4. 지역사회와 교육

1) 지역사회의 의미

지역사회(地域社會, community)라는 말은 일정한 지역에 살고 있는 주민들이 '우리의식'을 가지고 공동적인 생활체를 형성했을 때 이를 일컫는 말이다. 여기에서 중요한 '우리의식'에 대하여 맥키버(Maciver)는 3개의 감정요소로 구성되어 있다고 주장한다. 즉 우리감정(we-feeling)과 역할감정(role feeling), 의존감정(depending feeling) 등이다. 우리감정은 서산시, 평택, 하남시 등과 같이 나와 육체적으로나 정신적으로 접촉이 많은 일정한 지역을 말한다. 역할감정은 지역사회에서 담당한 역할에서 나오는 감정이고, 의존감정은 지역사회 안에서 주민들이 상호의존관계를 가지며 생기는 감정이다.

지역사회를 분류하면 행정단위로 시, 도, 읍, 면, 리 등으로 나누기도 하고, 생태환경적 분류는 농촌사회, 어촌사회, 산촌사회, 도시사회로 나누며, 친밀성의 정도에 따라 공동사회(Gemeinschaft)와 이익사회(Gesellschaft)로 2분할 수도 있다. 도시사회와 농촌사회를 나누어 그 특징을 보면 일반적으로 그 성격이 서로 정반대로 다르다는 것을 알수 있다.

먼저 ① 농촌사회는 혈연에 의한 동족집단적 경향이 있지만 도시는 그렇지 않다. ② 농촌이 상부상조하는 생활공동체인데 비하여 도시는 개인적이고 이기적인 이익사회다. ③ 농촌은－많이 약화되었지만－지역사회의 공동체적 통제력이 있지만 도시는 익명(匿名)의 사회다. ④ 농촌은 정의적(情意的)인 인간관계가 강하지만 도시는 일시적이고 사무적인 인간관계가 강하다. ⑤ 농촌은 비교적 전통적 문화와 윤리의식이 있지만 도시는 업적에 따라 대우하여 노인경시의 경향이 강하다. ⑥ 농촌에는 직업의 동질성이 있으나 도시는 이질적이다. ⑦ 농촌은 저소득이나 빈부의 격차가 적고, 도시는 소득은 높으나 빈부의 격차도 심하다. ⑧ 농촌은 가족이 함께 일하지만 도시는 생산과 소비가 분리되어 있다. ⑨ 농촌에는 문화시설이 적다. ⑩ 농촌은 자연환경이 좋으나 도시는 공해가 심하고 삭막하다. ⑪ 교육수준은 농촌이 낮고 도시가 높다.

2) 지역사회와 교육

인간은 물적 환경과 인적 환경에 영향을 받으며 성장・발달한다. 그 환경은 학교 외에도 가정과 지역사회가 있다. '학습사회(learning society)'의 이념은 학교나 가정만이 아니고 지역사회가 마치 교실과 같아야 아동들은 보고 배울 수 있다. 학교에서 교육계획을 세워 가르치는 경우와 계획이나 의도가 없이 우발적으로 학습이 이루어지는 경우가 있다. 그런데 인간의 성장·발달은 오히려 후자가 더 많고 중요하다. 잠재적 교육과정의 중요성을 강조하지만 그것 역시 지역사회의 교육환경과 밀접하게 관계되어 있다.

교육에서 교과서나 교재는 지역사회의 요구와 자료가 그 내용으로 실려 있어야 비로소 그 기능을 다할 수 있다. 지역사회 학교는 그 지역사회에서 필요로 하는 인물을 양성하여 그 지역사회를 유지하고 발전시키려 한다. 그러므로 학교와 지역사회는 서로 영향을 주고 받는 밀접한 관계를 가지고 있으며 그렇게 되도록 노력해야 한다.

지역사회에서 공동체 의식은 중요하다. 이것이 희박하면 지역사회는 해체되고 말 것이다. 인간관계의 교섭이 많은 적은 지역사회에 대한 애착심(애향심), 즉 공동체 의식은 좀더 큰 지역사회, 곧 국가에 대한 사랑(애국심)으로 발전한다. 그래서 지역사회 학교에서는 그 지역사회를 사랑하는 교육을 강조해야 한다. 그런데 그 애향심의 교육은 지역사회에 대한 자부심과 공동체 의식을 함양함으로 가능하다.

우리나라는 점차 고도한 산업사회로 변하면서 사회체제의 대 변혁을 겪고 있다. 사회는 아노미(anomie) 현상으로 격동과 무질서로 불안하고, 이기적(利己的)인 사고와 경제지상주의적(經濟至上主義的) 사고로 인하여 농촌사회의 공동체 의식까지도 약화되고 있다. 그런데 우리나라는 미국이나 일본과는 달리 좀 더 강력한 애향심과 애국심, 공동체 의식이 필요한 나라다. 우리나라는 아직도 분단국가로 남아 있고, 한반도를 중심으로 한 4강체제(四强體制)는 확고하여 우리 민족의 평화와 통일을 이루려면 우리나라 국민의 확고한 공동체 의식을 기반으로 한 내적 결속력 없이 불가능하다고 할 것이다.

무엇으로 지역사회의 공동체 의식을 교육할 것인가가 문제다. 우리 민족에게는 세계적으로도 가장 오랜 협동적 사회를 건설해 본 경험을 가지고 있다. 즉 이미 우리는 수백 년 전에 계(契)를 조직하여 상부상조하는 공동체를 가지고 있었으며 그 계정신은 면면히 이어져 오늘에 이르고 있다. 일제하에서도 우리는 3·1 운동을 위시하여 물산장려운동을 일으켰고, 근래에 우리는 새마을운동을 통하여 '한강의 기적'을 이룩하였으며 '금모으기운동'으로 짧은 시간 내에 IMF를 극복하였다. 그리고 2002년에는 월드컵 축구에서 세계 4강에 진입할 수 있었다. 우리의 이러한 불굴의 대 약진은 우연하게 발생한 결과가 아니고 우리 민족에게 면면히 흐르는 계정신, 공동체 의식이 있기 때문이라고 생각한다.

이해 돕기 7

■ **한국인의 계정신**

한국의 계(契)는 공통적인 이해관계를 가진 사람들이 지역적으로나 혈연적으로 서로 협동하는 조직체다. 이 계는 이미 삼한시대부터 있었으며 통일신라 시대에 이르러서는 더욱 발전하여 길삼내기, 가위(嘉俳), 화랑의 향도(香徒)들은 일종의 계였다. 고려시대에는 동갑계로부터 동족계(同族契), 보(寶) 등이 있었고, 조선시대에는 그 외에도 마을에서 운영하는 대동계(大同契)를 위시하여 상포계(喪布契), 혼인계, 군포계, 호포계 기타 수많은 계가 조직되어 상부상조의 사회기관으로서 사회의 기반을 유지하는 데 기여했다. 1926년의 통계에 따르면 전국에 19,067개의 계조직과 814,138명의 가입자, 1937년에는 28,643개의 계와 882,718명의 가입자가 있는 것으로 보아 일제하에서도 상부상조의 전통적 협동정신은 더욱 강화되었다. 이 계조직은 오늘날의 협동조합에 견줄만큼 그 조직이 대단히 민주적으로 운영하였다.

이해 돕기 8

■ **지역사회학교운동**

지역사회(community)에 세워진 학교는 그 지역사회로부터 많은 영향을 받게 된다. 학교는 그 지역사회에 적합하지 않은 전국 공통의 교재를 사용하기 보다 그 지역사회가 가진 인적·물적 교육자원을 활용하는 것이 현실적으로 유익하다. 더욱이 교육이 사회문제를 해결하는 능력을 키우는 것이라면 지역사회의 문제는 좋은 교재가 될 수 있다. 그 위에 학교는 성인을 위한 교육센터로서 기능할 수 있으며, 그 지역사회의 활동에 참여함으로써 지역사회 개선에 적극 참여하게 된다. 이것은 학교가 지역사회 발전의 중심적 역할을 하려는 사회운동이요 교육운동이다.

우리나라에서는 1950년대 초, 미국에서 이 운동을 수입하여 장려하였으나 미미하게 활동하다가 현대그룹의 고 정주영 회장의 도움으로 활성화되었고 지금은 서울에 본부를 두고 각 도에 지부를 두고 있다.

참고문헌

구범서 편저, 「2000년대와 한국의 선택」(서울 : 고려원), 1992.

김경동, 「현대의 사회학」(서울 : 박영사), 1994.

김광웅, 방은영, 「아동발달」(서울 : 형설출판), 2001.

김언주 · 구광현, 「신교육심리학」(서울 : 문음사), 1998.

김영우, 「현대사회와 교육」(서울 : 교육과학사), 1994.

김정휘 · 주영숙, 「교육심리학연구」(서울 : 교육과학사), 1995.

김종서 · 이영덕 · 정원식, 「최신 교육학개론」(서울 : 교육과학사), 1996.

김종서 · 황종건, 「학교와 지역사회」(서울 : 익문사), 1973.

김필식 · 오만록, 「현대 교육학개론」(서울 : 형설출판사), 2002.

박의수 외3인, 「교육의 역사와 철학」(서울 : 동문사), 2002.

윤정일 · 신득렬 · 이성호 · 이용남 · 허형, 「교육의 이해」(서울 : 학지사), 1997.

이성진, 「교육심리학」(서울 : 교육과학사), 1985.

이흥구, 「지역사회학교론」(서울 : 형설출판사), 1975.

정범모 · 박용헌, 「성취동기」(서울 : 배영사), 1969.

정우현, 「교육사회학연구」(서울 : 교육과학사), 1991.

정원식, 「인간과 교육」(서울 : 배영사), 1975.

차경수 · 최충옥 · 이미나, 「교육사회학의 이해」(서울 : 양서원), 1995.

Arnstrong, D. G., Henson, K. T., & Savage, T. V., *Education-An Introduction*, New York : Macmillan Publishing Co., 1992.

Bigge, M. L., *Learning Theory for Teachers*, N. Y. : Happer & Row, 1964, 김종서 외2, 「최신 교육학개론」, 1996, 재인용.

Bloom, B. S., *Stability and Change in Human Characteristics*, N. Y. : Wiley, 1964, 김필식 외1, 「현대 교육학개론」, 형설출판사, 2002, 재인용.

Brophy, J. E., *On Motivating Students*. In D. Berliner, B. Rosenshine(eds.). Talks to Teacher. N. Y. : Random House, 1988.

Dave, R. H., *Founndations of Life-long Education*, N. Y. : Pergamon, 1976.

Dollard, J., and Miller, N. E., *Personality and Psycholotherapy*, New York : McGraw-Hill, 1950. 김종서 외2, 「최신교육학개론」, 1996, 재인용.

Gardner, H., *Frames of Mind : The Theory of Multiple Intelligence*, N. Y. : Basic Books, 1993.

Illich, I., *Deschooling Society*, New York : Happer & Row, 1970

Klein, R.(1975)Malnutrition and Human Behavior. Paper presented at Conference on Malnutrition and Behavior Cornell University.

Lewin, K., *Dynamic Theory of Personality*, N. Y. : McGraw-Hill, 1935.

Maslow, A. H., *Motivation and Personality*(2nd ed.), N. Y. : Happer, 1970.

Ogburn, W. F., *Social Change*, New York : Viking Press, 1966

Ornstein, A. C. & Levine, D. U., *Foundations of Education*, Boston : Houghton Mifflin Co., 1980.

Skinner, B. F., *Contingencies of Reinforcement : A Theoretical Analysis*, N. Y. : Appleton, 1969.

제 5 장
교육의 목적

1. 교육목적의 개념

1) 교육목적의 정의

교육은 일정한 목적이 있고 그 목적을 달성하고자 하는 실천적 활동이 있어서 이루어진다. 그런데 여기에서 목적은 궁극적으로 실현하고자 하는 가치가 있는 것이라야 하기 때문에 교육목적의 결정은 철학적으로 접근해야 한다. 따라서 사실을 있는 그대로 기술하려는 과학적 방법으로 결정하려는 시도는 무리가 따른다. 또 교육의 목적이나 이념은 각 나라마다 다를 뿐 아니라, 한국의 경우 '홍익인간'의 이념 역시 그 의미하는 바를 해석하는 데는 다양한 해석이 가능하므로 교육의 목적을 확정적으로 정의하기는 대단히 어렵다.

그러나 앞에서 교육의 개념을 '인간행동의 계획적인 변화'라고 한 진보주의 교육철학적 입장에 따르면 교육목적이란 "계획적인 교육활동을 통하여 학습자로 하여금 달성하게 하고자 하는 행동변화의 질과 양"이라 할 수 있다(한공우 외3, 1996).

이런 교육의 목적은 마치 항해하는 선박의 나침반과 같은 역할을 하기 때문에 교육의 모든 활동이나 조직과 운영 등은 이 목적이 지시하는 방향에서 벗어나서는 안 된다. 교육목적이 지니는 기능을 구체적으로 살펴보면 다음과 같다(김필식 · 오만록, 2002).

첫째, 교육활동의 방향(方向)을 제시하는 기능이다. 교육목적은 교육활동이 계획되고 실현되는 구체적인 방향을 제시해 준다. 교육활동은 교육목적을 달성하기 위한 과정이므로 교사는 이러한 목적이 제시하는 방향으로 수업을 전개하게 된다.

둘째, 교육내용을 선정(選定)하고 조직(組織)하는 기능과 교수-학습의 지도방법을 선정하는 데 필요한 기준을 제시해 주는 기능이다. 그것은 교육내용과 방법이 교육목적을 달성하기 위하여 짜여지지 않으면 안 되기 때문이다.

셋째, 교육평가의 기준(基準)을 제공하는 기능이다. 수업절차가 끝난 뒤에는 교육의 총괄평가(總括評價)를 실시하게 되는데, 이것은 종착점행동을 평가하는 것으로 이 때의 평가준거는 이미 설정된 교육목적이 된다. 특히 절대평가 체제에서는 교육목적이 평가의 준거기준이 된다.

넷째, 교육활동의 통제적(統制的) 기능이다. 교육목적은 교육의 전과정에 대하여 방향을 제시하므로 여기에서 어긋난 교육활동은 규제된다. 따라서 교육목적은 전반적인 교육활동을 통제하여 효과적인 교육실천이 되도록 유도한다.

이와 같이 교육목적은 교육의 전반적인 활동이 보다 효과적이고 적절하게 실천되게 하는 매우 중요한 역할을 수행하게 된다. 그렇기 때문에 교육목적의 설정 및 진술은 어느 일면만 강조되어서는 안 되며, 여러 자원을 종합적으로 고려하여 타당성 있게 이루어져야 한다. 이러한 측면이 고려되지 않는 교육목적은 비과학적이고 공허하게 될 뿐만 아니라 이로 인하여 후속적인 교육활동은 무의미하게 되며 무질서하게 될 것이다.

2) 교육의 가치체제

교육목적이란 교육목표보다는 더 광범위하고 포괄적인 개념으로 교육이 나아가야 할 기본적인 방향 또는 지침이다. 그렇기 때문에 교육목적은 교육활동에 방향을 제시해 주고, 그 목적달성을 위한 가장 효과적이고 능동적인 노력을 촉발시키는 역할을 담당하게 된다. 이러한 교육목적은 일정한 교육활동을 통해서 달성하고자 하는 것이기 때문에 교육목적은 학생의 입장에서 보면 종착점행동(終着点行動, terminal behavior)의 형태로 제시되게 된다. 따라서 교육은 어떤 가치는 수용하여 실현하고자 하고, 어떤 가치는 배격하기도 한다. 전자는 흔히 교육의 이념, 목적, 목표 등으로 표현하고 있는데 실제 사용하는 경우는 혼선을 가져와 이를 구분할 필요가 있다.

여기서 교육목적의 의미를 파악하기 위해서 그와 관련 있는 교육이념과 교육목표의 용어를 살펴보기로 하자.

가) 교육의 이념

교육의 이념(理念, ideals)이란 가장 넓은 의미로서, 교육이 지향하는 이상적인 인간상을 육성하기 위하여 정치나 경제, 사회, 문화 기타 모든 분야의 활동이 갖는 목적의식의 총체를 말하는 것으로, 이 이념은 교육목적의 철학과 이론의 기반을 제공하는 가장 상위 차원의 목적의식이라고 할 수 있다. 예를 들면, 홍익인간(弘益人間)이나 민주주의, 근대화 등과 같은 교육이념이 그것이다.

그러나 일반적으로 교육의 이념이란 말은 개인의 바람직한 삶을 준비하는 데 쓰는 용어가 아니라 국가수준의 제도적 교육에서 교육활동이 나아가야 할 기본적인 방향을 제시하는 데 사용한다. 대개 폐쇄적인 전체주의 국가에서는 그 교육의 이념이 독선주의(獨善主義)에 빠질 위험이 많은데 비하여 개방적인 민주주의 체제하에서는 가치관의 다양성 때문에 교육의 이념을 정립하기 어렵고, 정립한다 해도 추상적인 용어로 표현되기 때문에 실제로 교육현장에서 그 교육이념을 의식하지도 않고 더욱이 구속력이 없는 편이다.

나) 교육의 목적

사람의 어떤 행위든 그 행위에는 목적이 있는 것처럼, 교육이라는 행위에도 동기와 의도를 가지고 있는데, 그 중에 의도(意圖)라는 것은 결과적으로 어떤 가치나 이상을 성취하려는 마음의 태세를 말하는 것으로 곧 목적이다.

교육의 목적(目的, goals)은 교육의 내용과 방법을 선정하는 것보다는 먼저 결정되어 교육의 방향을 정하고 판단의 기준이 된다. 특별히 기성세대가 성장하는 세대에게 교육제도를 마련하여 줄 때에 일정한 목적과 일관된 원리를 가지고 통제하며 운영하도록 하려는 데 필요한 것이다. 그러나 그 목적이 고착되면 사회변화에 오히려 걸림돌이 될 것이므로 융통성이 있어야 되는 측면과 어느 정도 지속성이 있어야 한다는 측면은 언제나 충돌한다.

개념상으로는 교육의 목적은 교육의 이념보다 하위차원이고 교육목표보다는 상위차원인 개념이다. 예를 들면 초등학교의 교육목적(교육법), 대학의 교육목적(고등교육법), 민주적 인간의 육성, 건전한 생활인의 육성, 예능인의 육성 등이다.

다) 교육목표

교육의 목적과 목표(目標, objectives)는 그 한계점을 구분하기가 어렵기 때문에 흔히 혼동하여 쓰는 것이 보통이다. 그래도 이를 구분하여 보면 목적은 일반성을 띤 큰 항목(중학교의 교육목적)인데 비하여, 목표는 목적보다 구체적이고 세분화되어 있다. 예컨대 '국어과 3학년 교육목표', '대학의 교양교육의 목표, 과학적 태도, 분석적 사고력, 책임감' 등과 같은 것이다. 그리고 매거(Mager)와 같은 학자들은 목표보다 더 구체적이고 하위의 개념으로 실천목표(performence objectives)를 두었는데, 예를 들면 '단원 목표'와 같은 것이다.

가장 하위차원인 교육목표는 교육목적을 달성하기 위한 수단을 강조하는 것으로서 교육에 있어서 현실적이고 기술적이다. 즉 학습경험을 통한 학생들의 직접적인 행동변화를 말한다.

그림 5-1 교육이념, 교육목적, 교육목표의 관계

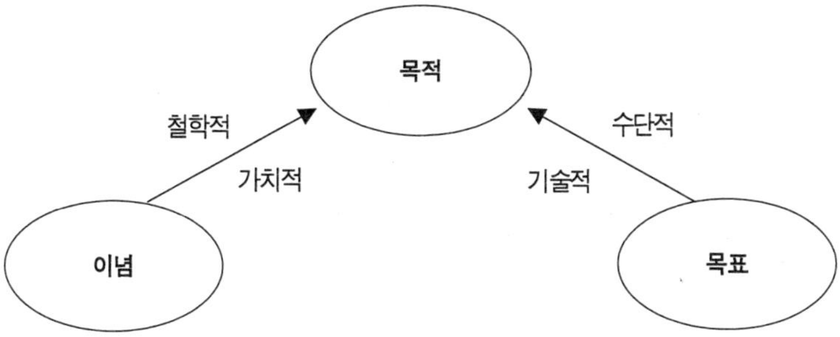

이렇게 본다면 교육목적은 교육이념보다는 하위개념으로서 교육이념을 달성하기 위한 것으로 교육목표보다는 상위개념이다. 그러므로 교육목표는 교육목적을 달성하는 수단이 되고, 교육목적은 교육이념을 달성하는 수단이 된다고 할 수 있다. 교육목적과 교육목표를 좀 더 구체적으로 비교하면 다음 <표 5-1>과 같다.

표 5-1 교육목적과 교육목표의 비교

교육목적	교육목표
장기간에 걸쳐 인간의 전인적 행동특성을 의도적으로 변화시키는 활동	구체적인 단위학습에서 방향감을 제공
추상적, 포괄적	구체적, 단계적
질적인 개념	양적인 개념
예) 인격의 완성, 자아실현, 건전한 사회의 건설 등	예) 이차방정식의 이해, 물의 전기분해 이해, '진달래꽃'의 이해 등

이해 돕기 9

■ **홍익인간의 이념**

우리나라 최초의 건국신화인 단군신화에 나타난 건국이념으로서 천제(天帝)가 아들 환웅(桓雄)이 인간세상에 내려가 천하를 다스리기를 원하여 삼위태백(三危太伯)을 내려다보니 가히 홍익인간(弘益人間)할 만하다 하여 가서 다스리게 했다는 것이다. 여기에서 홍익인간이란 인간을 널리 이롭게 한다는 것인데, 소도사상(蘇塗思想)과 더불어 우리 조상들의 폭넓은 민족 공동체의식의 표현이며 민주적이고 복지지향적인 현대의 사상과 상통하는 이념이다. 우리나라 교육기본법 제1조에는 이 홍익인간의 이념을 한국교육의 이념으로 정하였다.

2. 교육목적의 설정과 진술

학습자에게 타당성이 있는 교육목적이나 목표가 설정되기 위해서는 여러 가지 요인들이 반영되어야 하는데, 타일러(Tyler)는 그 요인을 다음과 같이 다섯 가지로 제시하고 있다.

(1) 학습자에의 타당성

교육목적 내지 목표는 학습자의 요구(필요)와 흥미 및 발달수준 등과 같은 여러 가지 적합성을 고려하여 설정해야 한다. 물론 흥미와 같이 학습자 마다 각각 다를 경우, 이를 모두 고려하고 반영할 수는 없지만 그 연령이나 계층의 학습자에게 공통적으로 나타나는 공통분모가 있을 수 있으므로 이를 고려해야 한다는 것이다. 그리고 필요성은 미래의 준비라는 의미에서 먼 미래를 예측하고 이에 대비하는 교육목적은 자칫 학습자의 흥미를 상실하게 하고, 예측이 어려울 때 시간과 노력의 낭비를 수반하기 쉽다. 그러나 지나치게 현실에 집착하면 학습자의 흥미는 높아지겠지만, 그것은 앞에서 소개한 대로 진보주의 교육철학의 부정적인 측면이 나타나기 쉽다. 학습자에의 필요성과 흥미 그리고 미래에의 준비에 관한 논의는 교육철학의 문제이다.

교육목적은 어디까지나 학습자가 달성할 수 있는 수준이어야 한다. 그리고 그 수준은 교육내용과 변화된 행동 두 개가 결합되어 설정되고 진술되어야 한다.

그것은 행동화에 이르지 못한 교육의 목적은 의미가 없기 때문이다.

(2) 교육철학에의 타당성

앞에서도 언급한 것처럼 교육목적은 다양한 교육철학 중에서 어느 한편의 이론적 배경만을 가지고 편협하거나 한쪽으로 치우쳐 설정되어서는 안 된다. 그렇게 되면 다른 교육목적을 포용할 수 없기 때문에 교육활동이 경직될 염려가 있다. 교육의 궁극적 목적이 전인교육(全人敎育)에 있는 만큼 교육목적은 편협하지 않고 포용적이어야 한다. 더욱이 교육목적은 민주적이어야 하며, 복지적이어야 하고, 영원한 진리를 추구해야 하는 등 올바른 세계관과 교육관 위에 정립되어야 한다.

진보주의 교육철학에 심취해 있던 미국의 교육이 1957년 스푸트닉 쇼크(Sputnik Shock) 이후 대대적인 수정을 가하지 않으면 안 되었던 것도 교육철학(이론)과 교육현장(실제) 사이에 필요하고도 유익한 조화(調和, harmony)를 이루지 못했기 때문이라고 생각하고 있다.

교육목적이 진술될 때에는 조화되고 체계화된 교육철학에 따라서 일관성을 유지해야 하며 목적과 수단이 일치해야 한다.

이해 돕기 10

■ **Sputnik Shock**

1950년대 세계의 2대 세력으로 미국과 소련은 국가안보상으로 대립하고 경쟁하였다. 그런데 늘 앞서가던 미국이 1957년 10월 소련이 인공위성 스푸트닉크를 발사하여 달나라에 명중시킴으로써 미소간의 우주경쟁에서 미국이 백기를 들어야 했다. 미국은 이 쇼크를 받은 이후 1958년에는 국방교육법을 제정하여 지난날의 진보주의 교육의 문제점을 공격하면서 과학 기술분야의 인재개발을 강조하는 새로운 교육개혁을 시도하게 되었다.

(3) 개인-사회에의 타당성

교육목적은 그 학습자 개인의 자아실현이라는 개인적 목적을 이념과 목적으로 하고 있다. 그런가 하면 교육은 개인이 속해 있는 사회의 유지와 발전을 위한 요구나 필요를 반영해야 하는 사회적 목적을 고려하지 않으면 안 된다. 그래서 교육은 개인의 발달과 더불어 사회 공동체의 이념을 실현하기 위하여 필요한 인재를 양성하는 데 목적을 두고 있다. 즉 교육은 개인의 자아실현을 이념으로 하지만 사회적 책임을 다하지 않으면 안 되는 것은 그 자아실현도 사회적 환경에 깊이 영향을 받기 때문이다.

한때 행복한 인간의 삶을 영위하기 위한 기본적인 변화를 인간의 성품의 변화에 두어야 한다는 인성론과 사회의 악을 제거해야 한다는 사회구조론 사이에 우열을 가리고자 하였던 논쟁과 같이 교육에서도 개인의 자아실현과 사회적 이념의 실현 사이에는 조화된 사상적 결단만이 남아 있을 뿐이다.

(4) 교과에의 타당성

교육목적은 어떤 특정한 교과(敎科)가 가지고 있는 특성에 잘 맞아야 한다. 예를 들면 도덕을 가르치는데 지나치게 눈 앞에 전개되는 현실(sein)만을 가르치면 사회현실을 이해하는 데는 유익할지 모르지만, 학습자로 하여금 비전을 갖지 못하게 하는 문제가 있으므로 장래 도래되어야 할 규범적 세계(sollen)를 가르치는 일도 중요하다는 것이다. 따라서 교과 전문가가 수긍이 갈 만한 타당성이 있어야 하는 것은 그가 모든 교육활동의 수행에 있어서 그 교육목적이 항상 준거가 될 수 있어야 하기 때문이다.

(5) 학습심리에의 타당성

교육목적은 학습심리(學習心理)의 안내를 받아 적정하게 설정되어야 한다. 교육은 학습자로 하여금 학습이 진행되는 과정을 통하여 최대한으로 성장과 발전을 달성하려고 하는데, 그런 목표에 효과적으로 이르기 위하여는 학습자의 여러 가지 학습심리를 충분히 고려해야 한다. 아무리 이상적인 교육목적을 설정하였다 하더라도 그것이 학습심리나 사회적 여건에 비추어 볼 때 실현할 수 없는 목적이라면 의미가 없는 계획이 될 것이다.

학습심리와 관련하여 교육목적은 고정불변하는 것이 되어서는 안 된다. 교육목적을 세운 이후 상황이 변화했거나, 미처 생각해 내지 못했던 사항이 새로 등장하여 부득이 재검토하여 교육목표를 수정해야 할 때가 있을 것이다.

3. 변천하는 교육의 목적

교육은 인간의 역사가 기록되기 전부터 있어 왔고, 따라서 교육의 목적은 교육의 역사만큼이나 긴 역사를 가지고 있다. 사회의 변화와 가치관의 변화와 더불어 교육과 그 목적도 변하여 왔다.

1) 원시시대의 교육목적

원시시대의 교육은 아직 계획적이고 의도적이지 못하고 생활과 교육이 구분되지 않았던 시대이다. 이 때의 교육목적은 주로 ① 가족과 종족의 생계를 영위하고, ② 맹수와 외적을 침약을 막기 위한 안전교육이 있었을 것이며, ③ 대자연에 대한 공포로부터 벗어나기 위하여 종교적 의식을 통하여 그들의 신앙을 가르쳤을 것이다. 즉 그들은 성인들의 생활과 경험을 보고 집단의 관습과 규범 및 실생활에 필요한 기술을 배웠을 것이다.

이런 교육은 인간의 최소한의 기본적 욕구를 충족하기 위한 노력으로서 가장 절실한 교육이었으므로 문명사회가 된 이후의 교육과 다른 점이다. 따라서 이 때의 교육은 보수적 성격이 강하여 오랜 세월 동안 쌓아 놓은 경험과 사회규범을 지키는 데 역점을 두었으며 이를 파괴하려는 자는 종족보존을 위태롭게 한다 하여 자연 위험한 존재로 보게 되었다. 그래서 교육의 목적은 집단의 전통문화를 보존하고 유지시키는 데 있었다.

고조선 시대에 들어오면서 가족제도가 확립되고 미풍양속을 기르기 위하여 도덕과 예의를 가르치게 되었다. 그들은 홍익인간(弘益人間)의 이념을 선포하였고, 그 이념에 따라 팔조금법(八條禁法)이 공포되었다. 인류 역사상 그 유례가 흔하지 않은 홍익인간의 숭고한 이념은 현행 교육법에서도 한국교육의 이념으로 계승되고 있다. 또 팔조금법은 만민법(萬民法)의 성질을 가진 민중교화(民衆敎化)의 법으로 도덕교육과 사회교화(社會敎化)를 위한 실천의지였다.

2) 고대의 교육목적

(1) 고대 서양의 교육목적

서양문화의 뿌리가 되는 고대 그리스의 아테네와 스파르타의 교육목적을 비교해 보면 대조적인 것을 발견할 수 있다. 스파르타는 소수의 스파르타(Sparta)인들이 다수의 이방신민(異邦臣民)을 다스리지 않으면 안 되었기 때문에 국가보존을 위하여 체육을 숭상하고 군인을 양성해야 했으며, 따라서 군사교육(軍事敎育)이 핵심을 이루었다. 이에 반하여 정치적으로나 경제적으로 풍요로웠던 아테네(Athene)는 국가보전보다는 개인의 신체적·도덕적·지적 발달 등과 같이 전인적으로 원만한 인격자를 양성하는 데 교육의 목적을 두었다. 플라톤(Platon)은 나라를 다스릴 철학자 양성을 최고의 교육이념으로 하였고, 아리스토텔레스(Aristotle)는 자유교육을 통하여 시민을 양성해야 한다고 주장하였다.

(2) 고대 동양과 한국의 교육목적

한국과 중국 등 유교권(儒敎圈)하의 동양에서는 공자의 가르침대로 교육의 목적을 성인군자(聖人君子) 양성에 두고 있다. 여기서 성인군자 또는 선비란 인의예지(仁義禮智)의 미덕, 즉 학식과 덕행을 두루 갖춘 정치, 경제, 사회의 지도자를 일컫는 말이다. 이들이 나라를 다스리면 나라는 평안하고 백성은 도덕적인 사회가 된다는 것이었다.

특히 한국 삼국시대의 교육목적은 고구려의 태학(太學)이나 경당(扃堂)에서 잘 보여주고 있다. 첫째로 고구려에서는 중국의 영향을 받아 과거제도를 실시하게 되는데 그 시험과목은 고전(古典)이었고 이에 통달한 '선비', 곧 문인(文人)을 발굴하여 인재를 등용하였다. 둘째로 삼국의 각축과 중국 및 북방민족의 침약에 대비하기 위하여 활쏘기 등 군사교육을 실시하였다. 이와 같이 고구려는 지배계층의 교육기관인 태학과 서민들의 교육기관인 경당에 이르기까지 문(文)과 무(武)를 함께 가르쳐 균형있는 교육을 실시하였다.

이런 전인교육 형태는 신라의 화랑도(花郎徒)에서도 분명하게 볼 수 있다. 화랑도의 교육에서는 불교와 유교의 영향을 받아 무용(武勇)보다 충효(忠孝)와 같은 도의와 자비(慈悲)와 같은 신앙을 중시하여 교육내용으로 사군이충(事君以忠), 사친이효(事親以孝), 교우이신(交友以信), 임전무퇴(臨戰無退), 살생유택(殺生有擇) 등의 세속오계(世俗五戒)를 교육목적의 지침으로 삼았다. 백제의 교육목적은 기록이 없어 분명하지 않으나 일본의 사료에 의하면 고구려와 신라에 비하여 뒤지지 않은 높은 수준의 교육기관이 있었을 것으로 추측할 수 있다.

이상과 같이 동양의 교육목적은 소크라테스나 플라톤이 주장한 대로 철학자 국가 통치론과 유사한 형태를 취하고 있다. 차이가 있다면 동양이 윤리적 인격자를 양성하는 데 무게를 두었다면 아테네의 교육은 지적(知的) 인간을 양성하는데 무게를 두고 있다는 데 있다고 할 것이다.

그런데 같은 유교문화권에 있으면서도 일본은 '사무라이'라 하는 무사(武士) 양성을 목표로 하고 있는 것으로 보아 스파르타의 교육관과 유사하다 할 것이다. 외침이 잦은 한국인들이 학문을 숭상한데 비하여 외침이 적었던 섬나라 일본이 무사를 양성하려 했던 것은 오랫동안 일본 내의 무인파벌들이 벌려 온 상쟁(相爭) 때문이라 생각된다.

한국의 통일신라시대 교육목적은 확장된 국토와 인구를 다스리는 데 필요한 인재양성과 관리양성에 있었다. 통일 초기에는 국학(國學)을 설립하여 그 교육적 기능을 다하였으나 중엽에 이르러서는 독서삼품과(讀書三品科)라고 하는 새로운 모습으로 변신하였다. 독서삼품과는 과거제도의 전신으로 인재등용에 있어서 전에는 신분과 문벌 위주로 채용하던 것이 이후로는 실력을 위주로 하여 등용하게 되었다는 것을 의미한다.

3) 중세의 교육목적

(1) 중세 서양의 교육목적

유럽의 중세기는 기독교가 그 시대의 주체가 되어 모든 것을 지배하였던 은혜의 시대였다. 기독교로 말미암아 거칠었던 유럽인들의 심성(心性)이 신앙심과 그 신앙의 생활화로 인하여 순화되었고, 사회제도가 정비되었으며, 사회활동이 사랑과 복지, 협동 등과 같은 박애정신으로 그 삶의 지표를 정할 수 있는 차원 높은 인간들로 변화할 수 있었다. 그러나 종교가 권력과 야합하면 부패하게 된다는 진리는 이 중세기에 적용되어 기독교는 유럽인들에게 결정적으로 위대한 업적을 유산으로 남겨 주었으면서도 과학을 성장시키지 못하였고, 각종 비리와 억압으로 인하여 후세 반중세기, 반기독교적인 르네상스의 주역들에 의하여 '암흑시대'라는 오명을 얻게 되었다. 중세의 교육은 그리스나 로마와 같이 현세의 물질적·세속적 생활에 관심이 있지 않고 영원한 구원을 얻어 가는 내세(來世)의 천국을 얻기 위하여 도덕적이고 정신적인 교육에 치중하였다.

(2) 고려시대의 교육목적

건국 초기 고려의 교육은 신라의 것을 계승하다가 성종에 이르러 과거제도와 함께 교육체제가 정비되기 시작하였다. 중앙의 관학으로는 국자감, 동서학당, 5부학당이 있었고 지방에는 향교(향학) 그리고 사학으로 12도와 서당 등이 주로 교육을 담당하였다.

성종은 정치적 지도이념으로 유교를 택하였고 무(武)보다는 문치(文治)에 더 비중을 두었다. 따라서 교육의 목적은 주로 관리의 등용을 위하여 유교적 교양에 투철한 지도자적인 인재를 양성하는 데 있었다.

4) 근세의 교육목적

(1) 르네상스 시대의 교육목적

르네상스는 기독교의 규범과 금욕적 생활을 벗어나서 고대 그리스 사람들처럼 인간을 중심으로 하는 자유분방한 생활로 돌아가려는 운동이었다. 내세를 위한 고행의 준비기간으로서의 현세가 아니라 자유와 해방을 만끽하며 인간을 중심하여 살려고 하는 인본주의(人本主義, humanism) 부활운동이다. 따라서 르네상스 시대의 교육의 목적은 고대 그리스의 교육에서 찾아 볼 수 있듯이 전인적인 자유인 또는 시민을 양성하는 데 있었다.

(2) 근세 서양의 교육목적

르네상스의 영향을 받아 개인주의적인 경향을 가지고 있었던 루소(J. J. Rousseau)와 그 영향을 받은 페스탈로찌(Pestalozzi)나 프뢰벨(Fröbel)은 인간은 사회의 구속에서 벗어나야 한다고 하고, 사회개혁은 개인의 독특한 가능성을 계발해야 가능하다고 하였다. 이와 반대로 헤겔(Hegel)이 말하는 교육의 목적은 개인성(個人性)보다 보편성(普遍性 또는 일반성)을 개발하는 데 있어야 한다고 주장하고, 헤르바르트(Herbart, J. F.)는 자아발달의 교육목적은 인간이 환경과의 접촉에서 형성되는 인간의 본성을 정확하게 아는 데서 온다고 주장하였다.

이상과 같이 유럽 대륙의 관념론자들의 관점과는 달리 공리주의(功利主義)가 발달했던 영국학자들은 교육의 목적을 '완전한 생활'(complete living)에 두어야 한다고 주장하였다. 여기에서 완전한 생활이란 적자생존(適者生存)의 세계에서 필요로 하는 모든 능력을 개발해야 한다는 것이다. 따라서 교육목적의 우선순위는 생존에 얼마나 가치가 있느냐를 따져서 결정하게 된다.

(3) 조선시대의 교육목적

조선이 무신(武臣)의 쿠데타로 건국되었지만 태조 이성계는 고려에서와 같이 유교주의에 입각한 문치적 이념을 견지하였다. 최고학부로 성균관(成均館)을 세우고 4학과 향교(鄕校), 서원(書院) 그리고 서민교육을 담당한 서당(書堂) 등 고려의 교육체제를 승계하였다. 조선시대의 교육의 주된 목적 역시 과거(科擧)나 그 외의 관리가 되는 시험에 합격하여 관리가 되는 것이었다.

그러나 구한말기에 이르러서는 세계의 제국주의가 한국에 몰려오면서 국권이 풍전등화와 같이 위기를 맞게 되었다. 일본의 정한론자(征韓論者)들은 여러 방면으로 조선을 압박해 오고 있었으며, 그 중 갑오교육개혁은 아무런 준비도 없이 조선의 교육을 서양식으로 개혁하여 성공하지도 못하고 혼란만 가중하게 되었다. 그러나 조국의 위험을 감지한 민족 지도자들과 미국에서 온 기독교 선교사들은 교육구국(敎育救國)을 주된 교육목적으로 하여 수많은 학교를 세우게 되었다. 이러한 한국인의 교육목적은 국권이 상실된 뒤에도 계속 유지되었고, 국권을 되찾은 뒤에도 한국 근대화의 기초가 되었다.

5) 근대의 교육목적

(1) 근대 미국의 교육목적

20세기에 들어오면서 서양의 교육은 미국의 실용주의(實用主義) 철학이 기초를 세운 진보주의 교육철학이 죤 듀이(John Dewey)에 의하여 정착되었다. 그는 피교육자 개인의 성장발달에 교육의 목적을 설정해야 한다고 주장하고 '아동중심주의'를 강조하였다. 이에 대하여 본질주의 교육철학자들은 전이가(轉移價)가 높은 인류의 문화유산을 전승하게 하는 것이 교육의 목적이어야 한다고 주장한다. 또 항존주의자들은 영원히 불변하는 진리(眞理)를 가르치는 것이 교육의 목적이라고 하며, 재건주의자들은 현대사회의 문제를 비판하고 파괴되어 가는 인류문화와 사회를 재건하는 작업이 곧 교육의 목적이어야 한다고 주장한다.

(2) 국권상실기의 교육목적

1910년 한국의 국권을 늑탈한 일본 제국주의자들은 한국에 우민화정책(愚民

化政策)을 펴서 가능한 한 한국인에게 교육의 기회를 허용하지 않으려 했으며, 부득이 허용할 경우 그들이 식민화 정책에 필요로 하는 교육을 제공하였다. 일제 35년 동안에 조선교육령으로부터 시작하여 제1차, 2차, 3차, 4차 교육개정령에 이르기까지 그들의 교육목적은 한국을 영원히 일본 식민지로 지배하고 중국 등 아시아 여러 나라들을 침략하기 위한 교두보로 삼기 위한 교육이었다.

그러나 우리 민족은 이와 같은 일제의 식민지 교육하에서도 거족적인 교육구국운동을 전개하였고, 사학에서는 민족주의 교육과 독립정신 교육이 잠재적 교육과정으로 널리 확산되어 독립운동에 기여하였다.

(3) 미군정시대의 교육목적

국권이 회복된 한국은 불행하게도 나라가 분단되어 남한은 1945년부터 미군이 3년간 통치하게 되었다. 한국 사정을 잘 모르는 미군정은 미국에서 공부한 한국인을 중심으로 하여 교육정책을 수립하게 하였고, 그들은 한국에 미국식 교육을 도입하여 시행하게 되었다.

우선 시급한 교육정책으로는 일제의 식민주의 교육정책으로 왜곡된 교육체제를 청산하고 민주주의에 입각한 새로운 체제로 '새 교육'을 정립하는 일이었다. 그런데 이런 민주주의가 이루어지려면 먼저 해야 할 것이 전국민의 87%나 되는 비문해자(문맹자)를 위한 교육이었다. 즉 미군정 3년간은 교육체제가 정립되는 과도적인 혼란기로 그 교육목적은 민주주의 사회를 건설하기 위한 민주시민의 양성이었다. 단지 문제가 되는 것은 갑작스럽게 미국의 진보주의 교육이 한국에 이식되었기 때문에 오는 혼선이었다. 그럼에도 불구하고 이미 선교계(宣教界) 학교들이 미국식 교육을 실시해 왔기 때문에 그 변화의 충격을 흡수할 수 있었다.

6) 현대 한국의 교육목적

(1) 홍익인간(弘益人間)의 이념과 교육목표

우리나라의 교육목적은 헌법과 교육법 및 국민교육헌장 등에 잘 나타나 있다. 1949년 12월 31일 법률 제86호로 공포된 교육법 제1조에는 "교육은 홍익인간의 이념 아래 모든 국민으로 하여금 인격을 완성하고, 민주적 생활능력과 공민으로서의 자질을 구유하게 하여 민주국가 발전에 봉사하며, 인류공영의 이상실현에 기여하게 함을 목적으로 한다"라고 하여 우리나라 교육의 기본적인 이념과 목적을 분명히 규정하고 있다.

이런 교육목적의 설정은 대부분의 민주적인 근대국가에서 찾아 볼 수 있는 내용인데, 그 중에서 홍익인간(弘益人間)의 이념은 한국인의 개국이념으로서 우리 민족의 고유문화를 계승하고 발전시켜 애국애족의 정신을 키우고 나아가 자주 독립국가를 건설하겠다는 의지가 들어 있다. 그리고 홍익인간의 이념은 세계문화 창조와 발전에 기여하며 인류평화 건설에 기여하겠다는 좀더 폭넓은 세계관을 가진 대아적(大我的) 교육목표가 제시되어 있다.

(2) 교육목적 달성을 구현할 방법

홍익인간을 교육이념으로 하는 이러한 교육목적을 달성하기 위한 구현방침은 교육법 제2조에 다음과 같이 명시하고 있다.

첫째, 신체의 건전한 발육과 유지에 필요한 지식과 습성을 기르며 아울러 견인불발(堅忍不拔)의 기백을 가지게 한다(건강교육).

둘째, 애국애족의 정신을 길러 국가의 자주독립을 유지 · 발전케 하고, 나아가 인류평화건설에 이바지하게 한다(국민정신교육).

셋째, 민족의 고유문화를 계승 앙양하며 세계문화의 창조 · 발전에 공헌하게 한다(민족문화 창조교육).

넷째, 진리탐구의 정신과 과학적 사고를 배양하여 창의적 활동과 합리적 생활을 하게 한다(과학 · 기술교육).

다섯째, 자유를 사랑하고 책임을 존중하며 신의와 협동과 경애의 정신으로 조화 있는 사회생활을 하게 한다(도덕교육).

여섯째, 심미적 정서를 함양하여 숭고한 예술을 감상 · 창작하고 자연의 미를 즐기며 여유의 시간을 유효하게 사용하여 명랑한 생활을 하게 한다(정서교육).

일곱째, 근검노작(勤儉勞作)하고 무실역행(務實力行)하며 유능한 생산자요 현명한 소비자가 되어 건전한 경제생활을 하게 한다(경제생활교육).

우리나라는 이러한 교육목적과 목표를 달성하기 위하여 각 학교를 설립하여 운영하고 있다. 유치원 · 초등학교 · 중학교 · 고등학교 · 전문대학 · 대학 및 특수학교의 구체적인 교육목적을 제시하면 다음과 같다.

① 유치원의 교육목적(초 · 중등교육법 제35조)

유치원은 유아를 교육하고 유아에게 알맞은 교육환경을 제공하여 심신의 조화로운 발달을 조장하는 것을 목적으로 한다.

② 초등학교 교육목적(초 · 중등교육법 제38조)

국민생활에 필요한 기초적 초등교육을 하는 것을 목적으로 한다.

③ 중학교 교육목적(초 · 중등교육법 제41조)

초등학교에서 받은 교육의 기초 위에 중등의 보통교육을 하는 것을 목적으로 한다.

④ 고등학교 교육목적(초 · 중등교육법 제45조)

중학교에서 받은 교육의 기초 위에 중등보통교육 및 기초적인 전문교육을 하는 것을 목적으로 한다.

⑤ 대학교의 교육목적(고등교육법 제28조)

대학은 인격을 도야하고 국가와 인류사회 발전에 필요한 학술의 심오한 이론과 그 응용방법을 교수 · 연마하며, 국가와 인류사회에 공헌함을 목적으로 한다.

그 외에도 특수학교(초 · 중등교육법 제55조)와 고등교육법에 기술대학(제55조), 전문대학(제47조), 방송통신대학(제52조), 산업대학(제37조)의 교육목적이 규정되어 있다.

참고문헌

곽병선 · 윤병희, 「민주주의 교육이란 무엇인가?」, 한국교육개발원(편), 민주주의와 민주주의 교육, 1990.

김필식 · 오만록, 「현대교육학개론」(서울 : 형설출판사), 2002.

박준희, 「교육학개론」(서울 : 박영사), 1984.

유형진, 「국민교육헌장과 현장교육」(서울 : 교학사), 1970.

이홍우, 「교육의 목적과 난점」(서울 : 교육과학사), 1995.

한공우 · 이병헌 · 오금희 · 박행모, 「현대교육학개론」(서울 : 동문사), 1996.

한기언, 「교육학개론」(서울 : 교육과학사), 1980.

허영부, 「현대교육학개론」(서울 : 학문사), 1998.

황정규 · 이돈희 · 김신일, 「교육학개론」(서울 : 교육과학사), 1998.

Arnstrong, D. G., Henson, K. T., & Savang, T. V., *Education An Introduction*, New York : Macmillan Publishing Co., 1992.

Dewy, J., *Democracy and Education*, New York : The Free Press, 1968.

제 6 장 교육의 방법

교육의 목표가 설정되고 그 목표에 맞추어 내용이 선정·조직되면 다음 단계로 그것을 전달해 줄 지도방법이 필요하다. 마치 회사가 연구하고 계획하여 상품을 생산하면 그것을 소비자에게 운반하는 수단이 있어야 하는 것과 같다할 것이다. 지도방법에는 수업과정(授業過程), 곧 학습지도와 생활지도가 있는데 일반적으로 교육과정에는 생활지도를 포함시키지 않고 별도로 취급하므로 여기에서는 수업과정만을 다루기로 한다. 수업과정은 가르치고 배우는 과정이다. 지금까지 교육의 목표를 세우고 내용과 교육매체를 선정하며 교사의 자질을 높이는 등 일련의 모든 것들은 수업과정에 투입되고, 그 결과는 아동의 성장과 발달로 나타난다.

1. 교수-학습의 의미와 이론

교육방법과 관련하여 사용되는 용어가 다양하다. 수업(授業 instruction)이라는 말과 교수(敎授, teaching), 학습(學習, learning), 학습지도, 교수-학습과정 등이 있으나 실제적으로 이들을 구분하기란 그리 쉽지 않다. 왜냐하면 이들은 모두 공통점을 가지고 있기 때문이다. 단지 누구를 주체로 한 용어인가가 다를 뿐이다. 예컨대 교수와 수업은 교사를 중심한 말이고 학습은 학생을 중심으로 한 말이 다를 뿐이다. 일반적으로 교수란 '가르치는 것'을 뜻하고 학습은 배우는 것을 뜻하며 이 둘을 합하여 수업이라고 정리하기로 하자. 그러면 수업이란 교수-학습과정과 같은 의미로 사용하는 것이다. 그러나 김종서는 이 두 개념은 동의어로 보고 있으며(김종서 외2 1996), 이와 정반대로 교수가 수업보다 더 큰 개념이라고 하는 학자도 많이 있다.

1) 교수(teaching)의 의미

교수(가르치는 것)는 교사가 학습자들에게 무엇인가를 학습할 수 있도록 학습자의 외적 환경을 조작하여 주는 과정이라고 할 것이다. 이런 조작에는 학습을 촉진하기 위하여 지식이나 정보를 제공하고 적절한 조건을 조성해 주는 활동들이다. 우선 교수, 즉 가르치는 것이 무엇인가에 대하여 여러 학자들의 의견을 들어보면 다음과 같다.

① 코레이(Corey)의 정의는 교수란 개인으로 하여금 특정 조건하에서 명시된 행동을 나타내게 하거나, 일정한 상황에 대한 반응으로서, 어떤 특정한 행동을 하도록 학습하기 위하여 그의 환경을 의도적으로 조작하는 과정이라고 하였다(Corey, 1967).

② 가네와 브리그(Gagné & Briggs)의 정의는 교수란 학습자의 내적 학습과정을 뒷받침하기 위해 마련되는 외적 사항의 한 집합이라고 하였다.

③ 라이거루트(Reigelut)는 교수를 수업에 비해 포괄적이며 구체적으로는 설계, 개발, 실행, 관리, 평가가 포함되는 것으로 보고, 수업은 교수의 영역 중에서 교수의 적용과 실행에 중점을 두는 것이라 하였다. 이에 반해 호스포드(Horsford)는 수업을 교수보다 더 포괄적인 개념으로 보았다.

이들 정의를 종합해 보면 중요한 두 가지 의미가 들어 있다. 그 첫째는 교수(敎授)란 처음부터 어떤 행동변화를 일으키고자 하는 명확한 목표를 가지고 있다. 둘째는 교수가 계획적으로 환경을 조정한다는 것이다. 의도된 수업목표를 달성시키기 위해서는 학습자의 환경을 매우 구체적인 계획을 가지고 이를 통제해야 한다는 것이다.

결국 교수(敎授)란 학습효과를 극대화하기 위하여 적당한 조건을 형성해 주는 과정이라고 할 수 있다. 이와 같은 교수에 대한 정의를 기초로 하여 성격을 보면 다음과 같다.

첫째, 교수란 인간적인 활동으로서 학습에는 학교의 학습 외에도 사회교육기관에서 이루어지고 있는 다양한 학습이 있다. 그리고 잠재적 교육과정에서처럼 계획된 교육과정 밖에서도 인간을 대상으로 하는 교육이나 훈련이 이루어지고 있다.

둘째, 교수는 학습자의 지적 영역, 정의적 영역 및 운동 기능적 영역의 행동 중 특정한 행동을 변화시키기 위하여 처방하고 안내하는 것이다. 즉, 모든 측면의 인간 행동이 수업의 대상이 된다.

셋째, 교수는 계획성을 내포하는 목적추구의 활동이다.

넷째, 교수는 학습자의 학습을 촉진하는 절차로서, 학습의 환경, 상황, 장면을 조직하거나 조성하는 것이다.

다섯째, 교수는 학습자의 내적 과정과 활동으로서의 학습행동을 관리하고 촉진하며 평가하는 일이다.

이상에서의 교수의 정의와 성질을 종합해 볼 때, 교수는 학습자에게서 어떤 바람직한 행동 변화를 일으키고자 하는 의도적 · 체계적 · 계획적인 과정으로서, 학습자가 특정한 목표에 도달할 수 있도록 학습자의 내적 조건 및 외적 환경을 체계적으로 조정하는 과정임을 알 수 있다.

2) 교수이론

가) 브루너의 발견식 수업이론

브루너(Brunner)는 교수이론의 본질을 간결하고 명료하게 제시하였다. 그에 따르면 교수이론이란 단순히 학습과정을 기술한 것이 아니라 학습과제를 어떻게 하면 학습자가 가장 잘 배울 수 있을 것인지에 대한 이론으로, 목적달성을 위해 어떻게 가르쳐야 하는지 그 처방을 내리는 것이어야 한다는 것이다. 즉 브루너는 학습자가 어느 정도까지 학습해야 하는지에 대하여 그 준거를 제시하고, 어떤 조건에서 학습해야 하는지 그 조건을 제시해야 한다고 주장하고 있다.

브루너가 말하는 교수이론에서는 학습의 경향성과 지식의 구조, 학습의 계열 및 기획 등의 네 가지 특징을 들고 있다. 이를 구체적으로 살펴보면 다음과 같다.

첫째, 교수이론은 학습의욕을 가장 효과적으로 갖게 하도록 경험하는 일이다. 학습의욕은 문제해결을 하고자 하는 필요성, 즉 요구가 있어야 하는데, 그렇게 하기 위해서는 문제해결을 위한 여러 가능성을 탐색해야 하며, 사회계층, 성, 연령 등에 따라서 지적활동의 차이가 있고 학습하는 스타일이 다르며 학습자료의 종류 및 정도가 다르기 때문에 이를 고려해야 한다고 한다. 그리고 그 외에도 가르치는 사람과 배우는 사람과의 인간관계가 어떠하냐에 따라서 학습의욕에 영향을 미친다는 점을 고려해야 한다고 하였다.

둘째, 교수이론은 하나의 체계를 이룬 지식이 학습자에 의해 가장 쉽게 이해되도록 지식을 구조화하는 방법을 제시해 주어야 한다. 브루너(Brunner)는 지식의 구조가 중요한 이유를 다음과 같이 설명한다.

① 학습과제의 기본적인 구조를 이해하면 이에 대한 학습이 쉬워진다.

② 기본적이고 기초적인 지식과 같은 내용의 높은 수준의 지식 사이의 거리를 좁혀준다.

③ 구조화된 지식을 이해하면 쉽게 잊혀지지 않는다.

④ 기본원리나 아이디어에 대한 이해는 유사한 사례에 대한 적절한 전이(轉移)가 가능해 진다. 즉 유사한 사례에 적용되기 쉽다는 것이다.

셋째, 교수이론은 학습자료를 제시할 때 그 순서를 조직화하여야 한다. 이는 학습자가 학습내용을 이해하고 이를 변형하며 전이시키는 데 도움이 될 수 있도록 학습과제를 순서대로 조직해야 한다는 뜻이다. 이 때 학생들의 선행학습, 발달단계, 자료의 성격, 개인차 등을 고려해야 한다.

넷째, 교수이론은 교수의 학습과정에 있어서 강화(强化)하는 방법을 분명히 밝혀야 한다. 브루너는 강화를 외적 보상에 의한 것과 내적 보상에 의한 것으로 구분하고 학습자가 학습하는 것에 대한 즐거움이나 만족감을 느끼는 내적 보상을 더 우위에 두었다.

브루너는 이러한 교수원리에 근거하여 수업과정에서 학습자가 독립적인 사고의 과정을 통해 직접 학습하도록 유도하는 발견학습(發見學習)을 고안할 수 있었다. 발견학습이란 교사가 지식을 최종적인 형태로 제시하는 것이 아니라 교사가 학습자에게 문제를 제기하면 학습자 스스로 추리와 직관을 통하여 탐구하고 지식을 발견하며, 한 교과의 기본적인 지식의 구조를 이해해 나가는 과정을 말한다. 따라서 발견학습에서는 지식을 학습자의 머리 속에 집어넣는 것이 아니라 학습자가 지식을 이해하고 받아들일 수 있는 과정으로 이끄는 것이 중요하다. 이런 발견학습은 문제해결의 방법과 지식을 얻는 데 유효한 길이라고 하였다.

나) 블룸의 완전학습이론

블룸(Bloom)은 학교의 학습에서 학생들의 약 3분의 1 정도만 학습을 제대로 할 뿐 나머지 3분의 2의 학생들은 충분히 이해하지 못하거나 거의 학습하지 못하는 상태라고 지적하면서 완전학습이론(完全學習理論)을 제시했다. 완전학습에서 그 완전성의 기준은 한 학급 내에서 95% 이상의 학생들이 주어진 학습과제의 90% 이상을 완전히 학습하는 것을 말한다.

블룸은 캐롤(Carroll)의 학교 학습모형을 토대로 하였다. 그는 학습에 영향을 미치는 핵심적인 세 가지 변인으로 첫째, 성취해야 할 학습에 기본적인 선행요건을 이미 학습한 정도, 둘째, 학생이 학습과정에 참여하는 동기의 정도, 셋째, 학습자에게 제공될 수 없는 수준 등을 들고 있다.

그림 6-1 교수 · 학습이론의 주요변인

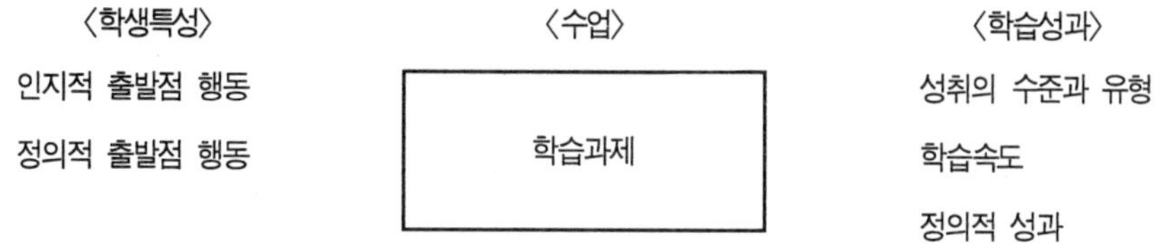

이러한 변인들을 좀 더 구체적으로 살펴보면, 학습성과를 결정하는 요인으로는 학습자의 특성과 수업이 있다. 학습자의 특성은 인지적 특성과 정의적 특성으로 나뉜다. 인지적 특성에는 학습자의 사전 성취정도, 적성, 일반지능, 독서이해력 등이 있고, 정의적 특성에는 교과에 대한 흥미와 애착심, 학교에 대한 애착심, 학업에 대한 자아개념 등이 포함된다.

블룸은 이러한 학습자의 특성을 고려한 수업방법이 제공되면 학습자들은 보다 짧은 시간 내에 주어진 과제를 성공적으로 성취해 낼 수 있다고 보았다. 수업에서는 단서, 즉 교사가 학습내용을 어떤 방법으로 다룰 것인가에 대해 지시를 내리는 것과 강화, 참여, 피드백과 교정절차 등 수업의 질이 학습성과를 결정하는 주요 요인이다. 이를 그림으로 표시하면 <그림 6－1>과 같다.

다) 가네의 목표별 수업이론

가네(Gagné)의 수업이론은, 먼저 세우게 되는 교육목표에 따라 학습조건이 달라지게 된다는 점에서 목표별 수업이론(目標別 授業理論)이라고 한다.

가네는 수업이란 학습자의 내적이고 심리적인 조건에 변화가 생기도록 외적 조건을 형성해 주는 것이라고 보았다. 즉 그는 수업에서 내적 조건과 외적 조건이 모두 중요하다고 강조하고 이들을 적절하게 배열하는 것이 학습이라고 보았다. 내적 조건으로는 선행학습(先行學習), 학습동기, 자아개념(自我概念) 그리고 주의력(집중력)을 들었고 외적 조건으로는 접근의 원리, 반복의 원리 그리고 강화의 원리 등을 제시하였다. 이를 구체적으로 살펴보면 다음과 같다.

① 접근의 원리

학습자가 반응해야 할 어떤 자극이 있고, 그 자극에 적절하게 반응하는데 있어서 시간의 간격이 짧을 때 학습이 잘 이루어졌다고 말한다.

② 반복의 원리

학습을 증진시키고 분명히 이해시키기 위하여 어떤 자극을 주고 그에 따라서 반응하는 경우, 이런 자극과 반응이 반복적으로 되풀이하여 연습되는 것을 뜻한다.

③ 강화의 원리

특정 학습이 일어났을 때 그에 대한 적절한 보상이 주어지면 그 행동은 더 발달되거나 촉진된다. 수업에 있어서 그 외의 종속변인(從屬變因)으로서 학습이 있는데, 학습력의 전이(轉移), 학습력의 파지(把持) 등이 이에 속한다.

가네는 학습영역을 다음 <표 6－1>과 같이 다섯으로 구분하고 목표별 수업원리를 제시하였다. 첫째는 언어정보영역이고, 둘째는 지적 기능영역이며, 셋째는 인지적 전략영역이다. 넷째는 태도영역이고 다섯째는 운동기능영역이다.

가네의 목표별 수업이론에서 강조하는 수업과정에서의 교사의 활동은 다음과 같이 여덟 가지이다.

① 수업목표를 제시하기
② 선행학습을 재생하기
③ 자극적인 교재를 제시하기
④ 학습지침을 제공하기
⑤ 성취행동을 끌어내기
⑥ 피드백을 제공하기
⑦ 성취행동을 평가하기
⑧ 파지와 전이를 강화하기

표 6-1 Gagné의 다섯 가지 학습영역

학습영역	학습된 능력	예
1. 언어정보 (Verbal Information)	관련된 질문에 대하여 한 가지 답만이 가능한 명백한 사실	제시된 도시의 목록에서, 학생은 어느 주의 수도인지를 말할 수 있다.
2. 지적 기능 (Intellectual Skills)	구체적 또는 추상적 사항의 같고 틀림을 변별하는 능력, 개념 및 규칙에 대한 이해 및 활용 능력, 다수의 개념 및 규칙을 활용하여 주어진 문제를 해결할 수 있는 능력 등	학습자에게 가계수표책이 주어지면, 대차대조표를 작성할 수 있다.
3. 인지전략 (Cognitive Strategies)	학습자의 사고와 학습을 지배라는 통제 과정	기말과제를 작성하기 위해 목록카드를 개발할 수 있다.
4. 운동기능 (Psychomotor Skills)	정신적·육체적 행위를 동반하는 운동 능력	학습자가 비디오 카메라를 설치하고 작동할 수 있다.
5. 태도 (Attitudes)	학습자가 나름대로의 행동이나 사고를 결정, 선택할 수 있는 능력 태도는 학습자가 지적 기능, 운동 기능 등을 어떤 조건 하에서 선택하거나 수행하는 데 영향을 줌	긍정적인 건강관을 반영하는 자신의 생활 스타일에 대한 결정을 할 수 있다.

3) 학습의 의미

학습(learning)은 인간이 환경을 만나서 상호작용을 하면서 여러 가지 형태로 비교적 지속적인 변화를 하게 되는 것이다. 그래서 자연적으로 성숙(成熟)되는 발달이나 약물과 같은 것으로 일시적으로 일어나는 변화는 학습의 개념에서 제외된다. 이러한 학습을 도식화하면 다음과 같다.

$$L = A - (B + C + D)$$

여기서, L = 학습
A = 개인에게 일어나는 모든 변화
B = 생득적 반응경향에 의한 변화
C = 성숙에 의한 변화
D = 일시적인 변화

학습의 일어난 경우를 예로 들면 다음과 같다.

① 처음에는 해결하지 못한 문제를 여러 가지 방법으로 계속 제시하였더니 문제를 해결할 수 있게 되었다.
② 책을 읽고 독후감을 쓴다.
③ 선생님을 보면 인사한다.

한편, 학습이 일어난 것이라고 볼 수 없는 경우를 예로 들면 다음과 같다.

① 연습을 많이 해도 변화의 기미가 보이지 않던 어떤 행동이 고학년이 되면서 자연스럽게 변화하였다(성숙에 의한 변화).
② 심한 운동을 한 체육시간 다음의 수업시간에 학생들의 주의집중력이 크게 약화되었다(일시적인 변화).
③ 대마초를 피우고 나서 열의를 가지고 토론에 참가하였다(일시적인 변화)
④ 어떤 특수한 자극에 대하여 거의 모든 학생들이 일시적인 반사행동의 양태를 보여 주었다(생득적 반응경향에 의한 변화).

이상을 종합하여 볼 때, 학습이란 경험이나 연습의 결과로 비교적 영속적으로 일어난 행동변화를 말하며, 학교에서의 학습이란 학습자가 계획된 학습내용과 경험을 통해서 바람직한 방향으로 행동을 변화시켜 가는 비교적 영속적인 과정이라고 할 수 있다.

4) 학습이론

학습이 일어나는 원인이 무엇인지, 또 인간의 행동변화에 영향을 주는 요인들이 무엇인지에 대해서는 관점에 따라 조금씩 입장이 다르다. 학습이론은 여러 가지가 있는데, 크게는 연합이론과 인지학습이론 두 가지로 대별된다.

연합이론(聯合理論)은 모든 반응은 자극에 의해서 일어난다고 보는 입장으로 자극-반응이론(stimulus-response theory)이라고도 한다. 자극-반응이론은 초기에는 고전적 조건화이론으로 제시되었고 후에 조작적 조건화이론으로 다음에는 관찰학습(사회학습이론)이 제시되었다. 인지학습이론(認知學習理論)은 무엇인가 앎으로써 인지구조가 변화하는 것이라고 여기며 인간행동의 변화에는 복합적인 정신적 과정이 중요한 역할을 한다고 보는 입장이다. 이에는 형태주의이론(통찰성, 장이론)과 톨만(Tolman)의 목적적 행동주의(기호-형태설), 정보처리적 접근 등이 이에 속한다. 그 외 매슬로우(Maslow), 로저스(Rogers)를 중심으로 하는 인본주의 학습이론이 있다.

가) 연합이론(자극-반응학습이론)

행동주의적(行動主義的) 학습이론으로 관찰 가능한 외적 행동만을 대상으로 하여 연구한 결과를 제시한다. 즉 외부환경의 변화에 대한 인간의 반응을 연구 대상으로 한다. 연합이론에 의하면 학습이란 학습자의 반응과 이를 강화시켜주는 자극과의 체계적인 연결 속에서 이루어진다. 이에는 파블로프(Pavlov)에 의해 성립된 고전적 조건화설(條件化說)이 있는데, 파블로프는 생리학적 실험에서 개(犬)의 타액분비작용을 통해 조건반사를 발견하였는데, 이것이 미국에 건너가 행동주의 이론과 결합되어 발전되었다.

또한 조작적(操作的) 조건화설에는 손다이크(Thorndike)의 도구적(道具的) 조건형성과 스키너(Skinner)의 조작적(작동적) 조건형성으로 구분될 수 있다. 고전적(古典的) 조건화설은 무조건 자극에서와 마찬가지로 조건자극에서도 반사적 행동이 수동적으로 유발되는 것에 관한 이론인 반면 조작적 조건화설은 유기체가 외부의 자극에 대하여 단순히 수동적으로 행동하는 것이 아니라 자발적으로 조작하는 행동에 대한 것이다.

이 밖에 반두라(Bandura)에 의해 주창된 관찰학습(觀察學習)이 있는데, 그는 학습은 자극－반응의 기계적인 연합보다는 인지적인 과정, 즉 타인의 행동을 관찰함으로써 일어난다고 하는 연구결과를 제시하였다. 이를 인지적 행동주의 학습이론 또는 사회학습이론, 관찰학습, 모방학습(模倣學習)이라고도 한다. 이러한 관찰학습의 특징은 자극－반응이론에서처럼 인간을 기계적, 수동적 존재가 아니라 자극을 받아들이고 나서 지적인 과정을 거치고 그 다음에 행동하는 존재로 보았다는 점, 그리고 그렇기 때문에 반복훈련뿐 아니라 일회 학습에 의해서도 학습이 가능하다고 보았다는 점이 다르다. 관찰학습은 모델이 강화를 받는 것을 봄으로써 자신의 행동도 강화되는 대리강화(代理强化)를 강조하였다는 점을 보면 교사뿐 아니라 대중매체를 통해서도 모방학습이 가능하다는 것을 시사하고 있다.

나) 인지이론

자극－반응이론이 외적이고 객관적인 인간행동의 현상만을 다루고 있는 것에 반해서 인지론자(認知論者)들은 인간행동의 내적, 정신적 현상에 대해 관심을 기울인다. 특히 현상을 요소별로 분석하지 않고 전체의 구조 속에서 요소 또는 부분들의 상호관계를 파악하고자 한다. 인지적 학습이론에는 다음에 설명하는 통찰설과 정보처리이론 외에도 레빈(Lewin)의 장이론 및 톨만(Tolman)의 기호형태설(목적적 행동주의) 등도 포함된다.

(1) 통찰설(洞察說, insight theory)

통찰설은 형태주의(形態主義) 이론이라고도 하는데 이는 1912년 독일에서 시작되었다. 형태주의에 의하면 학습이란 지각(知覺)의 특수한 한 형태이다. 즉 학습이란 행동주의에서처럼 자극과 반응 간의 연합에 의한 인간의 행동변화를 의미하기보다는 복잡한 인지, 즉 사고과정에서 일어나는 인지형태의 변화를 의미한다. 인지론자들은 아무리 간단한 학습이라도 주의(注意)와 기억 등의 인지과정이 포함되어 있다고 본다. 통찰설은 1916년 쾰러(Köhler)가 원숭이를 대상으로 한 실험결과에 의한 것이다. 그의 이론은 인간에게도 적용되어 동일한 결과를 나타내었는데, 그 통찰에 의한 학습과정은 다음과 같다.

① 문제의 파악

행위가 취해지기 위해서는 문제를 파악해야 한다.

② 숙고의 시기

문제해결의 초기단계 동안 여러 가지 사고(思考)를 하는 기간이다. 이 때 가능한 여러 가지 해법을 머리 속으로 시도해 본다.

③ 통찰

숙고과정 동안 정확한 가설(假說)이 떠오를 때 해법은 갑자기 완벽하게 이루어진다.

④ 통찰에 의한 해법의 기억

성공한 문제해결방법은 아주 잘 기억된다.

⑤ 해법의 일반화(전이)

알고 있는 지식을 일반화시켜 적용시키는 과정이다. 비슷한 문제에 접했을 때 쉽게 문제를 해결할 수 있다.

(2) 정보처리이론(情報處理理論, infprmation processing theory)

정보처리이론은 정보와 관련된 인간의 내적 처리과정을 컴퓨터에 비유하여 설명하고자 한다. 이 이론에서는 인간을 적극적으로 정보나 지식을 처리하는 능동적 개체, 즉 정보처리체계로 이해한다. 인간은 자극을 받았을 때 즉각적으로 반응하는 것이 아니라 인간 내부에서 자극이 지각되고 분석, 조직, 해석, 수정, 변형되며 기억되었다가 판단하는 내적 처리과정을 거친다는 것이다. 따라서 이 이론에서는 인간을 적극적인 정보처리자로 보며 정보를 기억한다는 것은 정보의 입력, 저장, 인출의 모든 과정을 포함하는 것으로 이해한다.

다) 인본주의 학습이론

인본주의(人本主義) 심리학은 인간의 행동을 기계적으로 분석하고 행동이 전적으로 환경에 의해 지배받는다고 보는 행동주의 심리학자를 비판하고, 나아가 인간의 행동이 무의식적 충동과 유아기의 경험에 의해 지배된다고 주장하는 정신분석학자의 견해를 비판하면서 생겨난 제3의 심리학이다. 인간주의라고도 하는 인본주의 이론은 마슬로우(Maslow), 로저스(Rogers), 콤스(Combs) 등에 의해 발달되었다. 이들이 공통된 견해는 인간행동을 올바로 이해하기 위해서는 관찰자의 입장이 아닌 관찰을 당하는 대상자를 행동하는 주체자로 보는 시각에서 개인의 행동을 봐야 한다는 것이다.

5) 교수와 학습의 차이점

교육의 대부분은 계획적이고 체계적으로 실시되기 때문에 교수는 독립변인의 역할이 되고 학습은 교수의 영향을 받는 종속변인의 의미를 가지게 된다.

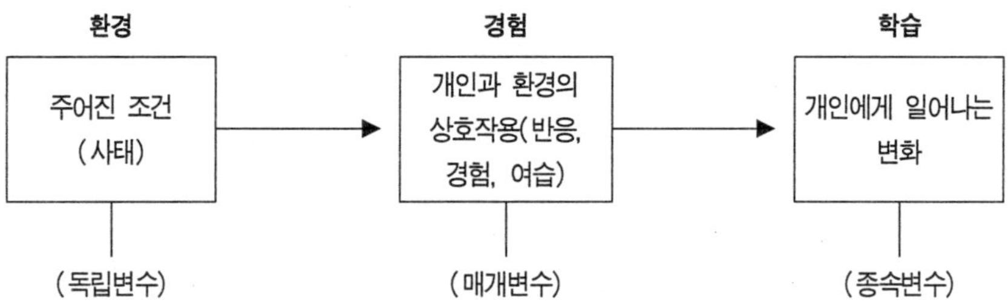

첫째, 교수에는 일정한 목표가 있지만 학습에서는 없을 수도 있다. 즉, 교수는 의도적인 작용이지만 학습은 의도적인 경우도 있고 의도가 없는 상태에서도 이루어질 수 있다. 교수가 있는 곳에서도 경우에 따라 학습이 이루어지지 않을 수 있으며, 교사가 없는 곳에서도 학습이 이루어질 수 있다는 것이다.

둘째, 교수에서 가르치는 것은 하나지만 학습에서 학습자는 제각기 다르게 배운다. 한 학습에 여러 명의 학습자가 있는 경우 동일 교사의 교수에서 영향을 받은 학습자의 학습은 제각기 다를 수 있다. 즉, 학습자의 지능, 선행학습의 정도, 적성, 흥미에 따라 서로 다르게 배운다. 일시적인 교사의 교수행동은 조정하고 수정할 수 있으나 다의적인 학습자의 학습행동은 직접 조정하기 어렵다. 따라서 교수행동을 어떻게 조정하고 수정해야만 본래 설정된 학습목표에 도달할 수 있느냐 하는 연구가 요구된다.

셋째, 교수에 관한 연구는 교실 내의 사태를 연구대상으로 하나 학습에 관한 연구는 동물을 대상으로 하는 경우가 많다. 종래의 대부분의 학습이론은 동물실험을 통해 얻어진 결과를 인간의 학습에 적용시키려는 경향이 있었다.

넷째, 교수는 처방적(處方的)이지만 학습은 기술적(記述的)이다. 교수는 학습의 문제점을 찾아내어 이를 고치기 위한 처방적 행동이라고 할 수 있다. 그러나 학습은 학습자 활동의 변화된 모습을 있는 그대로 기술할 뿐이다. 이 기술 결과에 따라 새로운 처방을 하게 된다. 즉 처방과 기술은 상호관련되어 있으므로 좋은 처방인 경우에는 기술의 결과도 좋게 나타나는 것이다.

다섯째, 교재와 교수와 학습이 일치될 때 비로소 좋은 수업이라고 할 수 있다. 교재가 있어도 교사는 이를 모두 가르치지 않는 경우가 있다. 또 교사가 가르친 대로 학습자가 그대로 다 배우는 것도 아니다. 경우에 따라서는 가르치지 않아도 배우게 되며 교재에 있는 것을 가르쳐도 학습하지 않는 경우도 얼마든지 있다. 김종서는 교재와 수업, 학습과의 관계를 다음 <그림 6－2>와 같이 그림으로 보여주고 있다.

2. 교수－학습의 원리

학습을 지도하는 데 있어서 가장 중요한 것은 학습자가 어떤 사람인가를 이해하는 것이다. 근래 교육심리학의 발달로 인하여 학습자를 정확하게 관찰하고 실험하며 통계를 내어 학습자의 심신의 발달을 파악한 뒤 그 자료를 가지고 지

그림 6-2 교재와 수업, 학습과의 관계

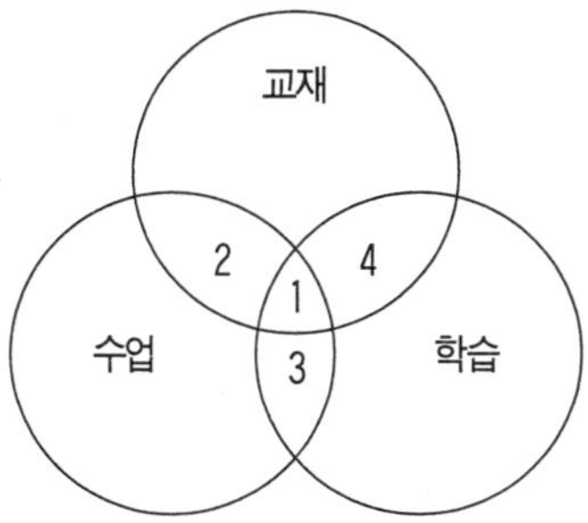

1영역 : 교재 + 수업 + 학습됨 → 이상적인 영역이다. 이 영역을 확대하여야 한다.
2영역 : 교재 + 수업 + 학습은 안 됨
3영역 : 교재에 없는 내용 + 수업 + 학습도 됨
4영역 : 교재를 가르치지 않았는데 학습은 됨
5영역 : 교재를 가르치지 않았고 학습도 안 됨
6영역 : 교재 없고 가르침도 없고 학습도 없음

도원리를 추출해 내고 있다. 특히 진보주의 교육철학은 학습자의 장래를 준비하기 위해 현재의 필요와 흥미를 중심으로 하여 교육해야 한다고 생각하는 입장으로 학습자가 현재 어떤 흥미와 요구를 하고 있는지를 아는 것을 중요시한다.

교수-학습의 원리는 이론적 관점이나 접근방법에 따라 상이할 수 있으나 여기서는 일반적인 원리 몇 가지만 살펴보기로 한다.

(1) 자발성의 원리

미국의 진보주의학교나 독일의 노작학교(勞作學校), 프랑스의 활동학교에서 중요하게 생각했던 원리이다. 이 원리는 수동적인 교육에서 능동적인 교육으로 바꾸어야 한다는 근대교육의 원리로 정착하였다. 그리고 학습의 효과는 학습자가 자발적으로 학습을 하려고 할 때 좋아질 수 있다는 생각이다.

자발성(自發性)이란 인간이 무엇인가를 스스로 찾아서 하고자 하는 내적 능력이나 충동을 말한다. 교수-학습에 있어서 자발성의 원리란 학습자 자신이 스스로 학습에 참여하는 데 중점을 두어야 한다는 것이다. 교사가 기존의 지식이나 기능을 학생에게 일방적으로 주입시켜 전달하는 것이 아니라 학습자 중심의 학습활동을 통해 학생이 자발적으로 참여함으로써 그들이 원래 지니고 있는 잠재적인 능력을 개발·신장시킬 것을 강조하는 원리이다. 자발성의 원리는 자기활동, 자기구성, 자기발전 또는 자기생산이라는 점에서 학습의 모든 가능성을 자아에 의존하고 있다.

(2) 개별화의 원리

개별화(個別化)의 원리란 교수-학습과정에서 학습자가 가지고 있는 각자의 개성 또는 개인차를 인정하고 그것에 따라서 지도방법이나 학습내용도 개인적으로 지도해야 한다는 원리이다. 즉 일반적으로 효과적인 학습은 학습자가 자기의 목적, 경향, 능력, 방법에 의거하여 학습이 진행될 때 가능하다고 생각한다. 개인차는 유전과 환경, 과거의 경험 등에 의하여 생기는데 예를 들면 감각기관의 기능과 지능의 차이, 특수한 경향성, 흥미와 작업방법 등의 질적 차이가 개인차로 고려되어야 한다.

이러한 개별학습은 대개 능력별 집단편성과 개별학습지도, 무학년제 등으로 나타나고 있다. 그러나 이러한 시도는 자칫 잘못하면 학생의 개성과 능력을 최대로 살린다는 본래의 목적에 벗어나 오히려 편협한 지도가 될 가능성을 배제할 수 없다는 점에서 엄격한 개인차의 진단이 요구되며, 융통성 있게 운용할 필요가 있다.

(3) 사회화의 원리

사회화(社會化)의 원리란 현실사회의 문제를 기반으로 하는 학습내용을 통해서 학교에서의 경험과 학교 밖에서의 경험을 서로 교류시키고, 나아가 교사와 학습자가 함께 참여하여 학습과정을 선택하고 함께 해결하는 데 있어서 우호적이고 협동적인 학습을 진행하려는 원리이다. 즉 학습자의 지식과 경험을 구체화하고 재구성하여 그들이 속해 있는 사회에서 정상적인 사회활동을 할 수 있도록 하려는 원리이다. 따라서 사회화의 원리는 학교교육을 통하여 학생들을 사회화하여 사회생활에 대한 객관적이고 실증적인 이해와 지식을 갖추게 하고, 사회생활에 대하여 관심을 갖고 그것을 올바르게 평가하는 태도를 경험하게 하여 사회생활에 참여시킴으로써 학습에 기여하려고 한다.

따라서 교사는 사회문제에 대하여 민감한 통찰력을 가지고 있어야 하며, 그 사회문제가 교육내용으로 다루어야 한다. 또 교육방법에 있어서는 학생들 상호 간의 협력을 통하여 학습이 이루어지도록 해야 한다. 그러므로 사회화의 원리는 교육내용뿐 아니라 교육방법의 사회화까지도 포함되어 있다.

교육은 인간형성 · 인격완성을 위한 개인적 활동인 동시에 원만한 사회적 관계를 형성하여 사회의 유용한 구성원이 되도록 하는 사회적 활동이기도 하다는 점에서 앞서의 개별화의 원리와 사회화의 원리는 서로 모순되는 관계가 아니고 상보적인 관계로 서로 조화 있게 적용될 필요가 있다. 교사는 교수-학습과정에서 토의법이나 문제해결법을 적절히 활용하고 학생들에게 분단학습(分單學習, group study), 구안학습(具案學習, project study) 등의 소집단 활동이나 각종 클럽활동과 같은 자치활동을 할 수 있는 기회를 제공하여 협동심과 책임의식 등을 길러줄 수 있다.

페스탈로치(Pestalozzi)는 협동적인 노작을 통한 학습방법을 주장하였고, 듀이(Dewey)는 학교를 사회의 축소판이라 하였으며, 이어서 올센(Olsen)은 지역사회학교(community school)를 구상하였다. 이들은 모두 사회화의 원리를 말하고 있다.

(4) 통합성의 원리

통합성(統合性)의 원리란 학습이 전인적인 인간형성을 위해서 종합적인 전체로 지도하자는 하나의 동시학습(同時學習, concomitant learning)의 원리이다. 이 원리는 오늘날 더욱 강조되고 있는 전인교육의 이념을 반영하는 것이기도 하다. 즉, 통합된 인간을 기르기 위해서는 학습이 학생 개개인을 생활환경에 적응시키고, 학생이 지니고 있는 모든 능력을 조화롭게 발달시키기 위하여 부분적이고 분과적(分科的)으로 학습을 하지 말고 지적이고 정의적이며 기능적인 모든 분야의 발달이 동시에 이루어지게 해야 한다는 것이다.

학습에 있어서 통합성의 원리는 교재의 통합, 인격의 통합, 지도의 방향 및 방법의 통합을 통해 구현될 수 있다. 교재의 통합이란 교재를 부분적, 분과적 분할에 의해 세분화하기보다는 가능한 한 학생중심으로 통합하는 것을 말한다. 인격의 통합이란 개개의 학습자를 인지적 영역, 정의적 영역, 운동 기능적 영역으로 나누어 파악하는 것이 아니라 통합된 하나의 인격체로 봄으로써 지·덕·체의 조화적 균형을 도모하는 것을 말한다.

(5) 목적의 원리

인간의 행동에는 대부분 목적이 있다. 그리고 목적 있는 행동은 민첩하고 활발하며 활동의 평가는 자기가 스스로 하려 하고, 그 결과를 가지고 자기행동을 수정하여 드디어는 자기가 목표로 한 것을 달성하는 경우가 많다. 마찬가지로 학습자도 그가 학습목표를 분명하게 인식하면 학습자들은 자발적이며 적극적으로 흥미있는 학습을 하게 된다. 교사 역시 학습목표는 교사의 수업을 자발적이며 적극적으로 하게 하며 자기평가를 하는 준거가 된다. 비록 한 시간의 수업이라 할지라도 그 수업목표가 분명하게 제시되면 교사 자신과 학생들에게 모두 유익하다.

목적의 원리란 학습과정에 있어서 교육목표를 학생들의 발달단계에 적합하게 표현하여 학습자들이 뚜렷한 목표의식을 갖고 학습에 임할 때 학습동기와 흥미는 유발되고, 자발적인 학습이 활발히 이루어진다는 것이다. 학습에서 아무리 다른 원리들이 잘 적용된다 할지라도 막상 학생 스스로가 뚜렷한 목적을 갖고 있지 않다면 효과적인 학습을 기대할 수 없다. 교사는 자신이 설정한 목표가 과연 학생들에게 타당한지 또 학생들의 학습동기가 충분히 자극되어 있는지를 파악하여야만 한다.

(6) 직관의 원리

직관(直觀)의 원리란 어떤 사물에 대한 개념을 인식시키는 데 있어서 언어적 설명이나 교재를 통하여 가르치는 것보다 구체적인 사물이나 현상을 직접 제시하거나 경험하게 함으로써 보다 큰 효과를 볼 수 있다는 것을 강조하는 원리다. 이는 일방적인 강의나 주입식의 전달을 지양하고 실물 자료나 오늘날 시청각

교육이 강조되는 점과 맥을 같이 하는 것으로 시청각자료 등과 같은 교육기기를 적절히 활용하는 방안이 강구되어야 할 것이다.

(7) 과학성의 원리

과학성의 원리란 자연이나 사회에 관한 기초적인 지식, 법칙 등을 적절하게 지도함으로써 학습자의 논리적 사고력을 충분히 발달시킬 수 있도록 수업의 과학적 수준을 높이는 것을 말한다.

교수이론은 학습목표를 최대한 성취하도록 최적의 절차를 마련해 주고 수업활동과 관련된 여러 변인들의 관계를 체계적으로 제시해 줌으로써 수업의 질을 개선하는 데 목적이 있다. 교수이론의 유형에는 여러 가지가 있지만 여기에서는 몇몇의 이론에 대해서만 살펴보기로 한다.

3. 교수 - 학습의 방법

1) 교수 - 학습 방법의 유형

교수－학습, 즉 수업의 방법에는 그 분류방법에 따라서 매우 다양한 유형의 방법들이 있다. 예를 들면 다음과 같다.

① 교사－학생간에 주도권의 분배 또는 지시하는 정도를 기준으로 하여 누가 중심이 되느냐에 따라서 교사중심의 타율학습과 지도학습 그리고 학생중심의 자율학습 등으로 구분할 수 있다.

② 학습을 어떻게 조직하느냐에 따라서 개별학습, 일제학습, 분단학습, 공동학습 등으로 나눌 수 있다.

③ 학습의 목적에 따라서 문제해결학습, 구안학습, 연습학습, 감상학습 등으로 분류할 수 있다.

④ 학습활동에 따라서 나누어 보면 독서학습, 청취학습, 문제학습, 토의학습, 보고학습, 관찰학습, 실험학습, 조사학습 창작학습 등이 있다.

이들 중 강의법이라고 하는 설명학습법이나 탐구학습법이라 하는 토의법 등과 같이 교육현장에서 자주 사용하는 것들 중에서 중요한 것을 살펴보기로 하자.

(1) 강의학습법

a) 강의학습법의 의미

강의학습법(講義學習法, lecture method)은 언어를 통하여 설명하고 해설하여 학생을 가르치는 교육방법이라 하여 설명적 수업방법(說明的 授業方法)이라고 한다. 역사적으로 가장 오래된 교수방법이고 또 현재까지도 가장 많이 활용하고 있는 방법이다. 옛날 인쇄술이 발전되지 못했을 때에는 교재가 따로 없거나 적었으므로 교사만이 자신이 만든 교재를 가지고 강의하였지만, 지금은 사회가 발달하여 새로운 교육방법과 교육공학이 발달하였는데도 불구하고 강의법은 역할이 별로 감소되지 않았다.

강의식 교육방법은 교사가 일방적으로 설명하고 학생은 듣는 소극적 입장에 있기 때문에 일방적이고 지시적이며 경우에 따라서는 강제적이다. 이에 비하여 탐구학습(探究學習)은 학생이 자발적이어서 강의법과 대조된다. 어떤 것을 선택할 것인가의 문제는 교사의 교육철학과 학교의 방침, 학습자의 연령과 교과내용에 따라서 결정될 문제이다. 상담(相談)에서 지시적(指示的) 상담이 좋으냐 비지시적 상담이 좋으냐에 대한 논쟁이 끊어지지 않은 것처럼 지시적 수업과 자발적 수업 중 어느 것이 더 좋은 지는 아직도 논쟁 중에 있다.

b) 강의학습법의 역사

강의식 교수법은 서양에서는 고대희랍의 웅변술에서, 동양에서는 설법(說法)에서 유래하였다. 로마시대는 수사학(修辭學) 교수법으로 마치 한국의 서당(書堂)교육과 같이 학습자는 암송하고 교수자는 설명하고 그리고 학습자는 이를 반복하는 형식이었다. 그러나 수사학은 지나치게 교화적(敎化的)이란 이유로 소크라테스(변증법)식 교수법으로 대체되었다. 그것은 일상생활에서 흔히 지나쳐

버릴 삶의 현상들 속에서 문제를 제기하는 권유법(勸誘法)과, 그 외 다른 하나는 그 유명한 대화법(對話法)으로 이는 변증법적 자기검증(辨證法的 自己檢證)이라 할 것이다.

중세에는 스콜라철학의 화해법이 강의와 논쟁을 통하여 이루졌는데 이것을 교수법으로 하였고, 18～19세기에 들어와서는 헤르바르트(F. Herbart)의 5단계이론으로 체계를 갖추게 되었다. 그의 5단계이론은 다음과 같다.

첫째 단계 : 준비단계－학습자의 동기유발

둘째 단계 : 제시단계－개념의 소개

셋째 단계 : 결합단계－새로 습득한 개념과 기존의 개념과 연계시킴

넷째 단계 : 체계화단계－학습자가 새로운 개념을 체계화함

다섯째 단계 : 확인단계－교수가 학습자가 개념을 습득하고 체계화된 것을 확인함

오늘날에는 위의 이론이 뿌리가 되어 도입(導入) → 전개(展開) → 종결(終結)이라는 전형적인 강의법을 만들어 냈다.

c) 강의학습법의 장점

위에서 설명된 대로 역사적으로 오랫동안 발전하여 온 강의법이 오늘에도 교육현장에서 가장 많이 활용되고 있는 것이 사실이다(이성호, 1995). 그러한 강의법은 장단점을 가지고 있음이 분명한데, 어떤 매력이 있기에 오랜 생명력을 가지고 있는 것일가? 오즈벨(Ausubel)과 캐롤(Carroll)의 주장을 종합하여 보면 다음과 같다.

첫째, 많은 지식을 체계적이고 효과적으로 전달할 수 있다는 가장 큰 장점을 가지고 있다. 교육 전문가가 지식을 체계적으로 구성하여 학습자의 발달단계에 맞도록 적절하게 선정하고 조직하며 제시・번역하는 하는 것은 지식을 나열하는 식으로 가르치는 것보다 좋다고 보고 있다.

둘째, 그렇기 때문에 가르치는 시간을 절약할 수 있다. 발견학습은 아직은 미숙한 학생들의 지식체계를 가지고 지식의 원리를 발견하기도 어렵거니와 경험과 실패가 연속될 때 학습자는 좌왕우왕하다가 시간만 많이 소모하게 된다.

셋째, 강의법은 발견학습보다 능률적이다. 특별히 적절하게 실습만 병행한다면 주요한 개념이나 원리를 배우는 데 대단히 성공적일 수 있다. 더구나 발견학습에서는 교사들이 발견하는 기술을 가르치는 데 급급한 나머지 교과의 기본원리를 이해시키는 데는 소홀히 하게 된다.

넷째, 강의법에서는 학습 보조자료(補助資料)를 적절하게 활용하면 학생들의 동기유발을 유도해 낼 수 있고, 교육의 내용이 교과서 밖의 정보나 자료를 설명할 경우와 내용이 대단히 복잡하여 이를 체계적으로 가르쳐 줄 필요가 있을 때 또는 전체 강의내용을 요약·설명할 경우에 효과적인 방법이 될 수 있다.

다섯째, 어떤 특정한 태도나 가치를 갖도록 하는 교육목표를 세웠을 때나 논쟁의 여지가 없는 지식을 짧은 시간안에 논리적으로 분명히 전달하고자 할 때에 설득력 있는 강의는 효과적인 교수법이 될 수 있다. 예컨대 가치교육이나 의식화교육, 국민윤리교육, 종교교육 등은 강의학습의 방법이 가장 효과적이다.

여섯째로 강의법은 교수자나 학습자의 특성이 다음과 같은 자에게는 가치가 있다. 즉 모호함을 견디지 못하는 학습자, 내성적인 학습자, 심리적으로 경직된 자, 융통성이 적은 자, 근심걱정이 많은 자, 맹종적이고 순응적인 학습자 등이다.

일곱째로 그 외에도 교육장소가 집단토의가 불가능한 경우, 즉 교실은 좁고 학습자는 많은 경우라든가 시간은 짧은데 전달할 것은 많은 경우 등에도 부득이 강의방법을 쓰게 된다.

d) 강의학습법의 단점

설명적 수업, 즉 강의학습법 또는 주입식 교육방법이 가지고 있는 단점으로는 다음과 같은 것들이 있다.

첫째, 수업이 교사가 중심이 되어 일방적으로 설명하는 교육방법이기 때문에 학생들은 수동적인 입장에 서게 되고, 그래서 학생들에게는 응용력이나 표현력과 같은 중요한 정신기능을 키우는 데 문제가 있다.

둘째, 더구나 강의법은 획일적이고 모든 학생에게 일제히 설명하게 되므로 개인차를 고려하여 학습이 지도하는 것이 어려울 수 밖에 없다.

셋째, 교재 위주의 교육이므로 때로는 현실생활과 동떨어진 내용이 가르치게 되어 학생들은 흥미를 잃고, 지식중심의 교육이 되기 쉽다. 특별히 교사의 능력에 따라서 교육효과가 많이 결정되는 문제점을 가지고 있다.

e) 강의 준비

강의의 사전준비는 강의자료뿐 아니라 마음의 준비가 더욱 중요하다. 준비해야 할 사항들을 몇 가지 소개하면 다음과 같다.

첫째, 강의목표 설정이 분명해야 한다.

둘째, 강의내용의 선정은 먼저 목표에 부합하고, 학습자의 수준에 맞아야 하며, 그 준비의 양은 지나치게 많다든가 너무 적게 준비하지 말고 수업시간의 길이에 알맞아야 한다.

셋째, 강의하는 사람은 강의내용을 잘 이해하고 있어야 한다.

넷째, 강의내용을 체계적으로 조직화해야 한다. 그 조직은 시간이나 공간적인 순서에 따라서 분류하기도 하고 영역의 크기나 강도에 따라서 분류하기도 한다. 그리고 경우에 따라서는 문제를 중심으로 조직하기도 하고, 또 연역적으로나 귀납적으로 하는 원리 중심적인 조직방법도 있다.

다섯째, 강의 보조자료를 준비한다. 복잡한 내용을 그림으로 그려 강의 기자재를 사용하여 설명하면 효과적이다.

그 외에도 강의실의 환경이 얼마나 밝은가, 학습자들이 지금 얼마나 바쁜 시기인가 등에 대한 고려가 필요하며, 강의내용이 생활과 얼마나 밀접한가, 강의시간이 식후인가 식전인가 등도 고려해야 한다.

f) 강의의 실시

① 사전준비

학교수업에서 흔히 문제가 되는 것은 강의가 도입－전개－종결이라는 획일적인 표준에 맞추어 기계적으로 진행되는 데 있다. 강의식 수업에서 교수자가 자주 빠지기 쉬운 함정이 바로 이 무성의한 수업이다. 매년 매학기 반복되는 수업내용이라 하더라도 강의 전에는 반드시 재점검해 보는 마음의 준비가 필요하다.

② 부드러운 강의실 분위기

특히 첫째 시간의 강의실 분위기는 대단히 중요하다. 지나치게 엄숙하면 학습자들은 경직되고 또 지나치게 자유롭게 방치해 두면 질서가 깨어져 혼란을

야기한다. 가벼운 농담으로 시작하고 출석을 부르면서 인사를 나누는 것도 한 방법이 될 수 있다.

③ 학습자들의 주의를 집중시킴

예컨대 교수자의 교실 내에서의 자연스런 이동, 목소리의 크기와 색깔, 얼굴 표정, 말의 빠르기와 느리기, 말하는 중 잠시 쉼, 시청각 보조자료의 활용, 학습자에 대한 질문, 교수자의 유머어와 농담 등이 적당히 사용되면 지루하지 않고 집중력이 생긴다. 그러나 이러한 조건들을 자유자재로 사용할 수 있으려면 많은 노력과 경험이 필요하다. 또 지나치게 이것들을 생각하며 강의하다가는 강의의 핵심을 잊고 지나가든가 아니면 학습자를 오도(誤導)하는 인기위주의 강의가 될 위험성이 있다.

④ 교수자의 화술(話術)

우선 말의 표현이 문법적으로나 음성의 마디가 분명하여 듣는 사람으로 하여금 부담스럽지 않아야 한다. 그리고 수강자의 수준에 맞는 용어의 선택은 대단히 중요하다. 평생교육의 경우 학습자의 수준이 다양한 경우가 많아서 그렇게 할 경우 용어의 사용을 때로는 동일한 내용이면서도 어려운 말과 쉬운 말로 다시 한 번 더 써야 할 경우도 있다. 예컨대 아노미(anomie)라는 말을 아는 사람에게는 그 말 한마디로 쉽게 의사전달이 되지만 모르는 이가 있으면 그 내용을 재차 설명해야 한다.

반복적인 강조는 때로는 깊은 인상을 주어 내면화(內面化)과정에서 긍정적인 효과를 주기도 하지만 자주 사용할 때는 잔소리처럼 들릴 수도 있다. 그리고 끝을 맺어 놓고 계속되는 반복은 학습자들에게 지루한 느낌을 준다.

⑤ 교수자와 수강자 사이의 친화관계의 계속

수업시간 내내 교수자와 수강자와의 친화관계(親和關係)는 계속돼야 한다. 그것은 교수－학습자간의 신뢰와 존중 그리고 수용하는 인간관계와 분위기를 형성한다. 공개적인 모욕이나 교수자가 자신의 잘못을 감추기 위하여 학습자를 위협하거나 억압하는 행위는 가장 나쁜 관계를 형성하게 한다.

⑥ 강의 끝맺음

수업을 하고 그 끝맺음을 잘 해야 한다. 예컨대 끝을 맺을 때는 질문을 받거나 숙제를 내주거나 요약이나 결론으로 맺기도 하고, 아니면 강의내용의 활용법을 소개해도 좋고, 다음 시간 학습내용을 예고하는 등 다양하게 끝맺을 수 있다.

(2) 발견학습법

발견학습법(發見學習法, discovery learning)은 본질주의 교육사상의 영향을 받은 신본질주의자이면서 학문준심 교육과정을 체계화한 브루너(Bruner)가 주장한 것으로, 교사의 통제와 지시를 적게 하거나 아니면 전혀 하지 않고 학생이 독립적으로 진행해 나가는 형태의 교육방법을 말한다. 앞에서 소개한 강의법(설명적 수업법)은 교사가 중심이 되어 학습을 이끌어 가는 데 비하여 발견학습에서는 학생의 자발적이고 적극적인 참여에 의하여 학습이 이루어진다. 따라서 발견학습법은 자연히 탐구수업(探究授業)이 되고 토의(討議)나 실험, 견학 등과 같은 형태의 교육방법을 사용하게 된다.

발견학습은 학생에게 학습과제를 미완성된 상태로 제공하고 그 학생으로 하여금 그 미완성된 부분을 보완하게 하여 완성된 형태를 만들게 하는 과정을 통하여 학습하게 하는 교육방법이다. 여기에서의 학습은 교육내용의 기본개념이나 원리를 학생 스스로 탐구해 내도록하여 탐구능력과 태도를 키우며 지적 호기심을 만족시키므로서 희열감과 만족감을 갖게 한다. 이런 교육방법은 학문중심 교육과정에서 강조하고 있다고 하는 것은 앞에서 소개한 바 있다. 이 점에 대하여 브루너(Bruner)는 "문제해결 기술을 학습"하고 "학습하는 방법을 학습"해야 한다고 하였고, 섯치맨(Suchman) 역시 어린이들이 자율적이고 경험적인 탐구의 기회를 줘야한다도 하면서 탐구로 얻는 보상이 성공적일 때 탐구의 기쁨으로 이어진다고 하였다.

이상에서 말한 대로 발견학습법은 인간을 이해할 때 기본적으로 '탐구하려고 하는 존재'(inquiring man)로 보고 있다. 그래서 발견학습은 '지식의 구조' 속에 들어 있는 기본개념이나 원리를 이해하는 데 적절한 교육방법이며, 탐구하는 정신과 기능을 학습하고 나아가서 자기 자신을 발견하고 자아를 실현하는 데 있어서도 유용한 방법이라고 본다.

그러나 이 교육방법 역시 허다한 장단점이 있다. 그것은 앞에서 소개한 강의법(설명적 수업법)의 장점은 발견학습의 단점이 되고 단점은 여기에서 장점이 된다. 특별히 발견학습법으로 가르칠 경우 성취하기 어려운 수준 높은 교육목표나 내용을 이 방법을 억지로 적용한다던가, 그리고 학습자의 지적인 수준을 고려하지 않고 무리하게 이 방법을 사용하면 그것은 '감상적 공상'에 불과할 것이다.

(3) 탐구학습법

발견학습법에서 말한대로 발견하는 데는 여러 가지 길이 있을 것인데 그 중에서 탐구하여 발견할 수도 있다. 따라서 발견학습은 탐구학습(探究學習)을 포함할 수 있지만 여기에서는 따로 그 특징을 간결하게 소개하기로 한다.

탐구란 어떤 불확실한 문제를 제기했을 때, 이를 해결하기 위하여 가설을 세우고 이 가설을 적절한 자료를 활용하여 검증하고 평가해 나아가는 과정이라고 할 것이다. 이런 탐구가 이루어지려면 다음과 같은 조건이 갖추어져야 할 것이다.

첫째, 탐구교실은 개방적이고 자유스런 토의가 가능해야 한다. 즉 모든 사람의 의견이 수용되어야 한다.

둘째, 주어진 토의 과제에 얽매이지 말고 문제와 가설에 초점을 두고 계속해서 탐구해 나아가야 한다. 문제는 학습의 방향을 제공해 주는 데 비하여 가설은 탐구하는 데 필요한 도구가 된다.

셋째, 가설을 검증하기 위하여는 사실(事實, facts)를 신뢰하고 사실에 따라서 이루어져야 한다.

이상과 같은 조건하에서 탐구의 과정을 보면 다음과 같다.

① 정의의 단계

먼저 새로운 용어나 개념을 분명하게 소개하는 단계

② 안내의 단계

다음으로는 탐구의 방향을 안내해 주는 단계

③ 가설의 단계

문제해결의 아니디어를 제공해 주는 단계

④ 탐색의 단계

'만약 …한다면 …할 것이다'라고 하는 논리적이고 연역적인 단계

⑤ 검증의 단계

관련된 증거를 가지고 검증하는 단계

⑥ 일반화 단계

사건들간에 서로 공통적인 관계가 있다는 사실이 밝혀지면 일반화 단계에 이른다. 그러나 그 일반화는 진리가 아닐 수 있으므로 교사는 가능한 증거 이상으로 일반화를 하지 않도록 지도해야 한다.

(4) 집단토의법

집단토의법(集團討議法, group discussion method)은 공동학습의 한 형태로서 학생들로 구성된 집단에서 학생들의 토론을 통하여 수업을 진행하는 교육방법이다. 이 방법은 1915년 파커(Parker)가 발문법을 개선하여 회화법(會話法)이라고 부르기 시작하여 오늘에 이르고 있는데, 그 후 집단역학(集團力學)의 발달로 점차 중요한 교육방법으로 사용되고 있다. 특별히 성인교육에서는 강의법과 더불어 가장 많이 사용되고 있다.

집단토의법의 형태는 다양하게 발전하여 그 형태를 파악하기 어려울 만큼 많지만 근래 창의력 개발 프로그램과 더불어 많이 이용되고 있는 것은 소집단토의법(小集團討議法, small group discussion)이다. 즉 5~6명에서 10명 내외의 적은 집단원이 자유스러운 분위기를 만들고, 둥근 탁자에 앉아, 얼굴을 마주보며 대화처럼 토의를 하면 집단역동(集團力動, group dynamics) 현상이 일어나서 참가자들에게 빠른 머리회전이 일어나게 되고 그것은 창의력을 생산하게 하여 그런 경험은 훌륭한 학습효과를 가져다 주게 된다.

집단토의법은 학생들 상호간의 사고와 지식을 교환하고 종합하여 그들 나름대로 보다 합리적인 결론을 내릴 수 있기 때문에 여러 가지 교육적 효과를 거둘 수 있다. 집단토의법의 장점은 ① 다른 사람과의 토의를 통하여 자기자신을 발견할 수 있는 좋은 계기가 되고, ② 타인을 존중하고 타인과 더불어 살 수 있는 민주적이고 협동적인 태도와 가치관을 육성할 수 있다. ③ 소집단의 한 구성원으로서 소속감과 유대의식을 키우기도 하며, ④ 결과적으로 자기와 타인 사이에 오고 가는 관계를 통하여 사회성이 개발되고, ⑤ 자기의 주장에 대한 평가와 타인과의 비교를 통하여 자주적인 학습의욕이 생기게 되며, 나아가 ⑥ 학생들은 타인의 의견을 존중하는 태도와 실천력을 키우며, ⑦ 스스로 사고하는 능력과 표현력을 키워주며, ⑧ 특별히 소집단 토의가 잘 운영되면 혼자 생각하는 것보다 약 2~3배나 되는 창의력이 생산된다고 하며, 그것은 중요한 교육적 의미가 있다.

그러나 토의학습법의 단점으로는 ① 나이가 어린 학습자일수록 내용없는 형식적인 토의가 되기 쉽다. 그래서 이런 토의법은 나이가 많은 성인 학습자일수록 효과적이다. 실제로 성인 직전의 대학 1학년 학생에게 이런 교육방법을 적용하여 수업을 해 본 결과는 부정적이었다. 아마 그것은 한국의 학생들이 대학에 오기 전에 학교나 가정(가족회의)에서 토의식 교육을 받아 본 경험이 없었기 때문이 아닌가 생각된다. 그리고 이 토의법은 ② 토의에 임하기 전에 충분한 준비를 해야 하는 어려움이 있고, 또 ③ 결론을 도출하는 과정이 어려우며, 그리고 ④ 토의하는 데는 소비되는 시간이 너무 많아서 효과적인 수업이 이루어지기 어렵다는 단점이 있다.

(5) 문제해결법

문제해결법(問題解決法, prblem solving method)은 진보주의 교육사상에서 강조하는 교육방법으로서 '현재의 생활'상의 문제를 해결하는 데 필요한 지식이나 기능 및 태도를 갖도록 하는 데 필요하다. 즉 인간이 직면하고 있는 삶의 여러 가지 문제를 효과적으로 해결하는 데 있어서 합리적인 사고력을 키운다는 것은 중요하다는 것이다. 이런 문제해결법은 듀이(Dewey)의 「우리는 어떻게 사고하는가」(*How We Think*)라는 저서의 '반성적 사고'에서 체계화시켰다. 문제의 내용에 따라서 그 해결방법이 다소 다르지만 대체적으로 다음과 같은 단계를 거쳐 학습을 시도하고 있다.

① 제1단계 : 문제의 결정단계

교사 또는 학생 자신들이 선정한 문제는 먼저 철저하게 이해하는 것이 중요하다.

② 제2단계 : 문제해결의 계획단계

문제의 종류나 성질별로 분류하고, 과제담당을 개인별로, 분단별로, 또는 학급 전체로 할 것인가를 결정하고, 자료수집 방법을 계획한다.

③ 제3단계 : 자료수집 및 조사단계

문제해결과 관계있는 자료, 즉 참고문헌 · 실험자료 · 사물 관찰자료 등을 분담별로 수집한다.

④ 제4단계 : 문제해결의 단계

문제해결은 학생의 창의력으로 하지만, 교사는 필요한 만큼 학습자들에게 암시를 주고 질문에 답하며 장애가 있으면 이를 제거해 주고 분위기를 조성해 준다.

⑤ 제5단계 : 결과의 검토단계

해결 결과를 확인하고 반성한다.

필자가 지도해 본 문제해결능력 위한 성인교육 프로그램을 첨가하여 소개한다면 다음과 같다.

① 제1단계 : 주제의 선정단계

토의의 여지가 있는, 즉 의견이 대립되어 있는 어떤 문제를 선정하도록 안내한다. 그런데 학습자의 수준과 관심에 맞는 이런 문제를 발견하기가 쉽지 않아서 지도자가 암시할 때가 많다.

② 제2단계 : 원인의 분석단계

토의주제가 선정되면 이 문제의 발생원인이 무엇인지를 분석해 본다. 그런데 그렇게 하기 위하여는 분석하는 데 필요한 자료를 수집하고 조사해야 한다. 원인분석과 자료수집은 동시에 이루어져야 한다.

③ 제3단계 : 해결방안의 결정단계

고도한 창의력이 요구된다. 그 창의력을 얻기 위한 방법, 예컨대 브레인 스토밍(brain-storming)과 같은 방법을 쓸 수도 있다. 그리고 해결방안은 다양할 수 있다. 그러나 그 중 가장 적당한 방안을 선정하여 서열화하는 작업은 쉽지 않다.

④ 제4단계 : 구체적 실천계획의 단계

해결방안이 결정되는 것과 그것이 실천되는 것은 다르다. 금연의 방법으로 금연학교 입학이 해결방법이라면 그 입학에 대한 구체적인 계획을 세워야 실천이 가능하다. 한국인들은 대체로 이 3단계와 4단계를 구별하지 못하고 혼동하는 경우가 많다.

⑤ 제5단계 : 추수지도 계획의 단계

학습자가 교육을 마치고 난 뒤에 학습한 내용을 실천할 때 오는 문제점까지 예상하여 그 지도방법과 대처 계획을 세우는 것이다. 이를 추수연구(追隨硏究 follow-up study)라고도 한다.

이상의 과정을 통하여 학생들은 탐구력과 분석력, 비판의식, 종합능력 등의 고등정신기능이 성장하게 된다. 문제해결법은 앞에서 소개한 집단토의법을 동반하게 된다. 즉 문제해결을 위하여 새로운 아이디어를 창출해 내는 데는 소집단이 토의하는 과정을 통하여 많이 만들어지므로 문제해결법의 장단점은 거의 유사하다 할 것이다. 특별히 이 교육방법은 협동적 태도와 합리적 사고력, 그리고 창의력을 육성하여 주민자치의 민주시민으로서의 자질을 함양하려고 하는교육방법으로 적당하다고 할 것이다.

이해 돕기 II

■ 행동주의 심리학

행동주의(行動主義, behaviorism) 심리학은 1913년 왓슨(Watson, J. B.)에 의하여 제창된 심리학으로서, 종래의 심리학의 주된 관심이 의식현상이었고 자기를 돌아보는 내성적(內省的) 방법임에 반하여 왓슨은 객관적으로 관찰할 수 있는 유기체(사람)의 행동이었다. 이 행동주의는 왓슨을 이은 헐(Hull)과 톨만(Tolman), 스키너(Skinner), 스펜스(Spence)와 밀러(Miller) 등에 의하여 미국의 현대 심리학에 지대한 영향을 미치게 되었고, 그 이후 세계적으로 널리 확산되었다.

(6) 구안법

구안법(構案法, project method)이라 하는 것은 학생이 심중에 있는 구상(構想)을 실현하기 위하여 학생 스스로 계획을 세우게 하는 것을 통하여 배우게 하는 교육방법이다. 1918년 진보주의 학자인 킬패트릭(Kilpatrick)은 "구안법"이란 논문을 발표한 이래 널리 보급되어 지금도 프로젝트 수업방식으로 일선학교에서 자주 활용하고 있는 형편이다.

구안법은 문제해결법에서 발전하여 탄생하였는데, 그래서 구안법은 좀더 구체적인 결과를 만들어 내는 실천적인 데에 치중하고 있다. 그래서 앞에서 소개한 필자의 문제해결법은 구안법에 가깝다. 구안법의 학습과정은 다음과 같이 4단계로 이루어지는데 이를 간략하게 소개하면 다음과 같다.

a) 제1단계 : 목적의 단계

학습문제를 선택하여 그 선택에 맞추어 학습목적을 설정하는 단계이다. 여기에서 그 선택은 학생이 하도록 하여 흥미를 유발하게 하고, 교사는 개인 각자의 능력에 맞는 프로젝트를 선정하도록 유도해 주어야 한다.

b) 제2단계 : 계획의 단계

여기에서 계획은 합리적이고 체계적인 계획이어야 하기 때문에 그렇게 쉽지 않다. 또 목적을 달성하는 데 필요한 방법은 많기 때문에 그 중에서 어떤 방법이 가장 적절한 것인지를 결정하는 것도 어렵다. 그래서 교사는 학생의 토론과 해결해 나가는 과정과 그것을 통하여 학습하게 되는 순서를 잘 알수 있도록 계획을 세우기 위하여 면밀한 지도가 필요하다.

c) 제3단계 : 실행의 단계

계획된 내용을 실천하는 수행(遂行)의 단계이다. 이 때 유의해야 할 것은 이 때가 학생들이 가장 활발하게 활동해야 때이므로 학생들의 흥미를 유지하기 위하여 교사의 격려와 분위기 조성에 관심을 써야 한다는 것이다.

d) 제4단계 : 평가의 단계

결과에 대한 평가 내지 비판의 단계이다. 교사는 암시만 하고 평가는 하지 말아야 한다. 오히려 학생들끼리 스스로 하게 하는데 객관적으로 평가할 수 있도록 사전에 그 능력을 갖게 해야 한다.

이상과 같은 구안법은 ① 학생으로 하여금 동기가 유발되도록 도와주고, ② 학생의 책임감과 주도적 태도를 갖게 하며, ③ 창의적이며 계획적인 태도를 키우고, ④ 자발적이고 능동적인 학습활동을 촉구하는 동시에 ⑤ 협동심과 봉사정신 및 지도력을 키우는 데 적절한 교육방법이다. 그러나 교육과정의 계획이 잘못되면 능력이 뒤지는 학생에게는 시간과 노력의 낭비가 될 위험이 많고, 따라서 우수한 학생이 학습을 독점하기 쉽다. 그리고 필요한 학습자료를 얻기가 어려우며, 수업의 질서가 깨어지기 쉬워서 교재의 논리적 체계가 학습에 반영되지 못하는 단점이 있다.

(7) 질문학습법

a) 의미

질문학습법(質問學習法, question method)은 발문법(發問法) 또는 문답법, 반문법, 산파법(産婆法)이라고도 하는데, 그것은 교사와 학생 사이, 또는 학생 상호간에 질문하고 대답하면서 학습을 진행하는 교육방법으로서 서양에서는 소크라테스(Socrates)가 그의 제자나 시민들과 나누었던 대화에서 이 질문학습법을 발견할 수 있고, 궤변철학자(sophist)들이나 한국의 안창호, 김용기와 같은 선각자들의 교육에서도 자주 찾아볼 수 있다. 그 외에도 다른 집단지도 방법이나 강의법과 더불어 이 방법을 혼용(混用)하는 경우가 많이 있다.

b) 장단점

질문학습법의 장점으로는,

① 질문법은 교사와 학생, 학생과 학생 사이에 서로 질문하고 대답하기 때문에 사고력이나 비판적 태도, 표현력 등과 같은 고등정신기능이 육성된다.

② 교사의 일방적 강의가 아니라 학생들과의 질의응답을 통하여 자극을 주게 되고, 그것은 학생들로 하여금 적극적으로 참여하도록 함으로써 수업이 활기차고 역동적이다.

③ 교사는 학생들의 질문과 대답을 듣고 학생들의 수준을 알 수 있어서 수준에 맞는 수업을 할 수 있다.
④ 학습할 내용을 밝혀 주기 때문에 학습활동의 방향을 분명히 알게 해 준다.
⑤ 학습된 내용을 정리하고 내면화(內面化)하는 데 효과적이다.
⑥ 흥미와 동기를 유발시킨다.
⑦ 학생에게 생각할 기회를 주어 탐구력과 창의력을 키워준다.
⑧ 교사와 학생간에 의사소통이 가능하여 주의를 환기시키는 것 등의 장점들을 가지고 있다.

그러나 그 단점으로는 체계적으로 학습하기가 어렵고, 다분히 교사중심의 교육이 되기 쉽다. 더욱이 지진아와 부진아에게는 좌절감을 주게 되며 학습진도가 부진하게 되기 쉽다. 그러나 이런 단점들은 교사가 그 점을 잘 알고 이에 대처하여 수업준비를 철저히 하면 극복할 수 있을 것이다.

c) 유의해야 할 점

교사가 학생에게 질문할 때 교사가 유의해야 할 점은 다음과 같다.

① 이 질문학습법이 성공적으로 학습이 이루어지기 위하여는 학습집단의 규모가 비교적 적고 모든 학습자들이 적극적으로 참여해야 한다. 그래서 질문을 받은 학습자가 자기의 견해를 발표하는 데 불안하다거나 자신이 없는 경우에는 성공할 수 없다.
② 질문은 명확하고 정확해야 한다. 얼버무려진 질문은 학습자로 하여금 당황하게 만들고 정확한 답변을 들을 수 없는 결과를 가져온다.
③ 질문은 학습자의 개인차를 신중히 고려하여야 한다. 평생교육 학습자는 경우에 따라서 개인차가 심하므로 이를 고려하여 질문을 줘야 한다. 일반적으로 학습자의 경험과 지식을 토대로 하여 그 범위 내에서 질문해야 한다.
④ 무엇이 적절한 질문이 되겠는가를 미리 선정하여 사고(思考)활동이 요구되는 내용의 질문이어야 한다. 일원론(一元論)을 가르치기 위하여 인간의 육체와 정신(영혼) 사이의 갈등문제를 사례로 들어 질문하는 경우와 같다.
⑤ 답변할 시간을 줘야 하며 한번에 여러 가지 질문을 하면 안 된다.
⑥ 학습자가 교사에게 질문을 할 때는 비록 그것이 수준 이하의 질문이라고

해도 절대로 면박을 주지 말고 융통성 있는 태도가 필요하다. 오히려 교수자는 질문을 환영하여 질문할 수 있는 분위기를 만들어 주고, 혹 학습자의 질문에 대하여 알지 못하면 솔직하게 시인하고 후일 연구하여 가르쳐 주겠다는 성의를 보여 줘야 한다.

⑦ 교사가 공격적인 질문을 받았을 때는 감정을 노출하지 말고 학습자가 이성적으로 접근해 오도록 유도해야 한다. 더욱이 중요한 것은 학습자의 질문에 응답할 때 정답을 가르쳐 주기보다 학습자 스스로 답을 발견할 수 있도록 유도하는 것이 좋다.

(8) 프로그램 학습법

프로그램(program) 학습법은 행동주의(行動主義) 심리학자인 스키너(Skinner)의 강화이론(强化理論)의 영향을 받아 세워진 것으로 학습 프로그램을 교수기계(teaching machine 또는 computer)나 아니면 책을 만들어 학생이 자신의 수준에 맞추어 자율적으로 공부하게 하는 방법이다. 그럼에도 불구하고 이 프로그램 학습법은 미국교육에서 정착하지 못하였다. 이 학습법의 성격과 진행상 유의해야 할 점은 다음과 같다.

① 학습자가 자신의 수준에 맞는 내용을 선택할 수 있으므로 비교적 능동적이고 적극적인 학습 참여가 기대된다. 이 적극적인 학습 참여는 어떤 것보다 중요한 성취요인이 된다.

② 학습은 학습자 자신에 의하여 진행될 때 흥미가 생기고 적극적으로 참여하게 되기 때문에 교수기계를 통하여 학습이 진행될 때 주어진 문제 중에서 정답을 고르는 인지양식(認知樣式, recognition pattern)에 의한 학습보다는 학습자가 스스로 각 단계마다 정답을 구성해 나가는 구성양식(構成樣式, reproduction pattern)에 의한 학습으로 전개한다.

③ 각 단계마다 학습자가 정답을 쓸 수 있도록 힌트나 암시를 준다.

④ 학습자가 자기의 학습한 결과를 즉시 확인할 수 있도록 하였다. 그렇게 해야 다음 학습으로 진입하는 데 주저함이 없기 때문이다. 바른 답을 쓰면 강화로 이어지겠지만 오답을 쓰면 빨리 수정하도록 해야 한다.

⑤ 학습 수준의 단계는 정확하게 수준화하였다. 그리고 한 단계씩 점진적으로 수준을 높여 올라가면 결국 최종목표에 도달하도록 기획되어 있다.

⑥ 일반적으로 일률적인 집단학습에서는 개인차가 있기 때문에 자기에게 적절한 학습수준을 맞출 수 없는 학생이 많이 있지만 프로그램 학습에서는 학습의 개별화가 가능하다.

⑦ 프로그램 학습은 자기가 자기를 평가하고 검증할 수 있어서 다음 단계로 올라가려고 할 때 학습의욕을 높이는 데 좋은 방법이 된다.

(9) 실험실습법

실험실습법(實驗實習法, experiment & practice)은 자연과학이나 실업교육, 예체능분야의 교육을 담당하는 교사들은 실험실습법에 대하여 관심이 많다. 교육방법으로서의 실험은 학습자의 직관에 따라서 이루어지는 실물수업의 한 수단이 되기도 하고, 문제해결을 위한 탐구적 활동의 일부로 사용되기도 한다. 그리고 실습은 어떤 기능을 습득하기 위하여 직접 경험을 해 보는 교육방법으로 학교에서는 그 기본적인 기술을 가르친다. 그런데 근래에는 산학협동으로 학생이 산업체에 가서 직접 기술을 배우는 제도를 마련하였다. 특별히 7차교육과정에서는 체험을 통한 학습을 강조하고 있다. 그것은 실천과학과 관련된 교과에서는 단순한 지식과 기술의 습득에 그치지 않고 그 지식과 기술이 실생활에 적용될 수 있는 능력과 태도가 함께 육성되어야 하므로 체험을 통한 학습은 필수적일 수 밖에 없다.

(10) 견학학습법

견학학습법(見學學習法)은 학생들이 학교를 떠나서 학교밖의 여러 교육자원들을 보고 느끼며 관찰하는 등의 경험을 하고, 그것을 다시 교실에서 분석하고 토의하여 어떤 결론을 도출하게 함으로써 학습효과를 얻는 교육방법이다.

견학은 현장과 현물을 실제로 경험해 보기 때문에 교실안에서 배울 수 없는 소중한 체험을 할 수 있다. 그러나 사전에 계획이 제대로 세워지지 않으면 마치 단순히 여행하는 기분으로 끝날 가능성이 높다. 따라서 교사가 견학을 계획할 때에는 다음과 같은 몇 가지 사실을 유의해야 한다.

① 견학이 교실 수업보다 더 효과적인가를 따져봐야 한다. 시간과 경비가 낭비될 수도 있기 때문이다.
② 계획은 자세하고 철저하게 이루어져야 한다.
③ 견학할 곳을 사전답사한다거나 전문가의 조언을 듣는것도 유익하다.
④ 교사는 학생의 견학학습 지침서를 작성하여 나누어 주면 학습효과가 많을 것이다.
⑤ 학생들의 견학학습장을 주어 보고 느낀 점을 적도록 준비해 주어야 한다.
⑥ 견학을 마치고 학교에 돌아와서 견학에 대하여 토의하도록 하여야 한다.

(11) 현장실습법

현장실습법(現場實習法)은 교육의 효과를 높이기 위하여 생산적인 실무현장에서 경험을 하도록 하는 교육방법이다. 이런 현장실습은 오늘날과 같이 고도화·첨단화된 산업사회에서 전문가를 양성하려면 학교교육만으로는 한계가 있으므로 산업체에서 실무를 경험함으로써 학교교육을 보완하려는 의도를 가지고 있다.

우리 나라의 경우 산업진흥법(1963)이 제정되어 산업교육이 실시되었는데(1973) 재학 중인 학생에게 일정기간 산업체에서 현장실습을 하도록 의무화하였다. 산학협동교육으로 영국에서는 'sandwich system'이라 하는 것이 있고, 독일에서는 'dual system' 그리고 미국에는 1908년 신시내티공과대학에서 처음 시작하여 널리 확산되었다.

교양교육 프로그램으로 실시되고 있는 현장실습교육은 현장실무관찰(現場實務觀察, work observation)과 현장 일반실무 체험활동(general work experience)이 있다. 그리고 직무교육으로는 현장실무 학습활동(work study)과 인턴쉽(internship) 및 산학협동교육(cooperative education) 등이 있다.

이해 돕기 12

■ 산학협동

산학협동의 형태는 나라마다 그 특징이 다르지만 우리나라의 경우는 산업교육진흥법(1963년에 제정, 1995년에 개정) 법률 제2조 5에 규정되어 있는대로 학계와 산업계가 상호발전을 위하여 인적 물적 및 여러 가용자원을 교육과 연구 등에 상호보완적으로 교류하는 체계적인 협동관계라고 할 것이다(이무근 1993). 이런 산학협동을 통하여 학교는 사회가 요청하는 인력을 양성하고, 산업체는 학생에게 현장실습의 기회를 제공하여 실무에 능한 인력을 확보함과 동시에 신제품의 개발 등 당면한 문제를 해결할 수 있다.

현재 우리나라의 산학협동교육은 고등학교와 전문대, 대학 등의 현장실습 과정과 산업체 근로자의 계속교육을 도와 주는 일이다. 대개는 학교에서 정규과정을 개설하기도 하고 위탁교육과 특약학과의 설치 및 평생교육원의 프로그램을 개발하는 것이 대표적인 것이 될 것이다.

(12) 교육방법 제목 모음

위에서 제시한 교육방법 외에도 수많은 교육방법이 개발되어 있고 현재에도 계속하여 개발되고 있다. 이들 중 지금까지 알려진 중요한 교육방법을 몇 가지를 선정하여 제목만 소개하면 다음과 같다.

a) 개인중심 교육방법

① 도제제도(徒弟制度)

② 카운슬링

③ 인턴쉽

④ 약정학습

⑤ 강의학습법

⑥ 질문학습법

⑦ 충격주도 훈련(DIT : impact-directed training)

⑧ 현장경험학습

⑨ 견학

⑩ 프로그램 학습

⑪ CAI(computer-assisted instruction)

⑫ 통신교육

⑬ 다중(多衆)미디어학습

⑭ CBT(computer-based training)

b) 집단중심 교육방법

집단중심 교육방법은 토론학습이 주류를 이루고 있다. 그리고 토론학습에는 공식적 토론형과 자유토론형이 있고 그 외에 커뮤니케이션 기법이 있다.

▶ 공식적 토론형 교육방법

① 단상토론(壇上討論, symposium)

② 세미나(seminar)

③ 배심토론(陪審討論, panel discussion)

④ 대담토론(對談討論, colloquy)

▶ 자유토론형 교육방법

① 공개토론(公開討論, forum)

② 소집단 원탁토론(小集團圓卓討論)

③ 소집단 분과토론(小集團分科討論)

▶ 커뮤니케이션 기법

① 소집단 커뮤니케이션 기법(small group communication)

② 브레인스토밍(brain storming)

③ 역할연기(役割演技, role playing)

④ 감수성훈련(感受性訓練, sensitivity training)

c) 그 밖의 교육방법

① 프로그램 학습법

② 조사학습법(調査學習法)

③ 인간관계 훈련

④ 만남의 훈련(encounter training)

⑤ 마라톤 훈련

⑥ 협동훈련

⑦ 견학과 여행 및 기업체와 공무원 및 사회단체 등의 각종 인간자원개발 프로그램

2) 교육방법의 선정

교사는 어떤 특정한 수업에 적용할 적절한 교수－학습 방법을 선정하여야 한다. 주어진 교육내용을 교수가 적절히 재조직하고 이에 맞는 교수법을 선정하는 것은 교사 개인이 가지고 있는 철학에 기초한다고 볼 수 있다. 교사 개인의 수업 방법을 개발하기 위해서는 학급의 규모나 교수방법, 교수활동 등과 나아가 교사중심으로 할 것이가 아니면 학습자 중심으로 할 것인가 등 여러 가지 관계는 다음의 그림과 같다(Frazee & Rudnitski, 1995). 이 그림에서 보여주는 대로 개별적인 문제를 해결하는 활동일수록 학습자 중심의 적극적인 수업을 기대할 수 있을 것이고, 책상에서의 학습(seatwork)과 교과서에 의존하는 수업일 경우 교사에 대한 의존도는 높은 반면, 학습자는 수동적인 학습태도를 보이게 될 것이다. 다음의 <표 6－2>를 참조하기 바란다.

많은 교육방법 중에서 어떤 교육방법을 선택할 것인지를 결정할 때는 학급의 물리적 환경과 학습자의 심리적 변인, 학습 내용 등의 다양한 요인들을 고려하여야 할 것이다. <표 6－3>은 표는 달성할 목표의 유형, 학습자의 수준, 학급의 크기, 학습할 내용, 학습 자원의 가용성, 가능한 시간수 등의 요인을 중심으로 하여 교육방법을 선정할 때 고려해야 할 요인을 제시한 것이다.

표 6-2 교수개인의 수업철학에 따른 교수법의 선정

	교사 중심		학습자 중심
	◀ 직접적 교수	……(연속성)……	간접적 교수 ▶
학급 규모	전학급	집단	개인
교수 방법	· 강의 · 모델링	· 협동학습 · 토의	· 개별학습 형태 · 탐구
활동	· 책상에서의 학습 · 교과서	· 역할 활동 · 학습센터 운영	· 문제해결 · 의사결정 · 제작활동
	◀ 수동적	……(연속성)……	적극적 ▶

표 6-3 교수-학습 방법선정시 고려할 요인

요인 \ 방법	요인 강의	개인 교수	연시	집단 토의	게임·시뮬레이션	프로그램 학습	세미나	프로젝트	연찬회	사례 연구
1. 정보이전	+	+				+				
2. 문제해결 촉진		+		+			+	+		+
3. 기술 훈련	−		+		+			+	+	
4. 태도 변화				+			+	+		+
5. 피드백 효과	−	+	+	+	+	+			+	
6. 교수 통제	+	+	+			+		−		
7. 학습자 활동	−	+	+	+	+	+	+	+	+	
8. 학습 규모	+	+	+			+			−	
9. 개인차						+				
10. 준비의 용이성	+	+		−		−	−	−	−	−
11. 교수 시간	+	+		−			−	−	−	
12. 이용가능 자원	+	+		+			+	−	−	

주) + : 장점, − : 제약

4. 수업의 과정

교육목표를 설정하고 그 목표에 따라 교육내용과 교육방법을 정했으면 다음으로 이를 가지고 실제로 수업을 하게 된다. 그런데 그 수업의 모형은 주장하는 학자에 따라서 다르고 실제로 수업을 담당하는 교사에의 철학과 기술에 따라서 다르다. 수업모형을 소개하고 수업의 진행을 살펴보는 것은 필요하다.

1) 수업모형

(1) 헤르바르트파의 교수단계설

수업은 학생이 얼마나 효과적으로 학습할 수 있는지에 대하여 관심을 가지고 있다. 즉 수업과정은 '무엇을 가르칠 것인가'와 '어떻게 가르칠 것인가'라고 하는 것 중에 후자에 관심이 있다. 이런 관심은 오래 전부터 연구의 대상이 되어 왔다. 가장 오래된 연구 중에서 헤르바르트(Herbart)파의 교수단계(教授段階)라고 하는 수업모형을 보면 다음과 같다.

첫째 단계로 개념을 분명하게 하는 명료에서 시작하여 둘째 단계로 구관념과 신관념을 연합시키는 연합의 단계, 셋째로는 신구관념의 연합을 통하여 지식을 체계화하는 계통의 단계, 넷째로는 이 체계화된 지식이 다른 지식이나 사태에 응용하는 단계 등으로 발전한다고 주장하였다.

이 학설은 지식중심의 교과를 전개하는 데는 적당하지만 경험중심의 단원을 전개하는 데는 적절하지 못하고 오히려 구안법이 적당하다.

(2) 그레이저(Glaser)의 수업과정모형

그레이저는 수업과정을 하나의 체제(system)로 보고 있다. 즉 그는 수업목표의 설정에서 시작하여 출발점 행동을 진단하고, 이어서 수업활동을 하게 되며,

그 수업활동이 목표에 얼마나 성취했는지를 평가하는 4요소로 되어 있다고 주장하였다.

그런데 그는 수업목표가 설정되면 바로 수업에 들어가는 것이 아니라 이 수업목표를 달성할 수 있을지에 대하여 학생들의 준비 정도를 먼저 진단하고 그 위에 수업이 어디서 출발해야 하는지를 결정해야 한다는 것이다. 출발점행동(entry behavior)을 진단하여 수업활동이 마쳐지면 성취도를 평가하게 되는데 그것은 총합평가로서 종착점행동의 성취수준을 확인하는 것으로 그 결과는 각 단계에 환류(feed back)된다.

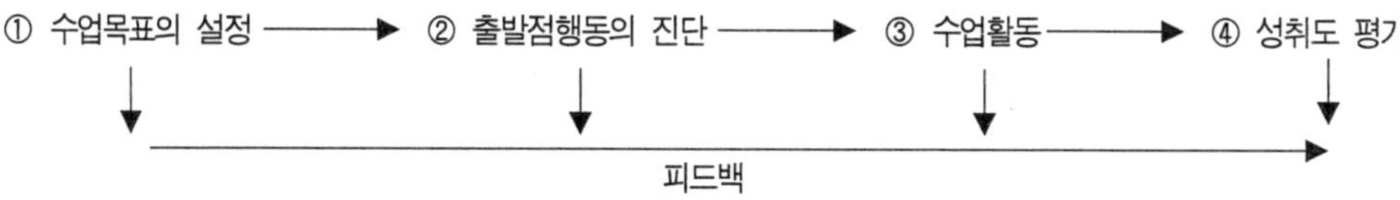

(3) 블룸의 완전학습모형

블룸(Bloom)은 현재의 학교교육을 파괴적이고 낭비적이라고 비판하면서 그 해결 대안으로 그의 완전학습모형(learning for mastery)을 제시했다. 그는 5가지 변인을 제시하면서 그는 대부분의 학생이 90% 이상을 학습할 수 있도록 지도 가능하다고 주장하였다. 그 변인들을 차례로 소개하면 다음과 같다.

a) 완전학습모형의 변인들

① 적성(適性)

학생들에게 최적의 환경이 주어졌을 때 과제를 완전히 습득하는데 필요한 시간이다. 적성이 맞으면 그 시간이 단축될 것이다. 짧은 시간 안에 학습과제를 성취하도록 하기 위해서는 적성수준을 높여 주고 학습조건을 개선해 주어야 한다.

② 교수이해력

제공되는 수업을 잘 이해하도록 하기 위하여는 학생들의 지능수준과 언어수준에 맞춰 주어야 한다.

③ 교사의 질(質)

학생의 개인차를 극복하기 위한 학습의 개별화를 위하여 어떤 다양한 교수방안을 마련할 수 있는지에 따라 교사의 질이 나타난다.

④ 지구력(持久力)

학생들이 학습에 투자하고자 하는 의지와 관련된 시간이다. 그런데 그러한 지구력과 교육방법의 적절한 선정 및 학습자들의 흥미와 동기부여는 깊은 관계가 있다.

⑤ 학습기회

학생들이 실제 학습에 투자한 시간이다. 적성과 학습속도, 학습시간과 학습성취 등은 반드시 비례하지 않는다. 그러나 학습자에게 자발적으로 학습할 수 있는 시간, 즉 학습시간의 적절한 활용은 학습속도와 학습성취에 많은 영향을 미친다.

b) 완전학습의 수업절차

① 수업전 단계

1단계(학습결손이 있는지 진단하는 단계) → 2단계(학습결손의 보충단계－일반적으로 프로그램 학습법을 이용)

② 본 수업단계

3단계(수업목표의 명시 단계) → 4단계(수업활동 단계) → 5단계(수업보조활동－흥미, 동기유발, 자료가 제시) → 6단계(형성평가 단계－목표달성 여부를 계속하여 확인) → 7단계(보충학습 단계－형성평가에서 확인된 학습부진을 학생에게 보충) → 8단계(심화학습 단계－주로 정상적인 학생에게 학습을 심화) → 9단계(2차 학습기회 단계－자율학습과 협력학습의 기회를 마련)

③ 수업 후 단계

10단계(총합평가 단계－수업 종료 후 학업성취도를 평가)

위에서 중요한 것은 형성평가(形成評價)다. 교수활동이 잘 진행되어 가고 있는지를 진단하여 다음의 수업활동에 반영하는 일이다. 여기에서 그 반영은 구체적으로 처방이 제시되어야 하는데 그것은 교사뿐만 아니라 학생에게도 반성하고 오류를 수정하도록 기회를 주는 것이어야 한다.

(4) 한국교육개발원의 수업과정모형

한국교육개발원(KEDI)에서는 앞에서 소개한 여러 가지 교수모형들을 참고하여 한국 실정에 맞는 새로운 교수모형을 개발하였다. 즉 한국의 학교 교실은 학생수가 많고 교사도 충분하지 못한 것 등의 교육적 여건을 고려하면서도 교사에게 지나친 부담을 주지 않는 범위 내에서 가능한 한 개인차를 고려한 수업모형으로 주로 학습자료를 활용한다든가 교육 텔레비전 프로그램을 활용한다든가 하는 교육공학 활용 프로그램이다.

이 모형의 수업과정은 다음의 다섯 단계로 진행된다.

첫째 단계는 계획단계로 학습과제를 분석하여 수업을 계획하는 단계이다.

둘째 단계는 학생들이 그 학습과제에 들어가는데 얼마나 준비가 되었는지를 진단하는 출발점 행동을 진단하는 단계이다.

셋째 단계는 수업이 이루어지는 지도단계이다.

넷째 단계는 교사가 제시한 수업내용을 학습자가 얼마나 학습했는지 평가하여 그 결과에 따라서 더욱 심화하기도 하고 보충하기도 하는 단계이다.

마지막 단계가 학습효과를 총괄적으로 평가하는 단계이다.

2) 수업의 진행

수업을 진행하려면 교육효과를 높이기 위하여 참고해야 할 여러 가지 요인들이 있다. 이들 중 중요하다고 생각되는 몇 가지를 소개하면 다음과 같다.

(1) 학습과 동기

효율적인 학습을 하려면 학생의 학습동기가 얼마나 필요한지에 대하여 이미 심리학적인 연구를 통하여 밝혀져 있다. 인간의 행동은 대부분 동기가 있지만 그 동기의 강도에 따라서는 강약이 있고, 그것은 적극적인 행동으로 나타나기도 하고 소극적인 행동으로 나타나기도 한다.

앞에서 소개한 대로 동기는 그것이 내적 동기냐 아니면 외적인 것이냐가 중요하다. 공부를 잘하면 칭찬도 받고 상도 탈 수 있다는데서 오는 외적 동기 보다는 스스로 배우고 싶다고 하여 생긴 내적 동기가 중요하다. 문제는 어떻게 해야 내적 동기를 유발할 수 있느냐와 어떻게 하면 동기가 교육목표로 하는 점 및 그 결과에 직결될 수 있느냐하는 것이다.

(2) 학습과 준비성

학습에서 준비성이란 학습과제에 직면했을 때 이에 도전하여 극복할만한 성숙수준이나 요구수준 그리고 경험이 있는지를 따지는 것이다. 그래서 준비성은 학생의 '눈 높이 교육'과 관계가 있다. 눈 높이가 지나치게 높아도 또 낮아도 안 된다. 그리고 강의식 수업방법에서는 준비성을 고려하는데 매우 불리한 조건에 있다고 한다. 그렇기 때문에 강의식 수업에서는 진단평가를 철저하게 해야 할 것이다.

(3) 학습과 개인차

많은 학생을 수용한 대형 학급에서 개인의 능력차가 심한 학생들을 놓고 일반적인 전체 수업을 하게 될 경우 교사는 학생들의 중간수준을 잡아서 수업을 진행하게 된다. 그 경우 높은 수준의 학생은 다 아는 것을 강의함으로 흥미를 잃을 것이고, 낮은 수준의 학생은 이해하지 못하여 흥미를 잃을 것이다. 이와 같이 개인차의 극복을 위하여 많은 연구가 있었지만 아직도 명쾌한 방법이 없는 것은 그 문제가 해결하기 대단히 어렵다는 것을 말해주고 있는 것이다.

(4) 학습과 망각(妄覺)

아무리 열심히 공부해도 그 공부한 내용을 망각하면 헛수고만 한 격이 된다. 그래서 많은 학자들은 어떻게 하면 잊지 않을 수 있을가를 연구하였다. 대개 배운 것을 사용하지 않았을 때, 배운 뒤 활동을 하지 않았을 때, 시간이 경과하여 기억의 흔적이 변했을 때 등으로 설명하고 있다. 망각을 방지하고 기억을 지속시키는 방법을 제시하면 다음과 같다(이공우 외3, 1996).

a) 학습자

일반적으로 연령이 어릴수록, 지능이 낮을수록, 동기유발이 덜 되어 있을수록 망각하기 쉽다. 이런 학습자일수록 적절한 반복학습이 필요하다.

b) 학습자료

일반적으로 언어학습이나 의미없는 내용, 불쾌한 재료, 긴 재료가 망각률이 높다. 따라서 학습내용이 동적이고 의미가 있으며 쾌감을 주는 것이어야 한다. 그리고 재료가 단순하지 않거나 그 수준이 어렵지 않아야 된다.

c) 학습의 진도

학습의 초기나 말기보다 중간쯤이 주의집중력(注意集中力)이 떨어지는 경향이 있다. 그 원인은 대개 피로나 권태 등에서 온다. 그래서 계속적인 동기유발이 필요하고 모든 학생에게 부여하는 과제(숙제)나 구두암송은 효과적이지 못할 때가 많다.

d) 학습의 만족과 불만의 요인

학습의 효과가 만족스러우면 학습은 계속하여 강화되고 반복하려 하지만 성적이 나쁘면 약화되고 회피하려 한다. 학습효과가 높아서 칭찬이나 상을 줄 경우 어린이나 여자 및 저능한 학생일수록 유효하고 IQ가 높고 나이가 든 남자에게는 별로 효과가 없다.

5. 교육공학의 교육방법

1) 교육공학의 의미와 활용

교육공학(敎育工學, educational technology)은 통합적인 학문 분야로서 교육학과 심리학, 공학(工學)을 중심으로 하고, 그 밖에 커뮤니케이션, 사회학, 경영학, 정보과학 등 다양한 분야의 전문적 지식의 도움을 받아서 교육효과를 효율화하는데 그 목적을 두고 있는 학문이라고 할 수 있다. 따라서 교육공학 분야는 타학문 영역에 비하여 개념을 확립하기가 어려우며, 그 연구의 영역도 사회가 발전함에 따라 변화의 속도가 대단히 빠르다. 최근의 정보통신공학의 발달로 인하여 사회 문화적인 구조의 변화가 많은 때에 이를 이론적으로만이 아니라 실제적으로 교육에 수용하고 문제를 해결해야 하는 것이 교육공학의 특성이라고 하겠다.

가) 교육공학의 의미

종전에는 시청각교육(視聽覺敎育, audio-visual education)이라 하여 시청각자료를 교육과정에 통합시켜 적절하게 활용하여 교육효과를 높이려고 하는 교육방법이 있었다. 여기에서 말하는 시창각자료란 읽기에 의존하지 않고 의미를 전달하기 위하여 보거나 듣는 모든 교육자료이다. 그것은 언어주의에 빠지지 않게 하는데 도움을 주는 비언어적 자료로서 예를 들면 칠판과 게시판에서부터 융판, 괘도, 그림, 사진, 호스터, 그래프, 슬라이드, 모형, 표본, 인형, 녹음자료, 라디오, 영화, TV, 컴퓨터, 전시, 견학, 시범 등이다. 그러나 오늘날에는 시청각교육이라는 용어와 개념이 사라지고 대신 언어와 비언어적 자료가 결합된 교육공학이라는 용어로 바뀌었다.

교육공학은 교육의 목적을 달성하고 학습의 질적 향상을 위하여 학습에 관한 연구나 의사소통 분야에서 이룩한 연구결과를 기초하여 교수－학습의 전과정을 계획하고 실행하며 평가하는데 있어서 인간적 자원과 비인간적 자원을 체계적으로 활용하여 과학적이고 체계적으로 교수－학습을 조직하는 새로운 접근방법이다.

따라서 교육공학은 영화, 비디오 테이프, 투시물 환동기(OHP), 컴퓨터 등의 교육매체를 활용한 교수－학습과정을 연구할 뿐만 아니라, 교육목표, 교육내용, 교육방법, 교육평가 등 교육의 전과정을 체계적이고 종합적으로 계획·실천하는 실제적 학문분야이다. 이러한 교육공학의 개념모형을 제시하면 <그림 6－3>과 같다.

<그림 6－3>에서 하드웨어(hardware)적인 교육공학은 전통적인 시청각 교육의 개념과 유사하게 교육목적 달성을 위해서 공학적 기구와 공학적 원리를 응용하는 것으로서 텔레비전, 라디오, 교수기계, 컴퓨터, 영사기 등과 같은 기구만을 포괄한다. 반면에 소프트웨어(software)적인 교육공학은 교육목적 달성을 위해서 학습심리학 분야에서 밝혀진 학습원리를 최대한 적용하는 것으로 프로그램 학습자료, 비디오 테이프(video tape), 교재 등과 같은 프로그램 체계의 총칭이다.

하드웨어적인 교육공학은 매체를 교수보조물(教授補助物)로 파악하려는 경향이 있으며, 소프트웨어적인 교육공학은 학생들의 학습을 중심 개념으로 하는 학습보조물적(學習補助物) 개념을 강하게 풍긴다. 하드웨어적인 교육공학과 소프

그림 6-3 교육공학의 개념적 모형

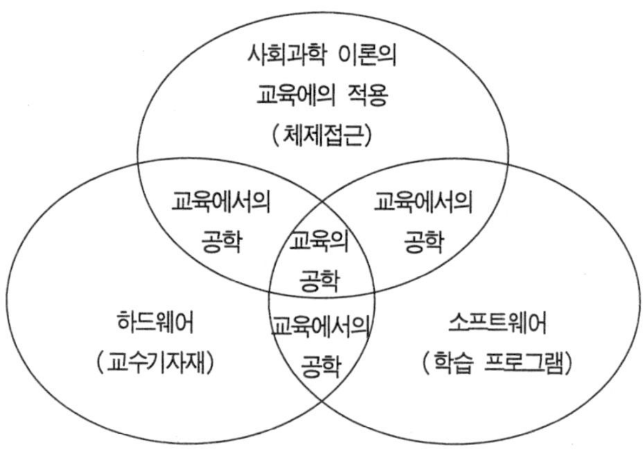

트웨어적인 교육공학은 실제의 교육장면이나 교수자료의 개발에 응용될 때 상호작용한다. 팀티칭, 수업체제, 교육 TV 등에서 이 둘을 구별해 내기는 대단히 어렵다.

최근에는 소프트웨어와 하드웨어적 교육공학의 체계적(통합적)의미를 강조하는데, 이는 교육목적을 달성하기 위하여 교수－학습의 전과정을 계획하고 실행하고 평가하는데 학습과 커뮤니케이션 분야에서 이루어진 연구결과를 응용하는 것으로 인적 자원과 물질적 자원을 적절히 체계적으로 활용한다. 이러한 교육공학을 일반화하기 위한 방안은 다음과 같다.

① 각 매체가 갖는 교육적 가치가 밝혀져서 거기에 맞는 교육설계(수업설계)를 함으로써 교육공학적 효율성이 있어야 한다.
② 각 매체의 독특한 가치와 더불어 여러 가지 교육공학이 복합적으로 투입되었을 때의 교육적 생산성 또는 효율성을 밝혀서 이용해야 한다.
③ 교육공학의 올바른 이해를 위한 홍보활동이 확대되어야 한다.
④ 교육공학에 대한 맹목적 추종은 금물이다.
⑤ 교사(이용자)의 엄격한 훈련과 자세한 지침서의 준비가 필요하다.
⑥ 공학의 이용과 인간주의 가치관과의 적절한 조화가 요망된다.

나) 교육공학의 영역

교육공학은 교육에 공학을 적용하여 교육의 질적 향상에 매우 많은 영향을 주었다. 즉, 교육을 보다 생산적이고 효율적인 것으로 만들고, 교육의 개별화 가능성을 증가시키며, 교수활동의 과학적 기초를 많이 제공해 주고 있다. 뿐만 아니라 교사・학생간의 긴밀한 대화를 가능하게 하는 교육력(敎育力)을 증가시키고, 학습의 즉시성(卽時性) 또는 동시성을 높여주며, 교육에 대한 지원기능을 평준화하고 교육기회를 균등화 한다. 즉, 교육공학의 발전은 교육행정의 능률화와 통합화, 교육과정 계획의 과학화와 체계화, 수업의 과학화와 개별화 등 교육체제 전반에 변화와 혁신을 가져다 주었다. 이러한 교육공학의 영역을 교육과정의 측면과 수업설계의 측면, 교육평가의 측면에서 간략히 살펴보면 다음과 같다.

a) 교육공학과 교육과정의 관계

어떤 학생을 대상으로 어떤 교과의 어떤 과제에 어떤 수업매체(授業媒體)를 사용할 것인가를 미리 고려해야 한다. 하이니히(Heinich)의 수업경영 체제에 대한 새 패러다임을 세 유형으로 구분하여 살펴보면 다음과 같다(<그림 6－4> 참조).

① 첫째 유형

교실에서 사용하는 매체를 교사가 완전히 통제하는 유형은 전통적 의미의 학교수업에 해당한다.

② 둘째 유형

교사와 매체의 공동 책임하에 수업경영을 하는 유형은 수업시간의 일부분은 교사로부터 배우고, 다른 부분은 영화나 녹음 테이프 등을 통한 매체로부터 배우게 되는 경우이다(<그림 6－4>의 중앙과 오른쪽의 합).

③ 셋째 유형

매체에 의해서만 수업이 이루어지는 유형은 완전히 프로그램화된 자료에 의해서 자율학습을 하는 경우이다(<그림 6－4>의 왼쪽).

b) 교육공학과 수업설계의 관계

① 다양한 교수자료 및 교수매체의 제공을 통해 학생의 개인차 문제해결에 이바지한다.

그림 6-4 하이니히의 수업경영 체제에 대한 새 패러다임

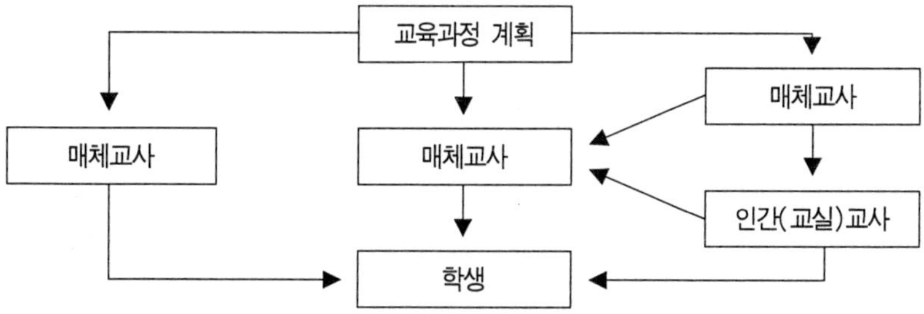

자료 : 이용걸 · 김순택(1984), 「시청각교육」, p.226

② 실생활을 통한 복합적인 감각적(感覺的) 경험의 학습으로 이끌어간다.

③ 학습경험을 좀 더 체계적이고 조직적으로 구성하여 줌으로써 학생의 학습심리에 부합되는 학습을 마련해 준다.

④ 인위적 경험의 제공을 통해 학습에 대한 동기(흥미)를 유발시킨다.

c) 교육공학과 교육평가의 관계

① 필답검사가 갖는 약점을 극복할 수 있다. 그러나 독해력이 약한 학생에게는 불리하다.

② 문제를 그림이나 도표를 사용하여 제시함으로써 그 문제가 좀 더 생동적으로 받아들여지고 따라서 학교 문제와 실생활 문제와의 결합이 용이해진다.

③ 그림, 녹음구성, 극적 요소 등을 통하여 제시되는 학습평가는 학생들에게 시험에 대한 새로운 태도를 갖게 하고, 시험을 괴로운 것으로만 생각하지 않게 한다.

④ 행동적 수업목표를 위한 평가일 경우, 추상적 말보다는 실물 또는 실물에 가까운 매체가 더욱 효과적이다.

⑤ 학생들의 개인차 해소에 도움이 된다.

다) 교육공학의 전망

교육공학의 '진정한' 목적은 크론바하(Cronbach)와 스노우(Snow)가 말했듯이, 학생의 필요에 맞게 교수방법을 수정하여 적용하는 것이다. 교육공학의 발달은 이러한 적용을 가능하게 했으며, 교육공학을 가장 적절하게 사용하는 교수전략은 근래 더욱 발전하였다.

다양한 교수매체들인 시청각자료, 사진, 영화, 방송, 컴퓨터학습 등에 대한 연구는 학습을 촉진하는데 효과적인 교수매체로서 제작과 활용기술을 개발하여 왔으며, 매체가 집단의 학업성취를 증진하기 위해서 사용되는 경우 이들 매체의 효과성에 대하여 활발한 논의가 있어 왔다. 과거의 비판적인 반성으로부터 나온 다음의 제언들은 교육공학의 연구 방향을 제시해 주고 있다(오성삼 외, 1997).

① 하이퍼미디어 연구를 위한 토대로서 청각, 정사진, 영화, 방송 및 컴퓨터

기반 학습의 발전을 이용하여야 한다.

② 학생의 고차적 사고와 문제해결 능력을 향상시키기 위하여 공학을 기반으로 하는 환경을 모색하고 이를 실천하여야 한다.

③ 사고력과 문제해결력과 같은 고차적 인지기능을 측정할 수 있는 도구를 개발하고 사용하여야 한다.

④ 교수목적을 달성하기 위해 학생들이 사용하는 인지과정을 측정하기 위한 평가방법을 개발하여야 한다.

⑤ 작문에 대한 교수를 향상하기 위하여 공학의 사용방법에 관한 조사를 계속하여야 한다.

⑥ 학교를 재구조화하기 위하여 학생과 교사의 역할과 교실의 조직을 변화시키는데 공학의 사용을 모색하고 실천하여 이를 계속적으로 평가·수정하여야 한다.

⑦ 여학생이 공학을 사용하고 공학에 대한 긍정적인 태도를 갖도록 고무하기 위해 설계를 개발하고 검사하여야 한다.

⑧ 학습자의 관점으로부터 원격교육 환경의 교수적 역동성을 검사하여야 한다.

⑨ 교사연구 문제와 함께 원격교육에 사용되는 교수전략을 검사하여야 한다.

⑩ 적합한 비용-효과 연구를 설계하고 실행하여야 한다.

⑪ 의미 있고 현실감 있는 학습상황을 창출하기 위하여 하이퍼미디어 등의 공학을 사용하는 방법을 구안하고 평가하여야 한다.

교육공학의 미래 연구영역으로는 교수설계(敎授設計), 컴퓨터 기반의 학습, 상호작용 멀티미디어 시스템, 지능적인 개인교수 시스템 등의 분야를 들 수 있다.

현재 사용되고 있는 교수설계이론의 대부분은 20여년 전에 개발된 것으로, 새로운 상호작용인 공학을 적용하는 교수를 설계하고 설명하기에는 부적절한 면이 있다. 비록 인지과학이 비약적인 발달을 해 왔지만, 효과적인 교수설계 모형의 종류를 제공하는데는 아직도 요원해 보인다. 따라서 오늘날의 인지과학과 교수개발 사이의 연결과학이나 이론의 구축이 시급하다.

시에틀러(seattler)는 컴퓨터보조수업의 발전은 심도 있는 연구와 실험의 결과에 기인한다기보다는 경제적인 요인과 더 관계가 깊다고 지적한다. 즉, 컴퓨터

보조수업이 널리 퍼지는데 결정적인 역할을 한 것이 비용효과 측면이라는 증거가 점차 많아지고 있다. 한편 최근의 컴퓨터보조수업의 적용에 대한 연구결과는 긍정적이며 일반적으로 모든 교육 수준에서 높은 성취를 얻었다고 보고되고 있다.

한편 혁신적인 프로그램을 학교에서 사용하지 않는 이유는 보다 더 창조적으로 컴퓨터를 사용하는데 적합한 컴퓨터 보조수업에 관한 지식을 갖춘 교사가 거의 없다는 문제가 그 원인이다. 따라서 교수설계와 컴퓨터 보조수업 분야에서 교육훈련을 담당하는 교육공학자는 학교에서의 창의력 있는 컴퓨터 사용에 영향을 줄 수 있어야 한다.

랜더(Landauer)는 2020년까지는 인지과제의 많은 부분이 기계에 의해서 수행될 것이라고 믿는다. 그러나 페르자(Feurzeig)는 정보공학을 통하여 발전된 미래 교육의 전망은 비공학적인 발달에 기초한 방법이나 자원으로부터 더 많은 것을 요구할 것이라고 본다. 우선적으로 가르치는 것에 대한 열정과 자신의 교과영역에 대한 풍부한 지식과 경험을 보유하고 있으며 컴퓨터를 적재적소에 활용하고 인간적으로 교육할 수 있는 진정한 의미의 교사가 요구된다. 나아가 미래에는 공학을 기반으로 한 교육 프로그램을 만드는 시대로부터 컴퓨터를 편안하게 잘 다루고 나아가 풍부하고 다양한 학습경험을 통해서 성장한 비판적인 젊은이들이 세대를 이끄는 변화가 있을 전망이다.

미래에는 공학의 영향으로 인하여 교육에서 진정한 의미의 성장과 산출효과가 이루어지고 교육이 향상될 것이라는 사실을 인식해야 한다. 교육공학 연구자들에게는 교과과정을 개별 학습자 특성에 적응하도록 구안하고 모든 학습자에게 학습이 더 의미 있고 생산적이 되도록 이끌며 교사가 학습자의 교수－학습 과정을 변혁시킬 수 있고 학교를 재구성할 수 있도록 부단한 연구와 실천이 요청된다.

2) 교수매체의 의미 및 활용

가) 교수매체의 의미

교수매체(敎授媒體)란 체제적 교수설계를 하는데 있어서 학습장면에서 교사가 의도하는 교육목표에 보다 효과적으로 도달하고 학습자들의 학습을 자극하고 증진시키기 위하여 사용되는 '수단'이며, '환경'이요 '조건'이다. 교수매체에 대한 여러 학자의 정의를 살펴보면 다음과 같다.

① 가네(Gagné)

교수매체는 학습자와의 의사소통을 위한 교사의 말에서부터 인쇄화된 것, 자연의 사물, 사진이나 그림, 모형, 영화, 티칭머신 등을 총망라한 것이다.

② 브리그스(Briggs)

학습자에게 교육을 목적으로 제공하는 여러 가지 형태의 물질적 수단이다.

③ 김순택

일반적으로 학습자의 학습환경을 자극하는 여러 가지 요소 또는 환경 자체를 교수매체라고 한다. 즉, 교수매체란 학습에 사용되는 모든 자극, 조건, 수단, 환경 등을 포괄하는 개념으로 단순한 학습자료, 학습도구, 교편물, 수업자료(자원)보다 넓은 의미이다. 역사적으로는 코메니우스의 「세계도회」나 루소의 자연주의 교육론에 의한 「에밀」, 페스탈로치의 실물교수론, 프뢰벨의 작업중심교육론에서 같은 의미를 발견할 수 있다. 이러한 교수매체의 특성을 크게 수업의 측면과 기능적 측면으로 구분하여 살펴보면 다음과 같다.

첫째로 수업의 측면으로는 교수매체가 교사의 대리자로 사용되는 경우, 즉 교수매체가 수업과정에서 교수활동을 전적으로 떠맡을 경우와 교사의 수업을 보조하는 보조물로 사용되는 경우가 있다.

둘째로 기능적 측면으로는 고정성과 조작성 및 확충성을 들 수 있다.

① 고정성(固定性)

비디오 테이프, 음성 테이프, 사진 필름 등과 같이 어떤 사물이나 상황을 포착하여 보존하고 재구성시키는 기능이 있다.

② 조작성(操作性)

식물이 자라는 모습을 저속으로 촬영하여 고속으로 재생시키는 것과 같이 어떤 사물이나 사건, 상황 등을 여러 가지 방법으로 변형시키는 기능이 있다.

③ 확충성(擴充性)

TV나 Radio를 통하여 대량으로 학습하는 경우처럼 하나의 사건에 대해 동일한 경험을 다수에게 제공하는 기능 등이 있다.

나) 교수매체의 선정 및 활용

(1) 교수매체의 선정과 활용의 요령

교수매체(敎授媒體)는 다음을 고려하여 선정하고 활용하여야 한다.

a) 학습자

학습자의 특성을 고려하여 선정해야 한다.

b) 학습과제

학습과제의 특성을 고려하여 선정해야 한다.

c) 수업사태(授業事態)

수업사태를 고려해서 결정해야 한다.

d) 적절성(適切性)

교수매체는 수업목표와 교수-학습 장면에 적합한 매체이며 그 제시방법이 적절한가를 따져본 후에 선정해야 한다.

e) 난이도(難易度)

교수매체는 그 취급 방법이나 수준을 고려해서 선정해야 한다. 난이도를 점검할 때에는 사용된 어휘, 제시내용·속도·접근 방식 등이 학습자의 수준에 적합한가를 살펴봐야 한다.

f) 경제성(經濟性)

교수매체는 교육목표 달성에 가장 적합한 것을 선택한다. 비용 문제를 논할 때는 학습효과와 거기에 소요되는 비용을 견주어 보아서 어떤 선택이 보다 경제적인가를 따져 보아야 한다.

g) 질적 양호도(良好度)

교수매체 자체의 질적 양호도를 고려해야 한다. 아무리 잘 제작·녹화된 매체일지라도 교실·강당 등 넓은 장소에서 스피커 연결을 할 경우, 소리나 화면에 흠이 들어가거나 똑똑하게 보이지 않거나 들리지 않는 수가 있으므로 녹화된 시청각 매체의 질적 양호도를 점검해야 한다.

h) 특성(特性)

각 교수매체가 갖는 특성과 장·단점을 고려하여 선정해야 한다. 몇 가지 사례를 들어 설명하면 다음과 같다.

① 강의(lecture)

사실과 사상을 시간과 장소의 제한 없이 전달할 수 있으나, 개인의 학습속도에 맞추기 어렵다.

② 컴퓨터 수업(computer assisted instruction)

개인차를 최대한 고려할 수는 있으나 고등정신을 기르는 데에는 불리하고 또 시설비가 많이 든다.

③ 수업방송(instructional television)

직접 대할 수 없는 현상, 사물, 사건을 보여줄 수도 있고 가정에서도 학습을 지도할 수 있으나, 교사와 직접 의사소통을 할 수 없는 결점이 있다.

④ 프로그램 자료(programmed instructional material)

기본 개념 학습이나 논리적인 학습을 하는데 있어서 지능과 학습적성, 학습속도 등 개인차에 맞게 지도할 수는 있으나 개발·제작과정이 어렵다.

⑤ 그림(still picture)

차트 및 도해·도표·사진과 같은 다이어그램은 읽기 능력이 부족한 학습자에게도 사용이 가능하고 제작이 간편하나, 정적(靜的)이다.

표 6-4 학습종류와 교수매체의 관계

학습종류 / 교수매체	사실적 지식학습	시각적 판별학습	원리 · 개념 · 규칙의 학습	과학에 대한 학습	숙련된 지각적 운동 수행	바람직한 태도형성 및 동기유발
사진, 그림, 슬라이드	보통	높다	보통	보통	낮다	낮다
영화	보통	높다	높다	높다	보통	보통
텔레비전 또는 VTR	보통	보통	높다	보통	낮다	보통
입체자료	낮다	높다	낮다	낮다	낮다	낮다
녹음자료	보통	낮다	낮다	보통	낮다	보통
교사의 직접적인 담화	보통	낮다	보통	보통	낮다	보통

⑥ 라디오

시공의 장벽을 넘어 수많은 사람들에게 동시에 전달이 가능하나, 일방적이다.

⑦ 모형(模型, contrived experience)

실물보다 효과적으로 가르칠 수 있고 반복조작이 가능하나 비용이 많이 든다.

아홉째, 교수매체는 교사, 학생, 매체간의 상호작용의 특성을 맨 먼저 고려하여 선정해야 한다(<표 6－4> 참조).

(2) 교수매체의 선정절차

교수매체를 선정하는 절차는 다음과 같이 다섯 단계로 구분할 수 있다.

a) 제1단계 : 수업목표를 재확인하는 단계

진술된 수업목표가 학습자들이 주어진 수업을 성공적으로 끝냈을 경우에 기대되는 행동에 대하여 진술되었는지 알아보고, 이를 두 사람 이상이 보아서 모두 같은 생각을 가질 수 있는지를 확인한다. 즉, 구체적이고 명세적(행동적) 진술인지를 확인하는 것이다.

b) 제2단계 : 학습유형을 정하는 단계

제1단계에서 진술된 수업목표가 가네(Gagné)가 제시한 8개의 학습유형 중 어느 수준에 속하는 것인지를 밝힌다.

c) 제3단계 : 매체분석표를 작성하는 단계

이 단계에서는 수업사태에 따라서 가능한 교수매체를 나열한 '매체분석표'를 만드는 단계이다. 이 작업을 위해서 제2단계에서 규정한 학습유형에 따른 학습조건을 생각해야 하며 이 학습조건을 만들 수 있는 학습유형 등을 생각해야 한다.

d) 제4단계 : 최적의 교수매체를 선정하고 종합하는 단계

이 단계에서는 주어진 수업 전체의 학습과제를 생각하고, 여러 가지 여건을 고려하여 각 수업사태마다 가장 적합한 교수매체를 묶어서 요약한다.

e) 제5단계 : 매체의 제작설명서를 작성하는 단계

이 단계에서는 선정된 교수매체에 관한 설명서를 작성한다. 교수설계자에 의해서 꼭 필요로 하는 교수매체가 선정되면 교수설계자는 그 교수매체에 관한 구체적인 설명을 붙여야 한다. 크기, 색깔, 특별히 강조해야 할 사항, 제작시의 유의점 등에 관하여 아주 구체적인 설명서를 만들어야 교수매체를 개발할 사람이 제작하는데 설명서가 유익한 것이 될 것이다.

3) 교육공학의 한계

앞에서 설명한 대로 교육공학이 교육방법을 개선하는데 많은 공헌을 한 것을 인정하면서도 그 역기능이나 문제점이 없는 것은 아니다. 이를 정리하여 제시해 보면 다음과 같다.

첫째, 교육공학 매체를 활용하여 구체적인 경험만을 강조하고 있는데 그 경험만으로는 개념화(概念化)가 불가능하다. 즉 추상적인 경험을 개념화하는데는 내적인 사고작용이 필요한데 구체적인 경험만으로는 불가능하다는 것이다. 그래서

추상적 개념을 시각적으로 구체화하기란 매우 어려우며, 그것은 언어와 같은 기호로 표시할 수밖에 없다.

둘째, 경험의 추상성(抽象性)과 구체성은 서로 분리하여 생각할 수 없는 문제인데도 교육공학에서는 지나치게 구체성만을 강조하여 이 둘의 관계를 기계적으로 다루고 있다는데 문제가 있다.

셋째, 교육에서는 '어떻게 전달할 것인가'라는 교육방법론보다 '무엇을' 그리고 '왜 전달해야 하는가'라는 교육목적과 교육내용이 더 중요한데도 교육공학에서는 이를 소홀하게 취급한다. 이런 공학적 기술이 인간의 위대한 능력을 계발하고 인간다운 삶을 영위하도록 지도하는 교육효과를 높여주는데는 그 한계가 있을 수밖에 없다.

넷째, 교사와 학생간의 인간관계를 통하여 이루어지는 인격적 교류는 학생의 가치관과 의식, 태도, 행동 등에 중대한 영향을 준다. 이런 현상은 잠재적 교육과정에서 쉽게 찾아 볼 수 있다. 또 집단역동(集團力動)의 이론이나 장(場)의 이론에서 보듯이 인간과 인간의 만남 속에서 이루어지는 역동적 관계는 교육공학의 매체에서는 잘 만들어지지 않기 때문에 효과적이고 참다운 교육이 이루어지기 힘들다. 비교적 인지적 교육에서는 자주 활용되지만 가치교육(價値敎育)과 의식교육, 종교교육 등과 같은 정의적 교육에서는 교육공학이 덜 활용되는 이유가 여기에 있다.

다섯째, 교육공학 매체를 통한 교육방법은 일방적 전달이기 때문에 학습자의 고등정신 기능을 키우는 데는 한계가 있다. 예를 들면 창의력을 개발하고 비판적 사고를 육성하는 데는 단순한 보조적인 기능에 그쳐야 한다.

6. 생활지도와 상담

학교에서의 교육활동은 크게 교수－학습(學習指導)활동과 생활지도(生活指導) 활동으로 구분된다. 교수－학습활동은 학생의 지적 측면을 강조하는 반면 생활지도활동은 학생의 인간적인 성숙(成熟)을 그 목적으로 한다.

1) 생활지도

가) 생활지도의 개념

생활지도(生活指導)라는 말은 영어의 'guidance'로서 학생들을 '안내한다', '이끌어준다', '지도한다'라는 뜻을 내포하고 있다. 즉 생활지도는 모든 학생이 일상생활에서 당면하는 여러 가지 문제, 즉 가정적인 문제와 교육적이고 직업적이며 신체적이고 정서적이며 인성적인 문제 등을 자력으로 해결할 수 있는 능력을 계발하여 개개인의 건전하고 효과적인 성장·발달을 이룩할 수 있도록 도와 주는 조직적인 봉사활동의 과정이다. 따라서 생활지도는 하나의 과정이고 노력이며 학생 개개인에 관심을 갖고 주위환경에 대한 이해를 돕는 의도적인 지도활동이라 할 수 있다.

생활지도는 원래 실업상태에 있는 청소년을 위한 진로지도(進路指導)와 학업지도(學業指導)를 하면서 청소년들이 자신의 적성과 능력에 맞는 직업을 선택할 수 있도록 돕는 데서 비롯되었다. 따라서 생활지도는 다분히 개인생활의 전 영역을 포함하고 생활과정에서 일어나는 일을 해결하는 데 힘이 될 수 있도록 도와 주는 데 있다.

생활지도는 현명한 판단과 문제해결을 할 수 있는 힘을 제고함으로써 자기지도력을 기를 수 있는데, 일반적으로 논의되는 생활지도의 개념상 특징을 열거하면 다음과 같다.

① 생활지도는 과정(process)이다.
② 생활지도는 도와 주는 것(helping)이다.
③ 생활지도는 개인(individual)에 관심을 갖는다.
④ 생활지도는 자기 자신과 외계 환경의 이해를 돕는다.

이런 의미를 가진 생활지도는 다음과 같은 기본 방향(원칙)을 가지고 있다.

① 생활지도는 모든 학생을 대상으로 해야 한다.

② 생활지도는 처벌이나 제지보다는 성장을 촉진하는 적극적인 활동이어야 한다.

③ 생활지도 자율성(자기결정, 자기지도)을 기본원리로 한다.

④ 생활지도는 전인적(全人的)인 발달에 역점을 두어야 한다.

⑤ 생활지도는 치료보다 예방에 중점을 둔다.

⑥ 생활지도는 과학적인 근거를 기초로 한다.

⑦ 생활지도는 어느 단일한 심리이론만 적용되는 것이어서는 안 되고 종합적인 접근이 시도되어야 한다.

⑧ 생활지도는 관계인사들이 협력해서 수행하는 협동적 노력이어야 한다.

나) 생활지도의 발달

직업지도운동으로 시작한 생활지도는 1908년 미국의 보스톤시에서 파슨스(Parsons)가 시작함으로써 그 기원을 열었다. 그런데 이런 생활지도운동은 1920년대에 들어와서 변화를 보이는데, 즉 정신건강이나 사회적 적응능력이 성공적인 직업생활에 중요한 요인임을 알게 되면서 정신위생(精神衛生) 문제가 생활지도활동에서 중심이 되었다.

1930년대에 와서는 개별적인 생활지도에서 협동심을 육성하려는 집단적 방법이 강조되기 시작하였고, 2차대전 이후에는 상담심리학이 발달하여 상담이 생활지도에서 중요한 의미를 갖게 되었다. 그리고 1960년대에는 교육이 사회개혁의 소임을 다해야 한다는 철학으로 생활지도가 확대되었고 드디어 컴퓨터를 이용한 생활지도 프로그램이 출현하게 되었다.

1970년대에서 90년대에 이르기까지 생활지도는 그 효율화에 역점을 두어 상담가의 자질향상에 역점을 두었고, 우리나라에서도 1999년 종전에 시행해 오던 교도교사(敎導敎師)나 진로상담교사(進路相談敎師) 양성과정과는 다르게 '전문상담교사' 양성과정을 교육대학원이나 일반대학원에서 설치하여 전문적으로 양성하도록 하여 지금까지(2003) 시행하고 있다.

다) 생활지도의 필요성

현대사회는 급격하게 변화하기 때문에 어린 학생이 변하는 사회에 쉽게 적응하기가 어렵다. 더구나 변화의 불확실성 때문에 더욱 어렵다. 그 위에 교육의 대중화(大衆化) 내지 보편화, 직업의 전문화 및 분업화로 인하여 교육기간이 길어야 사회에서 '쓸만한 일꾼'으로 대접받게 되어 어렸을 때부터 자신의 삶의 방향을 정할 수 있는 능력을 키우는 작업은 대단히 중요한 교육으로 등장하게 되었다. 이들을 자세히 소개하면 다음과 같다.

첫째, 교육경쟁과 생존경쟁이 치열해 지면서 사회적 부적응, 정서불안, 개인차가 확대되어 교육문제가 확대되었고, 그래서 더욱 생활지도가 필요하게 되었다.

둘째, 직업의 전문화, 분업화(分業化)로 인하여 청소년들은 자신의 적성에 맞는 직업이 무엇인지 알기 어렵기 때문에 직업지도의 생활지도가 필요하다.

셋째, 현대의 문화지체(文化遲滯, cultural lag) 현상, 즉 빠른 물질문화의 발달에 따라가지 못하는 정신문화로 인하여 생기는 갈등, 가치관과 의식의 심한 동요로 인하여 방황하는 청소년에게 생활지도가 필요하다.

넷째, 진보주의 교육철학은 흥미와 적성, 능력 등과 같은 개성을 중시하는 교육을 실시하여 개인차를 자연스럽게 인정하게 되면서 생활지도가 더욱 필요하게 되었다.

다섯째, 학교교육이 지역사회에 연결되지 못하여 이들간의 상호협조를 위한 생활지도가 필요하게 되었다.

라) 생활지도의 목표

생활지도의 목표는 앞에서 소개한 대로 생활상의 제반 문제의 해결능력 함양과 자아실현(自我實現)을 위하여 도와 주는 것이다. 그런데 여기에는 크게 학생의 행동에 직결된 직접목표와 학교와 교사에 대한 봉사로서의 간접목표로 구분하여 살펴볼 수 있는데, 이를 구체적으로 살펴보면 다음과 같다.

a) 학생의 행동에 직결된 직접목표

① 학생 각 개인이 자기 자신을 정확히 이해하도록 돕는다.

② 학생 각 개인이 자기가 지닌 성장가능성으로서의 능력, 흥미 기타 여러 자질을 발견하고 그것을 최대한 발전시키도록 돕는다.

③ 학생 각 개인이 수시로 당면하는 자신의 문제를 정확히 파악하고 자기 힘으로 해결할 수 있도록 돕는다.

④ 다양하고 복잡한 생활환경 속에서 학생 각 개인이 현명하게 선택하고 적용할 수 있도록 돕는다.

⑤ 학생 각 개인이 자기가 속한 사회를 위하여 공헌할 수 있도록 돕는다.

⑥ 학생 각 개인이 신체적 · 지적 · 정서적 · 사회적 모든 면을 포함하여 잘 조화되고 통합된 인생을 즐길 수 있도록 돕는다.

⑦ 학생 각 개인이 앞으로의 성장과 생활을 위하여 보다 건전하고 성숙된 적용을 할 수 있는 영구적인 기초를 닦을 수 있도록 돕는다. 즉 생활지도의 핵심목표는 학생 각 개인의 '자율적 성장'을 돕는 것이다.

b) 학교와 교사에 대한 봉사로서의 간접목표

① 각 교사로 하여금 학생들을 보다 정확하게 이해할 수 있도록 돕는다.

② 여러 가지 형태의 현직 교육활동을 통하여 학급교사로서 필요한 생활지도의 태도와 기능을 가지도록 돕는다.

③ 학교의 교육계획을 세울 때에 학생의 생활지도 상황을 고려하며, 교사의 능력을 벗어나는 특수한 문제에 대해서는 협동적으로 해결하도록 돕는다.

마) 생활지도의 원리

학생들의 생활지도를 시행할 때 지도하는 기본적인 관점은 무엇보다도 인간에 대한 이해가 선행되어야 한다. 훈육에 있어서는 일반적인 규제나 처벌을 중시하지만 생활지도에 있어서는 대상자를 단순한 피교육자로만 인식할 것이 아니라 인간으로서의 전반적인 이해를 중시해야 할 것이다.

(1) 기본원리

① 인간의 존엄성(尊嚴性)

생활지도에서 우선적으로 고려되어야 할 것은 인간의 존엄성을 인정하는 일이다. 그래서 개개인의 성격과 가치관을 존중하고 있는 그대로의 상태와 모습을 언제나 수용적인 자세로 지도해야 한다.

② 자율성(自律性)의 존중

생활지도는 자신의 문제를 학생 스스로 해결할 수 있도록 도와 주는 과정이다. 학생이 문제를 알고, 그 해결방안을 탐색하며, 최종적으로 결단하는 과정을 도와 주는 것이다.

③ 적응(適應)에 협력

사회생활의 변화에 잘 적응하지 못하는 학생에게 자율적이고 적극적으로 이에 적응하도록 도와 준다.

④ 참다운 인간관계(人間關係)의 정립

학생이 감화감동을 받아 태도와 가치관이 변하면 교사와 학생 사이에 참다운 인간관계가 형성되고, 이러한 진솔한 감정의 교류는 생활지도가 원만하게 이루어 진다.

⑤ 자유스러운 분위기

상담에서 상호 부담스럽지 않은 허용적인 분위기, 즉 래포(rapport)가 형성되어야 하는 것과 같이 자유스럽고 부드러운 분위기는 대단히 중요하다. 인간관계가 무서우면 소위 터널비전(tunnel vision)이 만들어져서 사람들의 생각이 좁아지고, 반항적인 태도를 만들어 내며, 인간관계가 원만해지기 어렵다. 반면 부드러운 분위기는 창의력을 생산해 내고 긍정적이며 적극적인 태도를 만드는 데 도움을 준다.

이해 돕기 13

■ rapport

너와 내가 서로 마음의 벽이 없는 친화관계를 가진 상태를 말하는 것으로, 이들은 집단에서 그 구성원들간에 감정이나 태도가 자발적으로 쉽게 공감하는 반응을 일으킨다. 흔히 심리요법을 쓸 때나 상담에서 치료자와 치료를 받는 사람 사이에 또는 상담자와 내담자 사이에 감정의 교류가 자유로이 이루어지면 문제해결이 쉽게 이루어진다.

(2) 생활지도의 실천원리(實踐原理)

① 모든 학생이 대상이다

흔히들 비행을 저지른 학생이나 지능이 낮고 공부를 못하는 학생 또는 신체적으로 결함이 있어서 사회적으로 고립되어 있는 학생들만이 생활지도의 대상자라고 생각하기 쉽다. 그러나 지능이 높고, 공부를 잘 하며 신체적으로도 정상적일 뿐만 아니라 사고가 건전하고 사회적으로도 잘 적응할 수 있는 학생도 생활지도의 대상이 된다. 왜냐하면 생활지도의 궁극적인 목적은 학생 개개인이 지니고 있는 잠재적인 능력을 최대한으로 신장시켜 주는 데 있기 때문이다. 그래서 생활지도는 종래의 문제학생 중심의 일부 학생들만을 대상으로 하는 편협된 사고에서 탈피하여 모든 학생의 필요와 요구를 수용하고 충족시킬 수 있는 방향으로 전환되어야 할 것이다.

② 정확한 자료와 객관적인 근거(根據)로 행한다

생활지도를 함에 있어서 일련의 과정, 즉 문제를 찾아내고 그 문제의 원인을 규명하고 문제해결을 위한 일련의 조처를 하기 위해서는 적성검사(適性檢査), 흥미검사, 지능검사, 자아개념검사, 진로성숙검사(進路成熟檢査), 학력검사 등을 통한 객관적인 자료에 근거해야 한다. 왜냐하면 생활지도를 담당하는 사람들의 주관적 판단을 여러 가지 오류를 범할 수 있으며, 이러한 오류는 학생에게 도움이 되기는커녕 돌이킬 수 없는 과오를 범할 수 있기 때문이다.

③ 처벌보다는 지도(指導)가 선행된다

전통적인 학생들의 생활지도는 처벌 위주의 지도였는데 반하여 앞으로의 생활지도는 학생을 이해하는 방향으로 지도의 설계를 전환하여야 한다. 처벌은 학생들의 잘못된 행동을 일시적으로 중단시키는 효과는 있을지언정 지속적인 효과를 가져야 주는 최선의 방법은 되지 못한다. 따라서 생활지도에 있어서는 억압보다는 이해를 하고, 처벌보다는 지도하는 방향을 찾아야 한다.

④ 자율성(自律性)과 개성을 존중한다

생활지도는 단순히 학생들의 당면한 문제를 해결해 주는 데 그치는 것이 아니라 한걸음 더 나아가 스스로 문제를 해결해 볼 수 있는 경험을 가지도록 하는데 노력을 경주해야 할 것이다. 또한 생활지도는 학생이 지니고 있는 고유한 특성을 인식하며 이를 신장할 수 있도록 적절한 생활지도가 이루어져야 한다. 따라서 생활지도는 교사가 선호하는 방향으로만 학생으로 유도해서는 안 되며 개성을 존중하여 자율적으로 행동할 수 있도록 유도하는 것이 바람직하다.

⑤ 계속적 과정이다

생활지도는 한 번의 지도로 끝나는 것이 아니라, 진급, 진학, 졸업 후에도 계속적인 관심을 가져야 할 과정이다.

⑥ 협동적 작업이어야 한다

생활지도의 임무는 담임교사나 카운슬러만의 일이 아니고, 학교의 전체 교사, 가정, 지역사회와의 협동과정이어야 한다.

바) 생활지도의 영역

생활지도는 원래 직업지도에서 시작되었으나 그 영역이 점차 확대되어 학생 개인의 전인적 발달을 지도하는 데까지 확대하고 있으므로 학교에서 수행하는 모든 교육활동에 관심을 가지게 되었다. 그 결과 오늘날 생활지도는 활동내용이 확대되고 그 방법도 다양화되었다. 생활지도의 영역은 크게 내용별 영역과 활동별 영역으로 구분하여 살펴볼 수 있는데, 생활지도의 내용별 영역을 보면 다음과 같다.

① 학업지도

학업지도는 학생들의 개성·흥미·능력 등에 따라 효율적으로 공부하는 방법을 안내하여 줌으로써 인간이 가지고 있는 잠재가능성을 최대한 발전시키기 위한 지도다. 학교선택과 전공선택, 학교생활의 적응, 특별활동의 선택, 학업부진 지도, 그 외의 학업에 관한 지도가 다 포함된다.

② 진로지도(進路指導) 또는 취업지도

직업의 선택과 준비 및 취업 후의 계획(follow up plan)을 위한 적성과 흥미의 조사, 직업정보의 제공, 직업이 요구하는 태도·지식·기능 등을 계발함으로써 올바른 직업관(職業觀)과 능력을 갖도록 지도하는 것이다.

③ 건강지도

개인의 신체 발달 유지와 증진을 위한 적절한 조언과 조력을 말한다. 특별히 건강을 해치는 각종 유혹이 난무하는 시대에 이들에 대한 정확한 인식과 의지를 키우고 나아가 건강을 위한 생활 습관을 형성하는 것은 중요한 과제다.

④ 사회성지도

사회인으로서 충실한 사회생활을 영위할 수 있는 사회적 생활태도와 기술 및 자질을 배양하기 위한 조력활동이다. 예컨대 원만한 대인관계의 유지, 준법정신과 책임 및 자유를 아는 시민의식, 예절과 협동정신, 자율과 봉사 등 그 할 일이 많이 있다.

⑤ 성격(인성)지도

개인의 건전한 인성의 발전과 인간으로서의 완전한 조화 발전을 위한 지도활동이다. 이 점은 이미 가정에서 부모의 양육태도가 만들어 놓은 성격과 기질의 특성이 있으므로 이를 변화시키기에는 많은 노력이 요구된다. 따라서 학교에서 할 수 있는 인성교육은 인간의 발달단계를 고려하여 그 과업을 수행하도록 하고 나아가 그 단계에 가능한 성격과 기질의 변화를 시도해야 할 것이다.

⑥ 여가선용지도

여가활동을 통해 취미, 오락활동, 감상활동, 창작활동 등 개인의 교양을 향상시킬 뿐만 아니라 보다 나은 인생을 즐기고 남을 돕는 생활을 할 수 있도록 지도하는 것이다. 여가선용은 학생들에게 두번 다시 돌아오지 않는 황금시기를 어떻게 소비하느냐에 따라 전체 삶이 좌우되는 중요한 의미를 갖고 있다.

⑦ 순결지도(純潔指導)

성교육, 윤리교육, 가족계획, 인구문제 등에 관한 것이다. 특별히 오늘날과 같이 기존의 성도덕이 파괴되고 새로운 도덕은 정립되지 못한 상황하에서는 성은 주로 즐기기 위한 도구로 전락하면서 성으로 인한 사회적 · 육체적 · 정신적인 문제가 심각하여 순결지도는 건전한 사회를 만들고 개인이 자아를 실현하는 데 가장 중요한 작업 중 하나가 되었다.

⑧ 가정생활지도

학교와 가정의 긴밀한 연계를 통한 학생지도는 효과적이다. 그리고 학교교육은 실상 가정교육의 연장으로 봐야 하기 때문에 가정생활에 대한 학교교육의 관심은 필요하고 강화되어야 한다. 더구나 근래 가정의 교육적 기능이 약화되면서 학교는 가정교육에까지 그 역할을 확대하지 않으면 안 되게 되었다.

사) 생활지도의 순서

학생 생활지도의 목표를 달성하기 위하여는 먼저 학생을 정확하게 알아야 한다. 그리고 나서 그 근거를 가지고 상담을 실시하고, 상담을 통하여 문제가 해결되면 학생을 적재적소에 배치하며, 그 후에도 계속하여 도와 주어야 한다.

(1) 제1단계 : 조사활동(inventory service)

조사활동은 학생의 필요(요구)와 문제가 무엇인지 그리고 흥미와 성장가능성, 생활환경이 어떠한지를 조사하여 학생을 이해하는 데 필요한 자료를 수집하는 활동이다. 이는 조직적인 생활지도의 가장 기초적인 단계이다. 즉 가정환경, 지적 능력, 여러 교과영역에 있어서의 성취도와 성장, 건강상태, 학교 밖의 생활환경, 교육적 · 직업적 흥미, 특수한 적성, 인성, 장래의 희망과 계획 등을 조사하는 것이다.

특히 조사과정에서는 객관적이고 신뢰도가 높아야 하고, 학생들의 문제해결을 위하여 꼭 필요한 사실과 요인을 포함해야 한다. 조사방법으로는 표준화검사(標準化檢査)에 의한 방법에서부터 관찰법(觀察法)과 질문지법(質問紙法), 면접법(面接法), 사례연구법(事例硏究法), 투사법(投射法, projection) 그리고 사회성 측정법(社會性測定法) 등을 들 수 있는데, 이런 다양한 방법과 기술을 활용하여 충분한 정보를 확보해야 한다. 이렇게 얻어진 정보는 정확하게 기록하고 보관, 활용되어야 한다.

(2) 제2단계 : 정보활동(information service)

정보활동은 학생들의 개인적이고 사회적인 문제를 해결하고 적응하는 데 도움을 줄 수 있는 각종 자료와 정보를 제공해 주는 조직적인 봉사활동이다. 이런 정보에는 교육정보와 직업정보 외에도 개인과 사회의 정보 등 모두를 포함한다. 이러한 정보를 제공하는 방법에는 정보실이나 게시판을 통하여 제공할 수 있고, 각종 집회활동이나 홈룸 활동, 특별활동, 정보활동을 위한 특수행사(오리엔테이션), 생활지도에 직결된 단원활동을 통한 정보제공 등의 방법이 있다.

(3) 제3단계 : 상담활동

상담활동은 지도를 하는 사람(counselor)과 지도를 받는 사람(counselee) 사이에 행해지는 극히 개별적인 문제해결과정이다. 상담활동의 궁극적인 목표는 학생으로 하여금 자신의 문제를 이해하고 그것을 해결할 수 있는 능력을 배양하며 최대한의 자율적 성장을 할 수 있도록 돕는 데 있는 것으로, 결국 생활지도의 목표와 일치하는 것이다. 상담활동을 통해서 학생이 가진 불만(불행감) 및 부적응 상태를 해소시키고 적극적인 감정을 증진시키며, 사회적 학습력(고차적 적응능력)을 증진시킨다.

(4) 제4단계 : 정치활동(定置活動, placement service)

정치(政治가 아님)활동은 학생으로 하여금 개인적 발달과 적응과정에 있어서 적절한 다음 단계를 취하도록 하는 계획된 교육적 활동이다. 즉 학생으로 하여금 현 사태에서의 적응을 돕고 나아가 직업세계에서 자기 위치를 차지하도록 돕는 것이다. 이러한 정치활동 프로그램은 교과목 선택과 출석, 부업, 생활지도, 과외활동, 지역사회운동 등과 관련되어 있고, 학생이 관심을 많이 갖는 취업의 요구에 부응하기 위한 여러 가지 정보와 기회를 제공해 주는 것이다.

(5) 제5단계 : 추수활동(追隨活動, follow-up service)

추수활동은 상담활동을 통하여 지도를 받은 학생이 그 상담지도에 어느 정도 적응하고 있는가를 알아보는 활동으로, 전체 생활지도 프로그램의 개선을 위하여 좋은 자료가 될 수 있다. 예를 들면 졸업생이나 중도 퇴학자를 돕기 위하여, 아니면 학생의 과거 경험에 대한 정보를 얻기 위하여, 전체 생활지도 프로그램을 증진시키는 데 유용한 정보를 얻기 위하여 등 다양한 의미가 있다.

2) 상담

현대사회는 마치 모든 일을 해결하는 데 상담이 만능인 것처럼 이를 널리 활용하고 있다. 법률상담에서부터 결혼상담, 재테크상담, 장학금상담 등에 이르기까지 상담이 많은데, 이 때 상담의 의미는 '의논'한다는 뜻과 유사하게 쓰이고 있다. 그러나 여기에서 상담은 그런 의논이나 면담과 같은 의미가 아니고 전문적인 상담을 의미한다.

학생의 생활지도활동 가운데에서 상담활동이 차지하는 비중은 매우 크다. 왜냐하면 상담활동을 통해서 학생 개인이 당면하고 있는 현실적인 문제를 해결하는데 도움을 받을 뿐 아니라, 그들의 진로를 위해서 계획을 세우고 성장과 발달을 기하는 데 도움을 받을 수 있기 때문이다. 그래서 근래에 우리나라에서도 학교에서 상담실을 강화하고 교사들로 하여금 가능한 모두 상담자의 기본적 소양을 갖추도록 권하고 있다.

가) 상담의 개념

상담이란 무엇인가를 답하기란 그렇게 쉽지 않다. 그것은 상담을 보는 철학적 시각이 다르고 상담의 목적을 어디에 두느냐에 따라서 다르기 때문이다.

인간주의적 시각에서 상담을 본 패터슨(C. H. Paterson)은 상담의 특성을 다음과 같이 설명하고 있다. 즉 "상담은 상담을 받으려는 사람의 편에서 자발적으로 변화하고자 하여 도움을 구하고 있는 내담자(來談者)에게 여러 가지 조건들을 제공한다. 따라서 내담자가 어떤 목표를 가지고 상담하러 왔느냐가 중요하다. 그리고 상담은 면접을 통하여 이루어지는데 여기에서 상담자는 내담자의 말을 잘 들어주는 것이 중요하며 특별히 상담 중에 있었던 말을 비밀로 간직해야 한다"고 하였다.

이런 패터슨의 지적을 정리하여 보면, 상담이란 내담자(來談者, counselee)와 상담자(相談者, counselor) 간에 어떤 틀 안에서 서로 수용적인 분위기를 형성하고 그 분위기에서 내담자가 자기 자신과 환경에 대하여 의미 있는 이해를 증진하도록 하여 내담자로 하여금 스스로 효율적으로 의사를 결정하고, 여러 심리적인 특성을 긍정적으로 변화시키도록 도와서 결과적으로 내담자의 성장과 발전을 촉진하는 심리적인 조력(助力)의 과정이라고 할 수 있다.

또 이장호(1993)가 보는 상담은 "도움을 필요로 하는 내담자가 전문적 훈련을 받은 상담자와의 대면관계에서 자신의 생활과제의 해결과 사고, 행동, 감정 등의 인간적 성장을 위하여 노력하는 학습과정"이라고 하였다. 그에 따르면 상담은 내담자와 상담자 및 이들 간의 대면관계로서 생활과제의 해결과 인간적 성장이라는 목표를 가지고 개인의 사고방식이나 감정, 행동을 발전, 성숙시키는 학습과정이라는 것이다.

그래서 상담이란 충고(忠告)해 주는 것이나 어떤 제안(提案)이나 권고, 설득이 아니며, 더욱이 훈육과 경고, 위협은 더욱 상담과 거리가 멀다. 그리고 정보의 제공이나 위로, 격려, 정신분석, 심리치료 등과도 일치하지 않으며, 상담의 개념과 유사한 면담(面談)이나 대화(對話)도 상담에서 중요한 부분이 되지만 그것이 곧 상담은 아니다(김종서 외 2, 1996). 더욱이 상담과 심리치료는 내담자 개인의 문제를 해결하고 개인의 성장과 발전을 촉진한다는 공통점을 갖고 있지

표 6-5 상담과 심리치료의 개념 비교

	상담(counseling)	심리치료(psychotherapy)
문제	· 정상의 문제	· 비정상의 문제
대상 영역	· 현실적 불안에 근거한 의식의 세계 · 교육, 직업, 결혼 등의 선택과 결정의 문제	· 신경증적 불안에 근거한 무의식적 갈등 · 지속적이고 반복적인 감정과 갈등
목적	· 성장과 발달 촉진 → 예방	· 장애 제거와 완화 → 치료와 교정
방법	· 인지적 방법(생각과 의견 다룸)	· 정서적 방법(감정과 본능 다룸)
실시 장소	· 학교, 기업체, 상담소	· 병원
적용분야	· 교육학, 심리학, 사회사업학	· 의학, 임상심리학
내담자 문제	· 질병으로 간주하지 않음	· 질병으로 간주
공통점	· 내담자의 문제를 해결 · 개인의 성장과 발전 촉진	

만, 문제, 대상 영역, 목적, 방법, 실시 장소, 적용분야, 내담자 문제 등에서 다음 <표 6-5>와 같이 차이점을 지니고 있다.

나) 상담의 목표

상담은 하나의 인간관계이고 과정이며, 협력적인 활동을 통해서 피상담자의 행동을 변화시키고 정신건강을 증진시키며, 문제를 해결하고 개인적 효율성의 향상과 의사결정 등을 돕는 데 그 목적을 두고 있다. 상담의 일반적 목표를 구체적으로 살펴보면 다음과 같다.

첫째, 상담은 내담자의 행동을 변화시킨다.

상담은 생산적이고 행복한 생활을 하는 데 방해가 되는 행동을 감소시키거나 제거시키고, 개인이 만족하고 성공적인 생각을 하는 데 도움이 되는 행동을 형성하거나 증가시키는 것을 목표로 한다. 예를 들면, 학업성취를 위한 습관형성,

가족간의 관계형성 등과 같은 것이다.

둘째, 상담은 내담자의 정신건강을 촉진시킨다.

상담은 단순한 부적응행동의 치료에 멈춘다기보다는 좀더 적극적으로 정신건강을 촉진하는 것을 목표로 한다. 특별히 현대사회에서는 신체의 건강 못지 않게 정신건강이 중요하다. 여기에서 정신건강이란 '개인이 자신의 환경을 적극적으로 극복하고, 인성의 통일성과 일관성을 유지하며, 자기자신뿐만 아니라 주위세계를 현실적으로 인식할 수 있는 능력'을 말한다. 상담에서는 정신질환의 원인이 되는 여러 가지 병리적인 요소를 제거하거나 수정하는 것을 강조한다(황정규 외2, 1998).

셋째, 상담은 내담자의 문제를 해결하는 것을 목표로 한다.

내담자는 자신의 문제를 해결하지 못하여 찾아오는 것이므로 그 문제를 해결하도록 도와 주어야 한다. 그러나 그 문제해결이 그렇게 쉽지 않다. 사람마다 시각차가 있기 때문에 어느 정도가 해결이라고 할지도 문제다. 그래서 상담은 완전한 정답을 제공하는 것을 목표로 하지 않고 내담자로 하여금 결정하도록 도와 주는 데 목적을 두어야 한다. 단지 어떤 선택에 따라 결정되었을 때 개인에 직면하게 될 희생과 시간, 노력, 위험 등을 함께 이해하도록 도와 줘야 한다.

넷째, 상담은 개인적 효율성을 증진시킨다.

상담은 내담자(來談者)의 사고, 행동, 결정의 효율성을 증진시키는 것을 목표로 한다. 효율적인 인간이란 생산적인 사고를 할 수 있고 원만한 인간관계를 형성하며, 다양한 문제 상황에 효과적으로 대처하는 능력을 가지며, 문제를 정확하게 인지(認知)하고 주어진 역할을 일관성 있게 수행하며, 자기 자신을 적절히 통제할 수 있는 사람을 말한다.

다섯째, 상담은 내담자 스스로 어떤 결정을 내리도록 돕는 것을 목표로 한다.

따라서 이런 상담의 목표는 다음과 같은 상담의 철학적 신념(원리)에 기반을 두지 않으면 안 된다.

① 상담의 목표는 "인간은 자아선택(自我選擇), 자아결정, 자아실현을 할 수 있다"는 인간주의적(人間主義的) 신념에 근거하여야 한다.

② 상담의 목표는 피상담자의 자아수용과 자아이해를 증진할 수 있는 방향으

로 설정되어야 한다.

③ 상담의 목표는 피상담자의 자기 자신에 대한 높은 수준의 정직성(正直性)을 증진시키는 방향에서 설정되어야 한다.

④ 상담의 목표는 타인과 환경에 대한 이해를 증진시키는 방향에서 설정되어야 한다.

⑤ 상담의 목표는 피상담자의 필요에 의하여 설정되어야 한다.

따라서 상담의 목표가 될 수 없는 것을 예를 들면 다음과 같다.

① 상담자가 내담자의 문제를 상담자의 관점에서 해결해 준다.

② 내담자의 행복감과 만족감은 증진시키는 것은 목표가 될 수 없다. 그것은 자신과 환경에 대한 참된 이해는 고통을 수반하기도 하기 때문이다. 그리고 행복이나 만족감은 상담의 결과로 생기는 부산물이지, 결코 그 자체가 목표가 되는 것은 아니다.

③ 가정, 학교, 사회가 피상담자로 인하여 만족해하고 행복하게 되는 것이 목표가 될 수 없다는 것이다. 그것은 상담의 목표가 학생으로 하여금 환경에 피동적으로 순응하게 하거나 환경으로 하여금 학생에 대한 만족감을 얻도록 하는 것에 있지 않기 때문이다.

④ 내담자로 하여금 올바른 행동을 하게 하거나 바른 선택을 하도록 설득하거나 권고하는 것도 목표가 될 수 없다. 그것은 설득하고 권고하는 것이 상담의 목표가 될 수 없기 때문이다.

다) 상담과정과 그 특징

(1) 상담과정

상담과정(相談過程)이란 상담자와 내담자가 처음 만나서 끝날 때까지의 과정을 말한다. 그 만남은 한두 번으로 종결되기도 하고 보통 5~6회 정도 지속되는데 많은 경우는 20회가 넘을 때도 있다. 상담의 진행과정은 상담의 내용에 따라서 달라지게 되어 있지만 비교적 공통적으로 채택될 가능성이 많은 부분이 있으므로 이를 몇 가지 소개해 보면 다음과 같다(황정규 외 2, 1998).

① 상담의 준비단계

면접에 들어가기 전에 내담자에 대한 자료를 체계적이고 종합적으로 수집한다. 내담자의 인적사항, 신체발달기록, 학업성적기록, 각종 심리검사 결과, 과거의 상담기록 등이다.

② 상담의 초기단계

내담자의 내담 이유를 진술하고, 상담의 필요성을 인식하도록 하는 과정이다. 이때 상담자는 내담자의 진술을 진지하게 경청하고, 나아가 비언어적(非言語的) 행동을 면밀하게 관찰하여 상담에 대한 기대와 느낌을 분명하게 한다.

특히 이 때는 상담자와 내담자 사이에 래포(rapport)가 형성되도록 노력해야 하고, 전문성과 신뢰성에 대하여 긍정적인 태도가 형성되어야 한다. 그런데 그것이 형성되려면 상담자가 공감적 이해가 생기고, 진실한 자세로 내담자를 인간적으로 존중하는 마음이 있을 때 가능하다. 그리고 상담의 목표를 분명히 하고 그 역할의 한계도 내담자가 인식하도록 해야 한다.

③ 상담의 중심단계

상담자는 상담문제를 좀더 구체화하고 내담자는 이를 분명하게 인식하도록 해야 한다. 그리고 다음으로는 해결을 위한 실제 노력을 촉진한다. 즉 내담자로 하여금 목표에 도달하기 위하여 합리적 사고와 자기 이해를 통하여 효과적인 대안을 갖도록 도와 준다. 자칫 이 때에는 내담자의 상담포기나 저항에 직면할 수도 있다. 그러나 이 과정이 성공적으로 마무리되면 내담자는 흔히 자기이해와 자기통찰이 가능해지고, 그것을 바탕으로 하여 실천계획과 행동대안(行動代案)으로 구체화시킬 수 있게 된다.

④ 상담의 종결과 평가단계

내담자와 상담자는 합의에 의하여 상담을 종결하게 되는데, 상담목표가 달성되지 못하였으면 왜 그런지를 계속 토의해야 한다. 내담자가 종결을 원해도 계속하기를 권할 수 있으며 종결 후 문제가 재발하면 다시 찾아올 수 있음을 알려야 한다.

(2) 상담과정의 특징

a) 인간에 대한 수용적(受容的) 태도

상담은 인간의 가치와 존엄에 대한 인식에서 출발한다. 학생(내담자)의 존재 · 성장 · 발달이 가지고 있는 가치를 인정하고, 가능한 한 최선을 다하여 학생이 새로운 학습을 통해서 그러한 가치를 구현하여야 하는 심리적인 필요와 현실적인 필요가 있으며, 이러한 필요를 충족하기 위한 가능한 조건을 제공하려는 마음의 태세이다.

① 학생이 성패를 막론하고 그 존재 자체를 수용한다.

② 학생의 신체적 · 성격적 · 지적 · 도덕적 특징 등을 수용한다.

③ 학생의 구체적 행동을 과장하거나 왜곡하지 않고 있는 그대로 수용한다.

b) 공감적(共感的) 이해

감정이입적(感情移入的) 이해(理解) 또는 내적 준거체제(內的 準據體制)에 의한 이해라고 부르기도 하는데, 이것은 교사가 학생의 감정 · 판단 · 가치 · 의식 · 이상 · 고민 · 갈등을 그가 처해 있는 상황에서 보는 것이다. 따라서

① 교사는 학생이 하는 말의 내용을 표현된 언어의 의미를 넘어서 말의 이면에 포함된 감정적인 의미까지 이해하여야 한다.

② 교사는 학생의 비언어적인 표현에 담겨진 의미와 감정을 이해하여야 한다.

③ 교사는 학생의 행동을 통해 그가 추구하는 궁극적 동기가 어떤 것인가를 이해하여야 한다.

c) 진실성의 일치

진실성, 명료성, 순수성 등으로 불리기도 하는데, 이것은 내면적인 경험과 경험에 대한 인식의 합일을 가리킨다. 일치와 대비되는 개념은 허구성, 가식, 경박함, 불일치, 불순함 등이다. 상담자와 내담자 사이에 일치가 이루어지는 것은 내담자의 상담목표와 동기가 상담자의 그것과 일치되는 것을 말한다. 상담을 통하여 성취하려는 궁극적인 목표, 중간 수준의 목표, 구체적이고 실제적인 수준의 목표가 일치될 때, 상담은 효과적으로 이루어지게 된다. 상담자와 내담자 간의 상담목표가 일치되지 않을 때 상담은 중단되거나 실패할 수밖에 없다.

d) 래포의 형성

상담에서 가장 중요하고 특별한 것은 래포(rapport)의 형성이다. 즉 상담자와 내담자 사이에 서로 중간에 아무런 벽(장애물)이 없는 것과 같이 마음과 기분이 통하고 어떤 말이는지 다 털어 놓을 수 있고 이해할 수 있을 만큼 친밀한 관계가 되었을 때를 말한다. 이와 같은 친화감이 얼마나 깊냐에 따라서 상담의 성취와 계속성을 결정해 준다.

그러므로 '래포'는 친근하고 적극적이고 협동적인 관계이며, 상담관계에 있어서는 꼭 필요한 것이다. 생활지도와 상담과 래포와의 관계를 보면 <그림 6−5>와 같다.

이러한 래포를 형성하기 위해서는 다음과 같은 태도가 필요하다.

① 상담자의 친절하고 따뜻하며 부드러운 태도

② 내담자의 현실과 감정을 거부하지 않고 받아들이는 태도

③ 내담자가 자유롭게 표현하고 행동할 수 있게 하는 허용적인 분위기의 조성

④ 모든 개인은 가치가 있다는 견지에서 내담자를 존중하는 태도

⑤ 내담자의 표현이나 행동을 면박하거나 비판하지 않는 태도

⑥ 내담자의 문제를 도덕적인 문제와 결부시키거나 가치판단적 태도를 취하지 않아야 하는 것

⑦ 시종일관 성의를 가지고 대함으로써 내담자로부터 신뢰감과 책임감을 발견하게 하는 상담자의 태도

⑧ 내담자에게 은혜를 베푼다는 인상을 주지 않는 태도

그림 6-5 생활지도 · 상담과 래포와의 관계

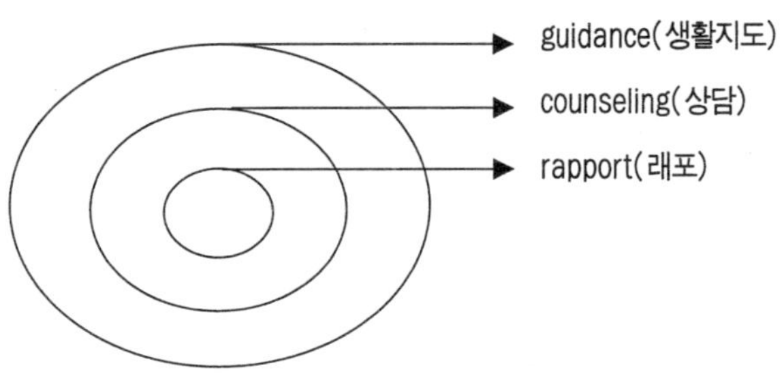

데이비스(Davis)와 로빈슨(Robinson)은 래포를 증진시키기 위해 상담자가 사용하는 기술을 다음과 같이 제시하였다.

① 동정
내담자에 대해 동정적인 표현이나 언사로 대하여야 한다.
② 확신
내담자의 문제는 해결될 수 있다고 내담자를 격려하고 안심시킨다.
③ 승인
내담자가 한 말이나 행동에 대해 동의 표시를 하는 것이다.
④ 유머
내담자의 긴장이나 불안을 풀어 주기 위해 재미있는 유머로 대한다.
⑤ 객관적 자료의 사용
교과서, 참고도서, 연구결과 등 내담자의 문제해결에 도움이 될 만한 자료들을 제시한다.
⑥ 개인 사례 제시
내담자가 당면한 문제와 비슷한 문제를 겪었던 개인(상담자 자신의 경험담 같은 것)의 사례를 이야기해 준다.
⑦ 내담자가 한 말을 출발점으로 하여 다음 화제의 계기를 마련한다.
⑧ 위협
잘못된 상담자의 행동은 곤경에 빠질 것이라고 암시한다.
⑨ 놀라는 표정을 짓는다.

이 밖에 상담시 교사가 지켜야 할 원칙을 요약하면 다음과 같다.

① 상담은 학생에게 긴장감이나 불안감을 주지 않고, 친근감을 가지고 이야기한다.
② 상담은 학생에게 무엇이 잘못되었다고 말해 주기보다는 학생 스스로가 무엇이 잘못되었는가를 깨닫도록 도와 주는 것이다.
③ 상담은 학생을 위하여 문제해결을 생각해 주는 것이 아니라 학생과 더불어 문제를 생각하고 그 해결을 모색하는 것이다.

④ 상담은 교사(상담가)의 입장이 아니라 바로 학생의 입장에서 문제를 보고 해결책을 모색하는 것이다.

⑤ 상담은 학생의 진술을 액면 그대로 받아들이는 것이지 그와 언쟁을 벌이거나 의견상의 대립으로 다투는 것이 아니다.

⑥ 상담은 학생의 진술 내용보다도 그 뒤에 숨어 있는 느낌이나 감정에 관심을 가진다.

⑦ 상담은 학생으로 하여금 자신의 감정을 언어로 표현하도록 촉구하고 격려하는 것이다.

⑧ 상담은 연속적인 질문과 이에 대한 답변을 요구하는 것이 아니라, 비교적 광범위한 질문에 의하여 상담을 도입하고 진행한다.

⑨ 상담은 비판・억압・처벌하는 것이 아니라, 교사와 학생이 함께 문제를 해결하는 것이다.

⑩ 상담은 꾸준한 인내와 노력으로 진행한다.

참고로, 한국 카운슬러협회가 1979년에 제정한 상담자 윤리 요강을 제시하면 <그림 6-6>과 같다.

그림 6-6 상담자 윤리요강(한국 카운슬러협회 제정, 1979)

1. 일반 원칙

상담자는 내담자가 자기 및 타인에 대한 이해를 통하여 보다 바람직한 사회생활을 할 수 있도록 돕는다. 이러한 역할을 수행하는 과정에서, 상담자는 자기의 도움을 청하는 내담자의 복지를 보호한다. 내담자를 돕는 과정에서 상담자는 문의 및 의사소통의 자유를 갖되, 그에 대한 책임을 지며 동료의 관심 및 사회 공익을 위하여 최선을 다한다.

2. 개별 원칙

가. 사회관계

(1) 상담자는 자기가 속한 기관의 목적 및 방침에 모순되지 않는 활동을 할 책임이 있다. 만일 그의 전문적 활동이 소속기관의 목적과 모순되고, 윤리적 행동 기준에 관하여 직무수행 과정에서의 갈등을 해소할 수 없을 경우에는 그 소속기관과의 관계를 종결해야 한다.

(2) 상담자는 사회윤리 및 자기가 속한 지역사회의 도덕적 기준을 존중하며, 사회공익과 자기가 종사하는 전문직의 바람직한 이익을 위하여 최선을 다한다.

(3) 상담자는 자기가 실제로 갖추고 있는 자격 및 경험의 수준을 벗어나는 인상을 타인에게 주어서는 안 되며, 타인이 실제와 다른 인식을 가지고 있을 경우 이를 시정해 줄 책임이 있다.

나. 전문적 태도

(1) 상담자는 상담에 대한 이론적·경험적 훈련과 지식을 갖추는 것을 전제로 하며, 내담자를 보다 효과적으로 도울 수 있는 방법에 관하여 꾸준히 연구·노력하는 것을 의무로 삼는다.

(2) 상담자는 내담자의 성장 촉진 및 문제의 해결 및 예방을 위하여 시간과 노력에 최선을 다한다.

(3) 상담자는 자기의 능력 및 기법의 한계를 인식하고, 전문적 기준에 위배되는 활동을 하지 않는다. 만일, 자신의 개인 문제 및 능력의 한계 때문에 도움을 주지 못하리라고 판단될 경우에는 다른 전문적 동료 및 관련기관에 의뢰한다.

다. 개인 정보의 보호

(1) 상담자는 내담자 개인 및 사회에 임박한 위험이 있다고 판단될 때 극히 조심스러운 고려 후에만 내담자의 사회생활 정보를 적정한 전문인 혹은 사회 당국에 공개한다.

(2) 상담에서 얻은 임상 및 평가 자료에 관한 토의는 사례 당사자와의 경우 및 전문적 목적에 한하여 할 수 있다.

(3) 내담자에 관한 정보를 교육장면이나 연구용으로 사용할 경우에는 내담자와 합의한 후 그의 전체가 전혀 노출되지 않도록 해야 한다.

라. 내담자의 복지

(1) 상담자는 상담활동의 과정에서 소속기관 및 비전문인과의 갈등이 있을 경우, 내담자의 복지를 우선적으로 고려하고 자신의 전문적 집단의 이익은 부차적인 것으로 간주한다.

(2) 상담자는 내담자가 자기로부터 도움을 받지 못하고 있음이 분명할 경우에는 상담을 종결하려고 노력한다.

(3) 상담자는 상담의 목적에 위배되지 않는 경우에 한하여 검사를 실시하거나 내담자 이외의 관련인물을 면접한다.

마. 상담관계

(1) 상담자는 상담 전에 상담의 절차 및 있을 수 있는 국면에 관하여 내담자에게 설명한다.

(2) 상담자는 자신의 주관적 판단에만 의존하지 않고, 내담자와의 협의하에 상담관계의 형식, 방법 및 목적을 설정하고 결과를 토의한다.

(3) 상담자는 내담자가 이해·수용할 수 있는 한도에서 상담의 기법을 활용한다.

바. 타 전문직과의 관계

(1) 상담자는 상호합의한 경우를 제외하고는 타 전문인으로부터 도움을 받고 있는 내담자에게 상담을 하지 않는다. 공동으로 도움을 줄 경우에는 타 전문인과의 관계와 조건에 관하여 분명히 할 필요가 있다.

(2) 상담자는 자기가 아는 비전문인의 윤리적 행동에 관하여 중대한 의문을 발견했을 경우 그러한 상황을 시정하는 노력을 할 책임이 있다.

(3) 상담자는 자신의 전문적 자격이 타 전문분야에서 오용되는 것을 피하며, 자신의 이익을 위해 타 전문직을 손상시키는 언어 및 행동을 삼간다.

e) 대화와 의사소통

상담은 거의가 대화(對話)를 매개로 하여 이루어진다. 따라서 대화하는 요령은 상담의 성패를 결정하는 중요한 의미를 갖는다. 그런데 한국인은 비교적 대화를 잘못하는 편이다. 그것은 유교의 가부장적(家父長的) 권위주의와 일제 식민통치, 남북분단으로 인한 독재사회의 지속 등이 그렇게 만들었을 것이다. 반대로 명령하고 경고하며 위협과 비난, 설교와 설득, 추궁은 잘 하는 편이다. 내담자인 학생과의 관계를 자칫 가르치고 배우는 관계, 선생과 제자의 관계, 지도자와 추종자의 관계로 알기 쉽기 때문에 명령과 설득을 상담으로 알기 쉽다. 그것이 우리나라의 학교에서 사제지간에 상담이 안 되는 이유라 할 것이다.

상담자는 내담자의 말을 긍정적 태도로 경청(傾聽)하고 존중해야 한다. 그것은 기본적인 태도이며 기술이기도 하다. 경청하고 있다는 뜻으로 가끔 응답해주어야 하는데, 예컨대 따뜻한 시선과 미소를 준다든가, 고개를 끄덕여 주는 것과 같은 것이다. 상담자의 경청(傾聽)은 내담자의 심리적 내면세계에 들어갈 수 있는 길이요, 마음의 소리를 들을 수 있는 통로가 된다. 이 경청의 자세는 상담에서 가장 중요하고 필요한 기초이며 기법이다.

f) 개인상담과 집단상담

상담은 개인상담에서 시작되었지만 근래 집단역동학의 발달에 영향을 받아 집단상담이 많이 발달하였고 교육에 기여한 바가 많다. 그것은 집단상담(集團相談)에서는 개인상담에서 얻기 어려운 경험을 할 수 있기 때문이다. 집단상담이란 한 사람의 상담자가 동시에 여러 사람의 내담자를 상대로 하여 그들의 여러 가지 문제를 해결하고 사고와 행동양식을 변화시키려고 하는 노력을 말한다. 집단상담은 개인상담과 달리 상담자와 내담자와의 관계 외에도 내담자간의 역동적인 상호작용도 역시 중요하게 생각하여 이 역동성을 바탕으로 하여 상담효과를 달성하려고 한다.

그래서 집단상담은 대인관계를 잘 할 수 있는 태도와 능력을 키우고, 생활환경에 보다 건전하게 적응할 수 있는 정서와 의사결정 및 가치관 문제 등을 주로 다루고 있다. 이런 집단상담 프로그램으로는, 예컨대 집단 역동성을 바탕으로 하여 다양하게 발전한 많은 종류의 '인간관계 훈련 프로그램'이 있고, 그 외

솔직한 표현을 통하여 정서적이고 직관적인 체험을 하게 하고 이를 바탕으로 하여 인간관계와 나아가 그 성장을 기하려는 감수성 훈련(感受性訓練, sensitivity training)과 엔카운터 그룹(encounter group) 등도 있다.

학생들은 이런 프로그램을 통하여 다른 사람들과 공존하는 공동체 의식과 협동적 생활을 배우고, 인간 갈등의 양상과 해결방법을 배우며 더욱이 다른 사람을 보고 나를 깨닫는 자아발견의 기회를 가질 수 있다. 즉 자기 자신에 대한 긍정적 측면과 부정적 측면을 균형 있게 발견하여 자아 정체성을 수립하는 데 기여하게 된다. 평소에 자기를 잘 노출시키지 못하는 사람도 저항감이 감소되고 자신을 쉽게 노출하는 태도나 감정을 습득하고 나아가 타인이 자기를 어떻게 평가하고 있는지를 이해하는 데 도움을 준다. 그것은 집단 역동성을 통하여 집단과 자기의 모습을 정확하게 알 수 있기 때문이다. 이런 인간으로의 변화는 개방적인 사회, 다원화된 사회에서 요구하는 인간의 특성이기 때문에 더욱 의미가 있다.

라) 상담의 종류

상담은 상담자와 내담자 사이에 개별적으로 이루어지느냐 아니면 집단적으로 이루어지느냐에 따라서 개별상담과 집단상담으로 구분된다. 개별상담은 당면한 문제를 가지고 상담자와 내담자 두 사람 사이의 역동적 관계에서 이루어지며 내담자에게 직접적인 또는 간접적인 도움이 되는 활동이다. 일반적으로 이용되고 있는 개별상담은 다시 지시적 상담, 비지시적 상담, 절충적 상담으로 나눌 수 있다.

(1) 지시적 상담

지시적(指示的) 상담은 윌리암슨(Williamson)이 주장한 것으로 상담자는 내담자가 당면하고 있는 문제에 대해서 해석을 내려 주고 정보를 제공하여, 조언이나 충고를 해주는 방법이다. 이는 내담자의 내면적인 세계를 무시한 채 상담자의 객관적인 자료와 전문적인 식견만을 가지고 내담자에게 충고와 조언을 하는 것으로서 다음과 같은 6단계를 거친다.

① 분석

학생을 이해하는 데 필요한 각종 자료를 수집하여 분석한다. 즉, 학생의 생활환경, 흥미, 동기, 적성, 기능, 학력, 태도, 성격 등에 관한 자료 수집과 분석이 이루어진다.

② 종합

수집된 자료를 체계적이고 조직적으로 정리한다.

③ 진단

문제의 원인이나 특징에 대한 결론을 내린다.

④ 예진

내담자의 문제가 앞으로 어떻게 진행될 것인가를 예측한다.

⑤ 상담

상담자와 내담자가 대면하여 내담자의 바람직한 적응을 위하여 지도하고 조언한다.

⑥ 추수활동

상담결과의 계속적인 확인과 평가가 이루어진다.

이상과 같은 단계를 밟는 지시적(指示的) 상담에서 상담자가 가져야 하는 상담기술은 다음과 같다.

① 타협의 강요

환경에 타협할 것을 강요한다. 예를 들어 부모나 교사의 지시에 따라 직업이나 상급학교를 택하도록 충고하는 것이다.

② 환경의 변경

학생이 지닌 문제의 원인을 제거한다.

③ 적당한 환경의 선택

학생의 환경 중에서 학생의 개성이나 성격의 특성에 알맞은 것을 선택하도록 돕는다.

④ 필요한 기술의 학습

내담자의 문제원인이 되는 결함을 극복하는 방법으로 직접 그 결함의 해결에 필요한 기능이나 기술을 학습시킨다.

⑤ 태도의 변경

내담자의 심리적 변화를 꾀한다.

(2) 비지시적 상담

비지시적(非指示的) 상담은 로저스(Rogers)가 인간은 자신이 가진 성장하는 힘과 자기적응의 힘이 잠재해 있다는 자아이론(自我理論)에 근거를 두고 체계화시켰다. 로저스는 상담의 진행과정은 내담자를 중심으로 하고, 상담자는 다만 내담자가 자신의 문제를 해결할 수 있도록 보조하고 촉진하는 역할을 해야 한다고 주장한다.

표 6-6 지시적 상담과 비지시적 상담의 비교

항목구분	지시적 상담(Williamson)	비지시적 상담(Rogers)
주도자	상담자	내담자
대 상	내담자의 문제 행동	내담자의 인성 문제
강조점	지적인 적응 문제, 과거상황	정서적인 적응 문제
목 표	문제의 원인 규명, 치료	문제해결 암시, 역량 부여
면 접	변화의 준비과정	면접 자체가 치료적 과정
결 과	문제해결	자기이해와 자기통찰
기초이론	특성이론, 듀이의 경험주의, 과학적 물리주의	자아이론, 프로이트의 정신분석학, 현상학
대 책	자료를 수집	치료적 관계의 수립
진 단	개인을 진단하기 위한 모든 자료가 필요	개인의 과거보다는 현재의 직접 장면이 중요
학 습	문제해결 중심	개인의 자율적 통합성 중시
방 법	지시, 충고, 암시	자율적으로 자기 문제해결

비지시적 상담에서는 상담자가 내담자의 모든 감정을 수용하고 내담자로 하여금 자기통찰과 자아수용의 기회를 제공해 줌으로써 문제를 해결할 수 있다고 본다. 비지시적 상담은 비위협적이고, 수용적이며, 자유로운 분위기를 조성하여 피상담자가 자신을 돌아볼 수 있는 기회를 제공하는 것이다. 지시적 상담과 비지시적 상담과의 근본적인 차이는 개인이 자신의 문제를 스스로 해결할 능력이 있느냐, 없느냐에 대한 것이다. 지시적 상담과 비지시적 상담과의 차이점을 표로 나타내면 <표 6-6>과 같다.

비지시적 상담의 절차는 다음과 같다.

① 내담자가 상담을 통한 도움을 받으려고 온다.

② 상담과정을 구조화한다. 즉 상담이라는 상황을 규정하고 분명하게 한다.

③ 상담자가 내담자로 하여금 자기 문제에 관련된 감정들을 자유롭게 표현하도록 격려하고 고무한다.

④ 상담자는 내담자가 표출하는 부정적 감정을 수용·인정하고 명료하게 한다.

⑤ 내담자가 부정적 감정을 완전히 표현하면 뒤이어서 미약하고 잠정적이기는 하나 성장을 지향하는 긍정적 충동이 표현되기 시작한다.

⑥ 상담자는 내담자의 긍정적 감정을 수용하고 인정하며 공감적으로 이해한다.

⑦ 자기이해, 자아수용 등의 통찰이 생기게 된다.

⑧ 통찰과 함께 여러 가지 의사결정을 할 수 있는 길이 보이게 된다.

⑨ 내담자는 긍정적 행위를 시작한다.

⑩ 내담자가 통찰을 달성하고 긍정적 행동을 취할 수 있으며, 더욱 심층적이고 포괄적인 통찰이 이루어진다.

⑪ 내담자는 더욱 통합적으로 긍정적인 행위를 한다.

⑫ 내담자 자신이 상담을 종료해야 겠다고 인식할 때 종결한다.

(3) 절충적 상담

상담과정에서 내담자가 가지고 있는 문제를 분석하고 치료할 때 지시적 방법이나 비지시적 방법만으로는 문제해결을 할 수 없는 경우가 있다. 이를테면 내담자의 과거 행동과 동기를 깊이 이해하고자 할 때는 내담자가 감정을 자유롭게 표현할 수 있는 비지시적 방법이 적용되고, 부적응(不適應) 상태를 치료하고자 할 때는 지시적인 방법을 적용하여 치료 대책을 세우고 실천하게 하는 방법이 훨씬 유리할 것이다. 이러한 방법을 절충적(折衷的) 상담이라고 한다.

절충적 상담은 존스(Jones)에 의하여 주장된 것으로, 지시적 상담과 비지시적 상담의 장단점을 절충하여, 학생의 과거행동과 동기를 심리적으로 깊이 이해하려면 비지시적 방법을 사용하고, 부적응을 치료하는 데는 지시적 방법을 사용해야 한다는 입장이다. 이 상담은 학습이론과 정신분석이론 등이 절충하여 사용되는데 절충적 상담을 이용할 때 유의할 점은 다음과 같다.

① 지능이 높고 적극적인 학생에겐 비지시적 상담이 유리하다.

② 고학년일수록 비지시적 상담이 효과적이다.

③ 피상담자의 태도가 부정적이거나 비협조적일 때는 비지시적 상담이 어려우므로 오히려 지시적 상담이 효과적이다.

④ 비지시적 상담은 지시적 상담보다 오랜 시간이 요구된다.

⑤ 지시적 상담일수록 상담자의 더 높은 기술과 경험이 요구된다.

참고문헌

공석영, 「생활지도상담론」(대구 : 학문사), 1994.

김신일, 「교육사회학」(서울 : 교육과학사), 1994.

김영체 역, B R. Hergenhaln, *An Introduction to Theories of Learning*(학습심리학), (서울 : 박영사), 1991.

김종서, 「교육과정과 수업」(교육신서76) (서울 : 배영사), 1984.

김종서 · 이영덕 · 정원식, 「최신교육학개론」(서울 : 교육과학사), 1996.

김필식 · 오만록, 「현대 교육학개론」(서울 : 형설출판사), 2002.

박성수, 「생활지도」(서울 : 정민사), 1993.

이성호, 「교수방법의 탐구」(서울 : 양서원), 1986.

______, 「세계의 대학교수」(서울 : 문이당), 1995, p.115.

이홍우 역, J. S. Bruner, *The Process of Education*(교육의 과정), (서울 : 배영사).

황정규 · 이돈희 · 김신일, 「교육학개론」(서울 : 교육과학사), 1998.

황응연 · 윤희준, 「현대생활지도론」(서울 : 교육출판사), 1985.

Patterson, D., *Conceptual Foundation of Counseling*, The School Counselor, Vol.11, 1964.

Pascal, C. E., *Individual differences and Preference for Instructuonal Methods*, Canadian Journal of Behavioral Science, 5.

Shertzer, B. Stone, S., *Fundamentals of Counseling*, Boston : Houphton Mifflin, 1980.

제 7 장
교육평가

1. 교육평가의 기초

1) 교육평가의 개념

대부분의 사람들은 교육평가(敎育評價)를 단지 교육현장에서 실시되는 월말고사, 기말고사, 모의고사 혹은 입학시험 배치고사와 같이 학습자를 선발하고 분류하는 것으로 한정하여 인식하고 있다. 그러나 이는 교육평가의 일부분에 불과하다. 일반적으로 교육평가를 한마디로 말하면 교육목적의 달성정도를 판단하는 과정과 일정한 기준을 가지고 교육활동의 효율성을 가늠해 보고 이를 통해 나타난 결과에 대한 가치를 판단하는 체계적 과정을 말한다.

(1) 교육과정 전반을 평가함

종전에는 교육의 전 과정을 교육목표의 설정, 학습내용의 선정 및 조직, 교육방법의 선정과 지도, 평가의 4단계로 구성되어 있다고 생각하여, 교육평가는 교육의 과정 중 제일 마지막 단계에 속했지만, 오늘날 평가는 교육의 전 과정에서 이루어지고 있다. 먼저 교육목표가 철학·사회·학생·교과에의 타당성이 이루어져 있는가를 평가하고 있으며, 학습내용의 선정과 조직에서도 교육목표를 달성할 수 있는가를 평가한다. 또 교수－학습과정, 즉 교육방법도 교육목표 달성에 이바지하고 있는가를 평가해야 하고 나아가 교육평가도 제대로 하고 있는지 평가해야 한다. 즉, 학생의 입장에서 각 수업과정에 따른 평가(진단평가, 형성평가, 총괄평가)가 이루어질 뿐 아니라 그 평가도 평가한다.

이렇듯, 교육평가는 교육의 목표가 얼마나 잘 달성되었는지를 검토하는 일로, 교육목표의 달성도(達成度), 즉 교육의 결과로 학습자에게 나타나는 행동의 변화를 측정하기 위하여 자료를 수집하는 일이다. 여기에는 교육목표 달성도의 평가, 교육의 과정에서 필요로 하는 학생에 관한 정보제공 활동, 교육의 과정에서의 각 구성요소에 대한 효율성과 적합성의 검증이 포함된다. 이러한 교육평가는 교육목표 달성을 위한 평가이어야 하고, 그 자체가 교육적이어야 하며 학습개선과 능률화에 이바지할 수 있어야 한다.

(2) 교육평가를 실시하는 목적

① 학생의 교육목표 달성정도를 파악하기 위해서이다.

② 교사의 교육활동에 대한 자기반성 자료를 얻기 위해서이다.

③ 교육의 질 향상을 위한 교육전반(교사의 자질, 학교시설, 학교제도, 교육행정 등)에 관한 자료를 수집하고 가치판정을 내리기 위해서이다.

④ 학생의 장래 진로를 지도하기 위해서이다.

(3) 교육평가의 최근 강조점과 동향

첫째, 학습자의 교육목표 달성정도를 높이기 위한 학습지도 방법의 하나로서, 평가를 진단평가, 형성평가, 총괄평가 셋으로 나누어 실시하려고 한다.

둘째, 교육목표가 추상적으로 진술되던 과거의 경향과는 달리, 최근에는 교육학자들에 의해 '관찰할 수 있는' 행동을 중심으로 구체적으로 진술하는 방향으로 나아가고 있다.

셋째, 브루너(J. S. Brunner)의 「교육의 과정」(*The Process of Education*)의

영향으로 각 교과에서는 그 교과의 핵심이 되는 개념과 법칙을 정립하고, 이에 따라서 평가문항을 제작하는 것이 중요한 과제로 등장하고 있다.

넷째, 최근에 와서는 지적 영역의 평가에서 통합적(統合的) 기능을 재는 평가로 그 평가관이 변하고 있다. 즉 전인(全人)을 기르는 평가로서 정의적 영역의 평가가 중요한 비중을 차지하고 있다.

(4) 교육평가와 교육측정의 비교

흔히 교육평가를 이야기할 때 평가의 개념과 더불어 측정(測定)이라는 용어에 대한 혼동이 많다. 이들 측정과 평가에 대한 개념을 비교함으로써 이들 각각에 대한 의미 파악과 더불어 올바른 사용에 도움을 주고자 한다.

① 발달순서면에서 볼 때 측정이 평가보다 앞서서 시행한다.

② 측정은 과학적이고 객관적인 수량화에 중점을 두나, 평가는 목적과 가치를 염두에 두고 측정에서 얻은 자료를 이용하여 교육목적 달성의 정도를 따지며 질적인 해석을 중요시한다.

③ 측정은 신뢰도(信賴度)에 관계된 개념이고, 평가는 타당도(妥當度)에 관련된 개념이다.

④ 측정은 지적 능력이 주된 대상이나, 평가는 전인적 발달이 그 대상이다.

⑤ 평가는 최후적이며, 측정은 평가 속에 포함된다.

⑥ 측정은 평가를 위한 수단이며 방법이다.

⑦ 평가는 계속적인 의미를 가지나, 측정은 단발적(單發的)인 의미를 가진다.

이렇듯 차이가 있는 교육평가와 교육측정의 비교를 표로 제시하면 <표 7-1>과 같다.

2) 교육평가의 기능

교육평가의 기능을 설명함에 있어 보는 시각에 따라 여러 가지로 말할 수 있

표 7-1 교육평가와 교육측정의 비교

평가	측정
· 교육의 목표가 얼마나 달성되었는가를 종합적으로 검토하고 그 가치유무를 따진다. · 학업성취도와 함께 교육의 질적 개선을 위해 사용된다. · 여러 가지 자료를 종합적으로 사용한다.	· 한 학생이 갖고 있는 여러 가지 속성, 예를 들면, 키, 몸무게, 영어성적, 수학성적 등의 어느 하나를 적어도 분류하거나 수량화하는 과정을 의미한다. · 객관적 시험점수가 사용되고, 통계적인 방법으로 표준화 점수를 계산해 낸다. · 취직이나 입학시험 등 다수의 지원자로부터 몇 사람을 선택하고자 할 때 이용된다.
· 주관적 · 객관적 의미와 타당도를 중요시한다.	· 객관적 의미와 신뢰도를 중요시한다.
· 전인적 발달이 대상이다.	· 지적 능력이 주된 대상이다.
· 목적과 가치 지향적이다.	· 순수과학적 · 몰가치적이다(과학적, 객관적인 수량화).
· 측정이라는 말이 평가보다 먼저 생긴 개념이다. · 평가가 측정보다 더 포괄적인 개념이다.	

겠지만, 가능한 모든 경우의 기능들을 요약하여 제시하면 교육활동과 관련한 의사결정의 기능에 초점이 모아질 수 있을 것으로 생각된다. 왜냐하면 교육평가 활동의 주체는 사람, 즉 대부분의 경우 교사에 의해 이루어지게 마련인데 평가의 궁극적인 목적은 결국 평가를 통해 나타난 결과를 가지고 크고 작은 형태의 의사결정을 하기 위한 것이기 때문이다. 이제 이들 활동과 관련하여 교육평가가 지니고 있는 기능들을 요약하면 다음과 같다.

(1) 교육목적 달성도 파악의 기능

교육평가의 주된 기능은 일정한 교육목표를 설정해 놓고 그 목표의 달성을 위해 여러 가지 교육적 방법을 동원하고, 활동을 전개해서 얻어진 교육적 성과를 평가해 내는 데 있다고 볼 수 있다. 다시 말해서, 교육평가는 교육목표의 달성도(達成度)에 관한 증거와 정보를 수집하는 데 일차적인 관심이 있다. 교육이

추구하는 바가 어느 정도 달성되었는지 알아보기 위한 교육평가의 기능은 비단 학생의 현재 상태와 성장의 과정뿐만 아니라 교육목적 실현의 주체로서의 교사(敎師)도 자신에 대한 평가가 강조되지 않으면 안 된다. 이 같은 평가활동을 통하여 평가 결과가 기대수준에 미달할 경우 그 원인이 어디에 있는가를 규명하여 적절한 사후조치를 취함으로써 향후 다른 목표를 달성하는 데 기여하게 되는 것이다. 따라서 교육평가는 항상 교육목표와 병존하는 함수관계(函數關係)에 있으며, 교육목표가 명확하게 정의되고 구체화되었을 때 비로소 교육평가도 제 구실을 다할 수 있는 것이다.

교육평가는 그 자체가 목적이 아니다. 그 평가 결과에 기초하여 다음에 보다 알찬 교육을 기약하기 위하여 계획을 세우는 데 도움을 주기 위해서다.

(2) 학습의 진단과 교정의 기능

앞서 제시한 교육목표의 달성을 위한 전제 조건은 학습에 참여하는 학습자가 새롭게 시작되는 학습활동을 전개하기에 앞서 요구되는 선수능력(先修能力), 즉 선행학습에 대한 이해와 새로운 학습활동에 필요한 신체적·정신적 성숙 등 제반 준비가 갖추어졌을 때에 비로소 가능한 것이다. 따라서 새롭게 실시하고자 하는 교육활동 내용과 관련한 출발점(出發點) 행동(行動)의 점검과 아울러 교육활동이 전개되는 과정에서 드러나거나 잠재되어 있는 제반 문제점들을 적시(適時)에 발견하여 그에 따른 조치를 마련해 줌으로써 불필요한 시간과 노력 그리고 경비의 과다지출 등을 사전에 예방하기 위한 기능을 수행해 주고 있는 것이다.

(3) 학생의 생활지도를 위한 자료수집의 기능

교육평가의 기능은 학생의 장래 진로지도(進路指導)를 위한 자료를 얻기 위해서도 필요하다. 이를테면 진학지도(進學指導)나 취업지도를 하기 위하여 그 학생의 정서, 능력, 흥미, 성격은 물론이고 그 학생을 둘러싸고 있는 학급, 가정, 사회환경에 대한 광범위하고 정확한 이해가 필수적이다. 현대의 교육적 관심사는 학생 개개인의 개인차를 존중하여 이에 맞는 최적의 교육기회와 학습 환경을 부여하자는 것이 일반적인 경향이다. 교육정치(敎育定置, educational placement)란 이러한 교육발달 추세의 입장에서 학습자가 지닌 능력, 소질, 성격, 체력 등을 충분히 파악하여 그들이 지닌 능력이나 조건에 알맞은 생활지도와 학습지도를 함으로써 교육목표 달성에 최선을 다하는 것인데 교육평가는 이 같은 학습자의 올바른 정치(定置)를 위한 자료제공 기능을 수행하고 있는 것이다.

(4) 학습 촉진의 기능

교육평가는 학습동기를 유발하는 기능을 지니고 있다. 왜냐하면 검사를 받음으로써 자신의 학습능력을 확인하고 이를 통해서 자신의 결점을 보충하여 좋은 성적을 올리려는 동기가 유발되기 때문이다. 교육평가에 있어서 학습자의 자기평가(自己評價)를 중시하는 경향이 최근에 와서 현저해지고 있다. 이러한 현상 자체는 자율적인 학습체제의 형성, 즉 학습주체 형성기반과 연관되는 것으로서 교육의 궁극적인 목적과 관련이 있다.

그러나 평가가 때로는 실패군(失敗群)과 성공군으로 나누어 12년이란 긴 학교교육 기간 동안 고정되면 '바람직한 인간군상(人間群像)'과 '쓸모 없는 인간군상'으로 머리에 각인(刻印)되어 자아개념의 형성과 인성발달에 결정적인 영향을 미치게 해 준다. 특별히 부정적인 자아개념이 형성된 학생에 대하여 교육평가는 어떤 대책도 강구할 수 없다. 그래서 교육평가가 지향하는 방향은 '교수 프로그램에 관한 의사결정을 하기 위하여 학습자의 행동변화와 학습과정에 관한 정보를 수집하고 이를 이용하여 교육적 의사결정을 내리는 데 도움을 주는 과정'이어야 할 것으로 본다.

(5) 학습자의 자기평가 기능

근래에 우리의 교육이 자율적인 학습체제를 강조하면서 교육평가를 학생이 자기를 평가하는 데 유용한 수단으로 중요하게 여기는 경향이 있다. 예를 들면 성적평가를 비롯하여 많은 평가에서 학습자가 스스로 자기를 평가하도록 하여 자기 자신을 이해하도록 하고, 나아가 학교교육에서 뿐 아니라 학교교육 이후에도 계속적으로 자율적인 자기학습이 유지되도록 해야 한다는 의미에서 이 교육평가는 자기평가 기능을 중요하게 생각한다.

(6) 교육과정 개선의 기능

교육평가의 가장 궁극적인 목적은 교수-학습과정을 개선하는 데 필요한 증거를 수집하고 조작하는 방법이기도 하다. 따라서 교육평가는 교수-학습이 진행되고 있는 각 단계에서 그 과정이 효율적으로 이루어지고 있는지 없는지를 계속적으로 점검하는 한편, 만일 비효율적이라고 판단이 내려졌을 경우에는 지체없이 교수-학습 방법의 개선을 위해서 어떤 조처를 취해야 할 것인가를 결정짓는 의사결정의 과정 내지는 가치선택의 체제로 기능하게 된다. 따라서 교육평가에서는 교육목적의 적절성, 교과내용, 행동 영역의 적절성 여부, 학습지도 방법의 효율성, 교재·교구의 적합성, 학생들의 참여도, 지적·정의적 흐름 등에 관한 구체적이고 실증적인 증거가 다루어진다.

(7) 학교교육 질 관리의 기능

교육적 가치창출을 위해서 실시되는 각종 교육의 결과가 본래 의도하였던 교육목표에 도달했는지 그 결과를 알기 위해 교육평가는 실시된다. 그런데 교육의 결과는 교육을 구성하고 있는 여러 가지 요소들이 교육목표를 달성하는 데 얼마나 충실하게 기여할 수 있었는지를 모두 따져봐야 한다. 예를 들면 다른 교육적 여건은 다 좋았는데 교실 주변이 몹시 시끄러워서 교육목표를 달성할 수 없을 수도 있다. 즉 교육의 향상을 위한 교사의 자질과 그 배치, 학교의 시설, 학교제도, 교육행정 등의 교육 전반에 대한 질을 평가하기 위한 목적으로 교육평가가 실시된다. 여기에서 국가나 사회가 기대했던 교육성과가 나타나지 못하면 국가는 적절한 질 관리 정책을 수립하게 된다.

(8) 인간이해의 기능

교육평가는 교육목적을 달성하기 위한 수단이다. 그런데 우리의 교육 현실에서는 시험에서 높은 평가를 받는 것이 교육목적의 전부인 것처럼 '점수벌레'를 만들고 있다. 교육평가는 인간이해를 위하여 있는 것이지 인간을 규정하려고 있는 것이 아니다(황정규 외2, 1998).

교육은 인간에게서 현재 나타난 능력보다 장차 개발될 수 있는 잠재가능성이 무한하다는 명제를 믿는다면 현재 나타난 성적보다 미래에 나타날 가능성이 크며 다양할 수 있다는 데 보다 더 큰 의미를 부여하게 된다. 그것은 인간을 이해하는 평가가 되어야 한다는 것을 의미한다. 이와 반대로 이 같은 가능성을 부인하고 현실성에 집착할 때 거기에는 인간을 심판하고 판단하며 범주화(範疇化)시키는 인간규정(人間規定)이라는 오류를 가져오게 된다.

교육평가의 자료나 대상 그리고 시간 등은 주변에 많이 있다. 학생의 낙서 한 구절, 그림 한 장, 대화 한 마디가 모두 평가의 자료가 될 수 있다. 그러나 교사가 교육 전문가로서만 남는다면 그런 것들은 평가자료로 활용하지 못하게 되지만, 인간을 이해하는 교사는 좋은 자료가 될 수 있다. 미술 전문가는 그림의 채색과 구도 등을 따지지만 인간을 이해하는 미술교사는 그 그림 속에서 학생의 인간상과 장단점, 그리고 지도하는 요령을 볼 수 있는 단서를 찾는다.

3) 평가도구의 기준

교육을 평가하는 데 어떤 도구를 가지고 평가하느냐에 따라서 평가결과에 많은 영향을 미친다. 평가도구를 잘 못 사용하면 개인이나 집단을 오해하기 쉽고 믿을 수도 없다. 평가도구를 판단하는 기준으로 흔히 타당도와 신뢰도, 객관도를 들고 있는데 후자 2개는 따지기가 어려워서 통계적인 방법을 주로 사용하고 있다.

(1) 타당도

a) 의미

타당도(妥當度, validity)란 '하나의 검사 혹은 평가도구가 측정하려는 것을 어느 정도 충실하게 측정하고 있는지 그 정도'를 말한다(김종서 외2, 1996). 예를 들면 국어검사가 국어의 능력, 즉 어휘력, 독해력, 쓰기 능력 등 국어능력으로 정의된 특성을 측정하고 있어야지 엉뚱하게 사회생활능력을 측정하고 있어서는 타당도가 있다고 볼 수 없다.

마찬가지로 학습에 관한 흥미를 측정한다고 제작한 검사가 학습에 관한 흥미를 측정하지 않고 학습에 관한 자아개념이나 인성을 측정하고 있다면 이것 또한 타당도가 있다고 말할 수 없다. 그래서 타당도를 다른 용어로는 검사의 진실성(眞實性) 혹은 정직성이라고 말하기도 한다. 그러므로 타당도는 검사도구 또는 평가도구, 측정도구가 가진 신뢰도의 기능으로도 생각할 수 있으며 검사자가 관심을 두고 있는 행동특성의 적절성이라고 할 수 있다.

b) 준거(準據)

요약하면 한 검사도구(檢査道具) 혹은 평가도구가 측정하려고 하는 대상을 어느 정도 충실하게 측정하고 있느냐, 또는 어떤 능력, 어떤 특성을 얼마나 충실하게 측정하고 있느냐의 정도를 타당도라 한다. 또한 타당도의 개념에는 '무엇에 비추어 본' 타당도(妥當度)라야 하는 준거(準據, criteria)가 반드시 설정되어 있다. 따라서 타당도는 '무엇에 비추어 본 기준'을 중심으로 고찰하게 된다. 국어검사를 하는데 수학(數學) 능력에 비추어 보면 안 된다.

타당도는 어떤 목적 혹은 기준에 의해서 결정될 뿐만 아니라 평가하는 방법, 편집 혹은 자료수집 조건 등에 따라서 측정경로가 달라지므로 타당도란 어떤 특정한 상황 속에서 그 의미가 판명된다. 즉, 한 검사의 타당도를 말할 때는 어떤 특정한 조건과 기준을 명시해야 한다.

요컨대 타당도란 '무엇을 측정하느냐'와 '어느 정도 충실하게 측정하고 있느냐'의 두 가지 문제라 할 수 있다.

c) 타당도의 종류

크게 공인타당도, 내용타당도, 구인타당도를 들 수 있다. 이를 구체적으로 살펴보면 다음과 같다.

① 공인타당도

현재의 검사결과와 다른 준거 척도에 의해서 나타난 결과와의 상관관계를 분석함으로써 현 검사의 타당도 수준을 나타내는 것이다. 예를 들어 직업흥미 검사에서 음악에 흥미가 있다고 나타난 학생이 실제로 음악 영역의 학과활동에서 열심히 참여하는 경우를 공인타당도가 높다고 할 수 있다. 공인타당도를 다른 말로 표현하면 준거관련 타당도(準據關聯 妥當度)라 하기도 한다.

② 내용타당도

검사(檢査)가 측정하고 있는 내용이 검사의 내용을 논리적으로 잘 선정하고 있는지의 정도를 나타내는 것이다. 이는 검사의 측정문항(測定問項)이 어떻게 선정되었는지를 분석함으로써 알 수 있다. 이를 다른 말로 논리적 타당도 또는 교과 타당도라 하기도 한다.

③ 구인타당도

검사에서 측정하고자 하는 특징이 구체적으로 볼 수 없는 가설적 구성개념(構成槪念)인 경우 이 검사가 구성개념을 끌어 낸 이론에 맞게 측정되고 있는지를 알아보는 것을 말한다. 예를 들어 태도를 측정한다면 검사가 태도를 구성하는 세 가지 요소인 신념, 평가, 행동에 대하여 모두 측정하고 있는지를 알아보는 것이다.

d) 성취목표의 검토

교육평가에 있어서 검사 또는 평가도구의 타당도를 유지시키기 위해 우선적으로 해야 할 일은 학생들의 성취목표를 검토해 보는 것이다. 성취도를 측정하기 위한 평가방법을 결정하기 전에 성취목표를 진술한 글의 끝말을 확인한다. 대부분의 학습목표가 학생들이 학습한 지식을 활용하여 달성하게 되는 것으로 진술되어 있음에도 불구하고 교사가 실제로는 단지 학생의 기억력이나 암기력만을 측정할 수 있는 시험문항을 작성한다면 타당도에 문제가 있다.

(2) 신뢰도

타당도가 무엇을 측정하고 있느냐, 측정하려고 하는 속성을 어느 정도 충실하게 측정하고 있느냐의 문제라면 신뢰도(信賴度, reliability)는 얼마나 정확하게, 오차 없이 측정하고 있느냐 하는 것이다. 즉, 측정하고 있는 정도에 일관성이 있느냐, 측정의 오차가 얼마나 적으냐의 문제이다. 그러므로 신뢰도는 일관성,

안정성, 정확성(正確性) 등과 동의어로 사용되고 있다.

a) 신뢰성의 한계

어떤 측정이든 이론적으로 볼 때 절대적으로 신뢰할 수 있는 엄밀성은 존재하지 않는다. 더욱이 인간의 행동특성을 그 측정대상으로 하는 경우, 거기에는 반드시 어느 정도 오차가 존재하기 마련이다. 그러나 고장난 저울로 물건을 달아 볼 수 없듯이 신뢰할 수 없는 평가도구를 가지고 인간 행동을 재어 볼 수는 없는 일이다. 인간행동의 대상인 경우 어차피 어느 한계 내에서 오차는 허용될 수밖에 없지만 인간행동의 측정도 측정인 이상 이 같은 오차가 최소화되도록 노력할 필요가 있다.

b) 신뢰도에 영향을 주는 요인

첫째, 시간이 같아야 한다. 시간이 다르면 먼저 검사와 뒤의 검사가 달라지는 경우가 많이 있다.

둘째는 문제가 골고루 출제되어야 하는 것처럼 문제의 표준이 적당한가 아닌가가 신뢰도에 영향을 미친다.

셋째로는 문항이 동질성을 유지해야 한다. 나누기만 잘하는 학생에게 곱하기 문제만 내면 성적이 나쁠 수밖에 없다.

넷째로 집단이 동질적이면 측정에서 약간의 점수변화가 있어도 석차에 큰 영향을 주지만 이질집단에서는 그렇지 않다.

다섯째로 타당도는 평가도구의 필요 불가결한 조건이다. 그러나 신뢰도가 낮으면 타당도는 이에 비례하여 낮아지기 때문에 신뢰도는 타당도의 선행조건이 된다. 다시 말하면 신뢰도 없이 타당도가 높은 평가도구는 존재하지 않는다.

c) 신뢰도를 측정하는 방법

한 검사를 일정한 간격을 두고 동일집단에게 두 번 실시하여 그 검사 결과의 상관계수(相關係數)를 산출함으로써 검사의 안정성을 측정하는 재검사 신뢰도와 동형검사(同形檢査)를 만들어 동일한 집단에 실시하여 각 점수간의 상관계수를 산출하여 측정의 항상성(恒常性)을 측정하는 동형검사 신뢰도가 있고, 한 번 실시한 검사의 문항을 우수문항과 기수문항으로 나누거나 앞뒤로 나누어서 각 총점을 구하고 이들 간의 상관을 알아보는 반분(半分) 신뢰도가 있으며, 그리고 개별 문항간의 모든 상관계수를 산출하여 평균을 내어 개별 문항이 하나의 개념을 얼마나 잘 측정하고 있는지를 밝히는 문항의 내적 합치도(合致度) 등이 있다. 일반적으로 한 검사의 관찰점수 분산(分散)을 진점수(眞点數) 분산과 오차점수 분산으로 나누어 볼 수 있는데 이 때 진점수 분산을 관찰점수 분산으로 나눈 값이 신뢰도 계수다.

(3) 객관도

객관도(客觀度, objectivity)란 측정된 결과에 대하여 여러 검사자 혹은 채점자가 어느 정도 일치된 평가를 하고 있느냐의 정도라고 말할 수 있다.

자연과학에서는 객관도는 별로 문제가 되지 않는다. 왜냐하면 어떤 사상(事象)을 관찰한 결과가 관찰자마다 일치되기 때문이다. 그러나 채점자에 따라서 같은 시험반응을 가지고 다른 채점을 할 수 있다. 이는 측정도구 자체의 불완전성 때문에 기인되는 경우도 있고 평가자 자신의 소양부족으로 나타나는 경우도 있다.

신뢰도가 측정도구의 변덕에 의하여 결정되는 것이라면 객관도는 채점자의 변덕에 의해 결정되는 신뢰도라 할 수 있다. 한 가지 반응결과에 대해 여러 사람의 채점 및 평가가 일치하는 정도를 '평가자 간의 객관도'라 한다면 한 평가자가 시간적 간격이나 상황의 차이에 따라 같은 대상에 대해 다른 평가 결과를 나타내는 것은 '평가자 내의 객관도'라 할 수 있다.

(4) 실용도

앞의 타당도, 신뢰도, 객관도는 평가도구로서 이론적 기준에 따라 얼마나 좋은가를 보는 것이다. 그런데 이러한 이론적 기준 외에도 평가장면의 현실적 측면 역시 고려되어야 한다. 표준화된 검사가 아무리 타당도가 높고 신뢰도가 높은 검사라 하더라도 그 검사를 사용하는 방법이 어렵고 일반인에게 널리 사용하기 힘든 것이라면 그 검사의 실용적 가치는 낮을 것이다. 이 현실적 측면을 고려하는 것이 평가도구의 실용도(實用度, utility)이다. 즉 검사 또는 평가도구의 실용도란 한 평가도구에 들어가는 경비와 시간, 노력 등을 최소화하고 측정 목표를 충실히 달성할 수 있느냐의 정도를 말한다.

이러한 실용도에는 실시, 채점, 해석이 용이하고 비용은 최소화해야 한다는 네 가지가 포함되어 있다.

2. 교육평가의 유형

교육평가의 유형은 어떤 준거에 의해 구분하느냐에 따라 매우 다양하다. 여기서는 크게 평가기준에 따른 유형, 평가내용에 따른 유형, 수업과정에 따른 유형을 보고 발달역사에 따른 유형으로서 근래 우리나라에서 법제화된 대안적 평가방법으로서의 수행평가에 대하여도 살펴보기로 하자.

1) 평가기준에 따른 유형

평가의 기준(基準)이 어디에 있느냐에 따라 교육평가는 크게 임의평가, 상대평가, 절대기준평가의 세 가지로 구분될 수 있다.

가) 임의평가

임의평가(任意評價)는 평가기준이 객관적이며 과학적인 검토와 연구에 의하여 설정되는 것이 아니라 교사의 개인적이고 주관적인 판단에 의하여 임의로 설정되고 평가하는 것이다. 임의평가는 현대적인 교육평가 이전, 즉 교육평가 이론이 없었던 때에 사용되었던 하나의 평가방법이라고 할 수 있다. 이를테면 교사가 가르친 내용 중에서 교사의 임의적인 기준에 따라 적당하게 문제를 출제해서 고사를 치르는 평가형태를 말한다. 따라서 '잘했다', '못했다'의 평가기준은 교사 개개인의 주관적인 판단에 의해서 설정되며, 흔히 100점 만점식 평가라고 일컬어지고 있다. 이 평가는 객관적이고 체계적인 평가기준이 설정되어 있지 않으므로 평가결과에 대한 판단이 일정하지 못하다는 단점을 가지고 있다.

나) 상대평가

상대평가(相對評價)란 상대비교평가 또는 규준지향적(規準指向的, norm-referenced)평가라고도 하며, 한 학생의 학업성취도를 그가 속해 있는 집단의 학업성적 결과에 비추어 상대적으로 나타내는 평가방법이다. 따라서 상대평가는 미리 설정된 교육목표의 달성도와는 상관 없이 다른 학생이 자신보다 시험점수가 높은가 낮은가에 따라 자신의 지위수준이 평가되는 것이다. 따라서 여기에서 평가점수는 교육목표를 성취한 정도를 의미하지 않고 학급집단에서의 서열을 의미한다.

상대평가의 이론적 근거는 학습자의 능력과 그 능력에 따른 학업성취도가 언제나 정규분포(正規分布, normal distribution)를 이룬다는 가정을 하고 있다. 교사의 학습활동이 효과적이든 아니든 학생은 우열이 있기 때문에 그런 분포가 당연하게 형성된다는 것이다.

상대평가가 지니고 있는 장단점을 요약하면 다음과 같다.

a) 장점

① 개인차(個人差)의 변별이 용이하다.

② 학생 상호간 경쟁을 통한 외적 동기를 유발하기 쉬워서 열심히 공부할 수 있는 분위기를 조성할 수도 있다.

③ 객관적인 개인차 변별이 가능하고, 검사의 제작기술과 엄격한 성적표시방법을 채택하기 때문에 교사의 편견을 배제할 수 있다.

b) 단점

① 경쟁심을 조장하고, 더 나아가 모든 생활에 이러한 경쟁적 태도를 일반화

할 가능성이 커서 정신건강에 이롭지 않다.

② 교육목표가 달성되었는지에 대하여는 관심이 없고, 학생들을 등급을 매겨 서열화하기 때문에 지적 계급의식(귀족주의)을 고취시킬 수 있다.

③ 성적이 집단의 결과에 의해 좌우되므로 학습이론에 맞지 않고, 참다운 학력평가가 불가능하다. 외적 동기가 유발되는 장점은 있으나 지속적인 동기유발은 내적 동기유발이 필요한데 이점에서 상대평가는 무관심하다.

④ 공부를 열심히 하는 학급과 그렇지 못한 학급은 그 격차가 심화되기 쉽다. 특별히 공부 잘 안 하는 학급의 분위기를 공부 잘 하는 분위기로 바꾸기가 힘든다.

다) 절대기준평가

(1) 의미

절대기준평가(絶對基準評價)를 목표지향적(criterion-referenced) 평가 또는 준거지향 평가라고도 하며, 한 학생의 성적이 그가 속해 있는 집단의 결과와는 상관 없이 주어진 교수목표(성취목표)를 어느 정도 달성하였는가 하는 교수목표 달성도에 의하여 성적을 표현하는 평가방법이다. 따라서 절대평가에서는 수업목표 또는 학습자의 도착점행동(倒着点行動)에 관심을 둔다.

그리고 학업성취도는 수립해 놓은 학습목표에 비추어 평가되기 때문에 학생 개개인은 소속 학습집단 내의 다른 학생과의 상대적 비교나, 다른 학생의 점수와는 아무런 상관 없이 학생 자신의 성취 정도의 진보 상황에 따라서만 평가되는 것이다. 즉, 절대기준평가는 한 학생의 성적이 그가 속해 있는 집단의 검사경로와는 아무런 상관을 가지지 않고 주어진 수업목표를 어느 정도 달성하였는가 하는 교수목표 달성도에 의하여 그 학생의 성적을 표현하는 방식이라 할 수 있다.

그런데 절대평가에서 그 목표달성이라는 기준을 설정하기가 대단히 어렵다. 교사가 세운 그 학급의 목표이냐 아니면 각 개인의 수준에 따라 정해진 목표냐에 따라서 평가의 적용이 달라진다. 예를 들면 학급기준 절대평가는 학생들 각

그림 7-1 정규분포곡선과 부적 편포곡선

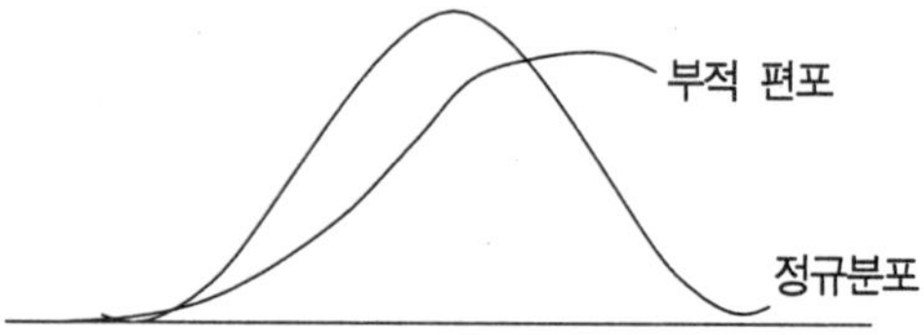

자의 수준이 현재 A학생은 10, B는 20, C는 50 등 다양하다고 할 경우, 이들을 모두 80으로 끌어올리는 목표를 세워 수업을 10의 학생은 70을, 50의 학생은 30을 향상시켜야 모두 A학점을 받게 되어 절대평가의 장점에 문제가 생긴다. 그러나 개인기준(個人基準) 절대평가는 모든 학생이 성적점수를 40%씩 끌어올리겠다는 목표를 세우고, A, B, C, D··· 등 학생들의 현재 점수가 10, 30, 50, 60···일 경우, 이들을 50, 70, 90, 100이 되면 이들의 학습목표가 모두 달성되어 이들 모두에게 A학점을 주겠다는 평가를 말한다.

오랫동안 학교교육을 '선발적(選拔的) 교육관'에 따라서 소수의 학생만이 높은 수준의 교육을 받게 하는 데 필요한 선발기능을 해 왔다. 그러나 '발달적(發達的) 교육관'은 학생들의 능력을 최대한 발전시키는 데 목적이 있기 때문에 그에 맞는 평가방법으로 절대평가가 나타났다.

상대평가가 평가도구의 신뢰도를 중요하게 생각하는 데 반하여 절대평가는 타당도를 강조한다. 또 절대평가는 잘만 가르치면 학생 모두가 교수목표를 달성할 수 있을 것으로 믿기 때문에 검사 점수의 분포는 부적 편포(不適遍布, negative skewed distribution), 즉 오른쪽으로 치우친 곡선이 되기를 기대한다(그림 7－1). 절대평가에서는 인간의 가능성과 교육효과에 긍정적인 신념을 가지고 있어서 상대평가처럼 학생들의 우열을 믿지 않는다.

(2) 절대기준평가의 지배원리

① 측정하고자 하는 학습과제의 성격과 내용의 한계를 명백히 정의하여야 한다.

② 학습목표를 행동적인 용어로 명료하게 진술하여야 한다.

③ 수락기준(受諾基準)을 사전에 결정해야 한다.

④ 검사는 구체적으로 세분하여 정의된 내용과 행동의 영역을 잘 대표할 수 있도록 표집된 문항들로 구성되어야 한다.

⑤ 검사문항은 학습목표에 명시된 행동을 직접적으로 측정할 수 있는 것이어야 한다. 즉 타당도가 높아야 한다.

⑥ 검사결과는 주어진 학습과제에 대한 학습의 정보를 직접적으로 나타낼 수 있어야 한다.

(3) 절대기준평가의 장단점

a) 장점

① 학생들에게 성취감을 갖게 한다. 그것은 긍정적 자아개념의 형성과 정서발달, 및 정신건강에 유익하며 내적 동기유발을 촉진한다.

② 학습이론에 맞는 평가방법이다.

③ 협동학습을 조장해 준다. 절대평가는 학생들 간의 경쟁이 필요하지 않으므로 오히려 서로 도우며 공부하는 것이 유익하여 협동적 인간관계가 장려된다.

④ 의미 있는 점수가 된다. 상대평가에서의 점수는 교육목표 달성과는 무관하지만 절대평가의 점수는 그 달성여부를 그대로 말해 주고 있어서 진정한 의미의 학습효과를 말해 주고 있다.

⑤ 절대평가는 학생들의 지적 능력을 가지고 등급과 서열을 만들지 않으므로 지적 계급주의가 사라진다.

⑥ 수업의 개선을 위한 자료를 잘 제공해 준다. 절대평가는 학생 개개인의 성공적인 학습과 실패하고 있는 학습부분을 발견하기 쉽고 학습진전 상황을 알 수 있어서 그에 알맞는 수업지도가 가능하다. 그래서 학생들의 현재의 학습결손에 대한 정보를 제공해 준다.

b) 단점

① 개인차 변별이 어렵다. 절대평가에서는 학생 개인간의 성적비교가 어렵기 때문에 우열판정이 어렵다.

② 경쟁에 의한 학습의 외적 동기유발이 되지 않는다. 그러나 내적 동기유발에는 절대평가가 더 유리함으로 이 점에 있어서는 단점보다 장점이 많다.

③ 절대기준의 수준에 적합한 평가기준을 어떻게 정할 것인가에 문제가 있다. 절대평가의 가장 어려운 면은 평가기준을 설정하는 것이다. 먼저 교육목표가 그 기준이 되지만 어느 정도 달성해야 하는지를 구체적으로 정하기가 어렵고, 이 기준을 마련하기 위하여 각 교과의 학문적 구조를 분석하고 학습과제의 위계적 분석이 요구되는데, 이런 작업은 고도한 전문성을 요구한다.

④ 평가결과에 대한 통계결과 처리에 문제가 있다. 통계적 처리는 정상분포가 가정되었을 때만 가능한데 이를 부인하는 절대평가에서는 통계적 처리가 불가능하다.

표 7-2 상대평가와 절대기준평가의 비교

항목	규준지향 검사(상대평가)	준거지향 검사(절대기준 평가)
일반적 특징	특정집단에서 개인의 능력을 타인과 비교하거나 규준집단의 점수와 비교하여 그 개인의 상대적 위치를 확인한다.	미리 정해진 기준 또는 목표에 의해 개인의 성취도를 확인한다. 개인 및 처치 프로그램에 관한 의사결정을 한다.
변량	개인간 점수의 변량이 클수록 그 검사는 바람직하거나 우수한 검사이다.	점수의 의미는 문항과 준거 간의 관계에 기초한다. 개인간 점수변량은 경시된다.
문항구조	점수변량을 높이기 위해서 매우 다양하게 문항을 구안하여 제작한다.	문항점수는 검사점수 변량에 주의를 기울이지 않고, 준거행동과의 일치도에 집중한다.
신뢰도	부적인 신뢰도 계수는 바람직한 것이라고 볼 수 없다.	내적 일치도가 중요하다. 부적인 내적 일치도를 갖는 문항도 좋은 것일 수 있다.
타당도	상관관계에 근거를 두므로 검사문항의 변량을 중요시한다.	문항과 준거(목표)와의 일치도를 중요시한다. 내용 타당도를 주로 사용하지만, 경험적 타당도도 사용한다.
문항분석	개인간 능력을 변별하는 데 기여하는 문항이 좋다. 변별력이 없는 문항은 난이도에 있어서 너무 낮거나 높으며, 모호하기 때문이다.	변별력이 없는 문항이더라도 목표를 잘 반영한 문항이 바람직하다.
기록해석 용도	개인의 상대적 위치나 순서를 결정하며, 선발에 사용된다.	목표 달성도를 측정하여 의사를 결정하고, 교수-학습 개선에 사용된다.

이상에서 소개한 상대평가와 절대기준평가를 종합적으로 비교하면 <표 7-2>와 같다.

2) 평가내용에 따른 유형

평가내용에 따라서는 능력평가, 인성평가로 구분할 수 있고, 능력평가는 다시 적성평가와 학력평가로, 인성평가는 성격, 적응, 기질, 흥미, 태도평가 등으로 구분할 수 있다.

먼저, 능력(abitity)평가는 사람이 무엇을 얼마나 잘 할 수 있느냐(What a person can do)에 관련된 것이고, 인성(personality) 평가는 사람이 무엇을 하려고 하느냐(what a person will do)에 관련된 것이다. 이는 다시 다음과 같이 구분할 수 있다.

(1) 능력평가

a) 적성(適性, aptitude) 평가

장래 학습과 발달능력에 대한 예언적 성격을 띤다. 적성은 일반적성(=지능)과 특수적성(예능, 수공, 사무 등)의 둘로 나눈다.

b) 학력(學力, achievement)평가

과거에 얼마나 배웠는지를 평가하는 것이다.

(2) 인성평가

a) 성격(性格, character)평가

사람의 성격을 평가하는 데 사회적 가치와 결부된 개인의 행동을 평가하게 된다. 인성에서 사유양식(思惟樣式)으로서 민주적이냐 독선적이냐, 그리고 협동과 독단, 친절과 불친절, 정직과 부정직, 충성과 이기 등과 같은 성격내용을 평가한다.

b) 적응(適應, adjustment)평가

개인이 자기에게 속한 사회에 잘 어울려 살고 안락하게 살 수 있는 행동의 형태를 말한다. 흔히 말하는 적응된 생활과 부적응된 생활을 말한다. 가정생활, 대인관계, 학교생활과 같은 장면을 검사장면으로 택한다.

c) 기질(氣質, temperament)평가

인성을 평가하는 것 중에 그 역사가 가장 오래된 인성평가라고 할 것이다. 인성의 감성양식(感性樣式)으로서 내향성이냐 외향성이냐와 다혈질과 담즙질, 이론형과 정서형, 심미형과 사실형, 권력형과 종교형 등과 같은 기질 내용을 평가한다.

d) 흥미(interest)평가

추구하거나 피하려는 행동 경향으로, 직업 흥미가 대표적이다. 흥미에는 그 몰입(沒入)의 수준에 따라서 평가할 수도 있을 것이다.

e) 태도(attitude)평가

사건, 사물, 인물에 대한 행동의 경향을 말한다. 긍정적이냐 부정적이냐, 적극적이냐 소극적이냐 등의 평가가 이에 속한다.

3) 수업단계에 따른 유형

수업단계, 즉 교수–학습과정의 단계에서 도입단계, 전개단계 그리고 정리단계에 따라 진단평가, 형성평가 그리고 총합평가로 구분할 수 있다.

가) 진단평가

(1) 개념

진단평가(診斷評價, diagnostic evaluation)란 교수활동이 시작되는 초기에 교수전략을 위한 기초 자료를 얻고 어떤 교수방법(학습방법)이 적절한 것인가를 결정하기 위하여 학생의 기초능력 전반을 진단하는 평가다. 이러한 진단평가는 학생이 학습을 시작하기 전 시발단계에서 학생이 어느 정도의 수준인가를 알고, 그 아는 것을 기초로 하여 수업방법을 결정하게 된다. 마치 의사가 환자를 치료하기 전에 필수적으로 하는 것이 환자에 대한 정확한 진단인 것처럼 교육에서도 교사가 효과적인 교수−학습을 하기 위하여 먼저 학생의 학습준비도(출발점행동)를 정확하게 진단해야 한다. 학습준비도(學習準備度)로는 학습자의 흥미와 태도, 적성, 동기, 정서, 성격특성과 같은 정의적 특성과 기초학력의 정도, 선행학습의 정도와 같은 인지적 특성 등이 여기에 포함된다.

(2) 기능

진단평가는 효과적인 교육을 위하여 출발점행동을 확인하고 그 확인된 수준에 맞추어 적절한 후속조치를 취하게 한다. 현재 학생들이 가진 능력수준으로서 지식과 기능 및 정의적 특성을 이해하지 않으면 안 된다. 특별히 개인차가 심한 학습 집단일 경우 그 정도를 이해해야 한다. 그리고 진단평가는 이미 알고 있는 내용을 중복적으로 가르쳐서 시간과 경비의 낭비를 가져오고 학습 흥미를 떨어뜨리는 것을 예방하는 데 의미가 있다. 이런 사전조사는 교수전략을 세우는 데 좋은 자료가 된다.

(3) 형태

첫째로 진단평가에는 먼저 출발점행동(出發點行動)을 진단하는 평가가 있다. 모든 학생은 기초학력이나 여러 특성이 각각 차이가 있으므로 이들을 동일한 선상에 놓고 교육이 출발되면 효과적인 학습이 이루어질 수 없기 때문에 사전에 평가해 보는 것이다. 학생이 새로운 학습과제를 만나서 가지게 되는 인지적・정의적 행동특성을 사전에 진단하는 출발점행동 평가다.

둘째로 정치(定置)를 위한 진단평가가 있다. 즉 일반계나 공업계냐 상업계냐 등 어떤 학교에 가야 할 것인가를 결정하기 위한 경우와, 또는 문과냐 아니면 이과냐, 그리고 직업계열과 대학진학계열 등과 같이 어느 전공에 가서 공부해야 할 것인가를 결정하기 위한 평가, 그리고 우수반, 열등반, 보통반 등과 같은 정치를 위한 진단평가를 말한다.

셋째로 교수전략 수립을 위한 진단평가가 있다. 교수방법은 개인차가 얼마나 심하냐에 따라서 결정되어야 한다. 개인차가 심하면 다양화해야 할 것이고 심하지 않으면 전략을 세우기가 용이할 것이다.

나) 형성평가

(1) 개념

형성평가(形成評價, formative evaluation)란 스크리븐(M. Scriven)에 의해 제안된 것으로, 교육활동이 진행되는 도중에 학생에게는 피드백 효과를 주고, 교과과정을 개선하며, 수업방법을 개선하기 위하여 실시하는 평가다. 이러한 형성평가는 정보의 피드백과 수업교정(授業矯正)을 위한 평가이다. 교수－학습이 아직 유동적인 시기에 교과내용과 교수－학습의 개선을 위해 자주 실시하게 되는데, 교수－학습과정을 제일차적으로 이끌어가고 개선해 가야 할 교사가 문항을 제작하게 된다. 또한 형성평가의 평가문항은 교육목표(교수목표)에 기초를 두고 제작되어야 하고, 교수－학습과정 중 교육과정 개선을 위한 각종 자료를 수집한다.

형성평가의 결과 학습자의 대부분이 수업이 어렵다고 하거나, 그래서 학습결손이 생기는 것이 밝혀지면 교육목표와 교육내용 및 교수방법을 학생 수준에 맞추어 개선해 주지 않으면 안 된다.

(2) 기능

형성평가의 기능은 학습지도활동을 조정하여 그 학생의 능력에 적절한 수준으로 학생이 학습해 갈 수 있도록 해주고, 나아가 학생이 학습과정 중 실패한 것이 무엇인지에 대한 정확한 정보를 제공해 주며, 보충수업을 통하여 다시 학습할 수 있는 기회를 부여함으로써 학습결손의 누적현상을 피할 수 있게 한다.

형성평가는 교육목표의 달성정도를 학습자가 확인하여 자신감이 생기기도 하고 실망감도 생길 것이지만 충실한 학습에 대한 만족감은 다음 학습에 동기를 유발시키는 결과를 가져오기 때문에 의미가 많을 것이다.

또한 형성평가를 통해서 학생의 학습곤란을 학생이 스스로 발견하여 자기교정을 시도할 것이고, 그것은 학습동기를 촉진한다. 그리고 이러한 결과를 가지고 교수전략을 개선하는 데 활용할 수 있다. 즉 교수목표의 조정에서부터 교육내용의 변경, 교육방법의 개선, 교육평가방법의 개선 등 교수전략 전반에 걸친 개선이 가능하게 된다.

다) 총괄평가

(1) 개념

총괄평가(總括評價, summative evaluation) 또는 총합평가(總合評價)란 용어를 처음 쓴 스크리븐은 이를 '일정한 양의 학습과제나 교과가 끝난 다음 기말이나 학년 말에 실시하여 학생의 교육목표 성취도를 총합적으로 판정하고 평점을 주기 위해 실시하는 평가'를 말한다. 이러한 총괄평가는 생활기록부에 성적으로 기록되고, 학부모에게 학업성적으로 통보된다.

(2) 기능

총괄평가의 기능은 다양하지만 여기에서는 대개 5가지를 소개하기로 한다.

첫째로 총괄평가는 한 학기 또는 한 학년의 최종성적을 결정한다.

둘째로 총괄평가는 다음에 올 학습의 성공 또는 실패를 예언해 준다.

셋째로 총괄평가는 형성평가와 같이 당해 학기의 교육전략에 활용되지는 못하지만 다음에 이어질 교수전략을 수립하는 데는 그 참고 자료로 활용된다.

넷째로 학생은 자신의 학업성적을 보고 반성하는 기회가 된다. 이런 기능은 형성평가와 같다.

다섯째로 총괄평가는 학생의 능력과 기능, 지식 등이 특정한 어떤 자격을 얻을 수 있는지 여부를 판단할 수 있게 해준다.

앞에서 제시한 진단평가, 형성평가, 총괄평가를 구체적으로 개념, 평가목적, 평가시기, 평가문제, 문제의 난이도, 평가방법, 강조점, 기능에 따라 비교한 결과는 <표 7-3>과 같다.

표 7-3 진단평가, 형성평가, 총괄평가의 비교

평가유형 구분	진단평가	형성평가	총괄평가
개념	학생의 출발점 행동을 진단하여 효율적인 교수전략을 수립하기 위한 목적의 평가	수업 중 학습이 어느 정도 이루어졌는지를 확인하여 학생에게 피드백을 주며 교육활동을 개선하기 위한 목적의 평가	설정된 교육목표의 달성도를 종합적으로 평가하기 위하여 실시하는 평가
평가목적	출발점 행동의 점검	교수전략의 개선 및 학업의 증진	학생의 학업 성취도를 판정
평가시기	수업 전	수업 중	수업 후
평가문제	기초지식과 기초기능에 한정된 문제	단원의 학습과제와 직접 관련된 문제	교과의 모든 학습목표에서 표집된 문제
문제의 난이도	상대평가와 절대평가의 병행	절대평가	상대평가와 절대평가의 병행
평가방법	대체로 쉽다	학습단원의 내용에 따라 달라진다.	쉬운 문제와 어려운 문제
강조점	인지적 행동 특성과 정의적 행동특성의 평가	인지적 행동 특성의 평가	일반적으로 인지적 행동특성의 평가를 강조하지만 교과에 따라 다름
기능	· 출발점 행동의 확인 · 학생의 배치 · 학습의 중복 회피 · 교수전략의 수립	· 학습활동의 조정 · 학습활동의 강화 · 학습곤란의 확인 및 교정 · 교수전략의 개선	· 성적판정 · 후속학습에서의 성공 예언 · 후속 교수전략의 수립 · 집단간 학습효과의 비교 · 집단간 학습효과의 비교 · 학업성취에 대한 피드백 · 자격판정

3. 수행평가

전통적인 수업체제에 대하여 그 대안으로 제시된 구성주의적(構成主義的) 수업체제는 '학생중심'을 전제로 한 평가체제를 가지고 있다. 전통적 평가는 학습의 마지막 단계에서 학습자의 참여 없이 선택형이나 단답형 문항을 가지고 평가하는 것이 보통이다. 그러나 근래 우리나라 교육이 지향하는 구성주의 수업환경에서는 그 평가방법도 달리하여 수행평가제(遂行評價制)를 채택하고 있는데, 그것은 종래의 평가가 개인차를 구분하여 선발하려는 '선발적 교육관'의 입장에서 이루어졌다고 한다면, 지금은 '발달적 교육관'의 입장에서 학생 개개인의 조화로운 성장과 발달을 도모하는 데 있다. 그래서 수업과 평가를 별개의 것으로 보지 않고 상호 유기적인 관계를 가진 연속적 활동이라 한다. 수업을 교육과정 계획의 실천이라면 평가는 수업의 거울이어야 하고, 수업의 절차나 내용, 성과가 평가체제에 그대로 반영되어야 한다.

수업활동의 결과는 크게 학업성취와 정의적 특성으로 구분되는데, 이를 나누어 살펴보면 다음과 같다.

1) 학업성적의 평가

(1) 개념

학업성적(學業成績)을 확인하는 검사에는 성취검사(成就檢査, achievement testing)와 수행평가(遂行評價, performance assessment)가 있다. 전자는 전통적인 수업환경에서 활용되는 선발적 기능을 가진 평가방법인 데 반하여 후자는 발달적 교육관의 입장에서 학생들의 학습과정이나 활동, 기록물, 작품 등에 대한 평가를 하는데 교사와 더불어 학생 자신과 동료들의 판단으로 이루어지는 평가로서 여기에서는 주로 질적 평가가 중심이 되고 그 기준은 수행목표(遂行目標, performance objective)가 되는데, 이는 주로 구성주의 수업환경에서 활용된다(김필식 외1, 2002).

일반적으로 종래의 전통적인 지필검사(紙筆檢査)방법은 학생들의 학습결과를 밝혀내는데 대단히 부족한 데도 현재 우리의 교육현장에서 많이 활용되고 있다. 예를 들면 학교에서 활용되고 있는 평가는 지필검사와 지식과 기능의 평가, 객관식 평가, 산출평가, 간접평가 등이 있다. 이런 평가방법은 자칫 '시험에 나올 것을 대비하여 가르치는' 측정유도(測定誘導) 수업이 되거나 단편적 지식을 가르치게 될 위험성이 많이 있다. 이런 문제점들을 가지고 있는 종래의 전통적 평가체제의 패러다임이 변화되어야 한다는 요구를 낳았다.

그래서 단편적인 지식이나 정보를 얼마나 많이 아는지를 검사하는 지필검사 방법에서 벗어나려고 하는 근래 인지과학자들은 복잡한 인지능력과 수행능력을 평가하기 위하여 결과와 함께 과정을 평가하는 새로운 방법을 개발하였다. 우리나라에서도 수업과 교사의 질적 성장 및 비판적 접근을 위한 새로운 대안으로 '수행평가'가 제도화되어 시행되고 있다.

수행평가(遂行評價)란 학생 자신의 지식이나 기능이 답으로 드러날 수 있도록 구성하여 스스로 발표하거나, 아니면 어떤 산출물을 만들어 내고 이를 구체적인 행동으로 나타내도록 요구하는 평가방법이다. 그러므로 수행평가는 학습자의 지식 외에도 그 숙달과정의 정도를 평가하고 새로운 지식과 기능의 활용능력까지 평가할 수 있다. 즉 수행평가는 지식과 그 지식을 가지고 할 수 있는 기능, 그리고 그 지식과 기능에 대한 학생의 태도와 같은 가치도 평가한다.

(2) 수행평가의 방법

수행평가를 하는 데는 다음 <표 7-4>에서 보여 주는 대로 4가지 기준에 따라서 정리해 볼 수 있다. 이들 중에서 포트폴리오법은 학생이 아는 것과 할 수 있는 것, 그리고 학습진전 과정을 확인시켜 준다. 학생이 교실에서 하는 활동과 실생활과의 연계과제의 수행에 중점을 두는데, 평가는 교사의 관찰평가와 학생의 자기평가, 협동평가, 지필평가까지 여러 가지가 포함된다. 교사와 자기 및 동료가 함께 평가한다하여 수행평가라고 하는 것이다.

표 7-4 수행평가법의 분류

구성적 반응	산출물 products	활동/수행 activity /performance	과정 process
서술형 문항 논술형 문항 개념도, 흐름도 작성 그래프, 표제작	작문 연구보고서 실험보고서 주제 이야기 포트폴리오 시, 수필 과학작품 그림, 만들기, 창작 작품 비디오테이프 오디오테이프	구술, 발표, 토론 실험, 실습 운동, 움직임 표현 연극 연주	관찰 면접 감상 과정표현 사고진행 표현

자료 : 김필식 · 오만록 저, 「현대교육학개론」(형설출판사, 2002), p. 613.

(3) 수행평가의 절차

학교에서 수행평가를 할 때, 그 절차는 다음과 같다.

① 학습자의 개인차를 진단하여 배치한다.

② 학습자들의 적극적인 참여하에 학습목표를 설정한다.

③ 학습목표 달성을 위한 다양한 과제를 선정한다.

④ 성취수준과 평가영역을 구체화하여 수행평가 계획서를 작성한다.

⑤ 평가방법을 선정하고 평가도구를 제작한다.

⑥ 학습활동이 전개되고 수행평가를 실시한다.

⑦ 과제를 학생들에게 제시한다.

⑧ 평가결과의 피드백, 즉 교정을 실시한다.

⑨ 평가결과에 대한 기록을 정리하여 다음에 참고자료로 쓰게 한다.

2) 정의적 영역의 평가

(1) 개념

정의적 영역이란 감정적인 색조(色調)나 정서, 흥미, 감상, 태도, 가치, 적응, 심년체계 등과 관련된 영역을 말한다.

학력의 평가가 주로 인지적 영역의 평가에 치우쳐 있고, 비지적인 정의적 영역의 평가는 학교의 생활기록부에 '근면성', '책임감', '협동성' 등의 덕목이 있을 뿐 그 비중이 적은데, 그것은 인지적 영역에 비하여 평가의 대상이나 방법이 불확실하고, 그래서 타당도나 신뢰도, 객관도가 낮아서 그렇게 소홀히 취급되고 있는 것이다. 그러나 구성주의(構成主義) 수업환경에서는 학업성취 외에도 정의적 영역의 학습을 강조한다. 예를 들면 '문학작품에 대한 흥미 갖기', '미술작품 감상하기', '학교규칙 준수하기' 등과 같은 정의적 영역의 교육이 교육목표로 설정되고 평가되어야 한다고 주장한다.

학습자가 어떤 내용을 학습하여 경험한 사실과 유사한 다른 학습내용이 후에 주어지면 그 학습자는 앞의 경험에 의하여 긍정적 또는 부정적인 느낌을 가지게 된다. 젊었을 때 학업성적이 나빴던 사람은 성인이 되어 다시 공부를 하려고 할 때 젊었을 때의 경험이 방해요인이 되는 것과 같다. 그래서 정의적 영역의 학습도 중요한 것은 학생 자신이 자신에 대하여 얼마나 유능하다고 생각하고 있는가 하는 것이다. 공부에 성공적인 경험이 있는 학생은 학습의 흥미뿐 아니라 동기와 태도, 나아가 자아개념과 정신건강에 이르기까지 긍정적으로 영향을 미친다.

(2) 중요성

전술한 대로 지금까지 우리나라 교육에서 정의적 영역의 평가는 거의 소홀하게 취급되어 왔다. 그것은 지식만 있으면 사회로부터 대접을 받는 사회였기 때문이었다. 그러나 현재 우리나라는 인식을 달리하여 정의적 영역의 학습과 평가가 중요하다고 인정하게 되었고 이를 강화하였다. 그 중요성을 보면 다음과 같다.

첫째로 지·덕·체(智德體)의 모든 면에서 균형 있게 성숙한 인간을 육성해야 한다고 하는 전인교육(全人敎育)의 이념은 우리나라 교육의 기본이다. 따라서 지적인 교육과 함께 정의적 교육을 중요하게 평가받아야 마땅하다.

둘째로 정의적 영역의 평가는 근래 관심의 대상이 되고 있는 생활지도의 기본자료가 된다. 학교교육은 크게 나누어 교과(敎科)를 중심으로 하는 교과교육과 학생의 인간적 성숙을 돕는 생활지도 교육으로 나눌 수 있는데, 후자의 교육자료로 정의적 영역의 평가는 중요한 의미를 갖는다. 특별히 청소년문제가 심각해지면서 인성교육, 가치교육에 대한 관심이 확대되고 있는 오늘날, 비록 대단히 어려운 작업이지만 이 영역에 대한 교육과 평가를 깊이 있게 연구할 필요가 절실하게 요구된다.

셋째로 한 학생의 진로를 결정한다는 것은 그 개인뿐 아니라 우리 사회의 일원으로서 행복하게 살아가는 데 있어서 대단히 의미심장한 일이다. 그런데 이 진로의 결정은 학력을 고려하는 것 외에도 개인의 가치관이나 흥미, 성격들을 종합적으로 검토하여 결정하지 않으면 안 되므로 정의적 영역의 평가가 필요한 것이다.

(3) 평가방법

근래 많이 연구된 정의적 영역의 평가방법은 다양하게 개발되어 있지만 여기에서는 기본적인 방법 몇 가지를 소개하기로 한다.

a) 질문지법

원래 구두질문에서 시작한 질문지법(質問紙法, questionaire)은 어떤 문제를 놓고 질문하면 이에 대답 기술하게 하는 자기보고(自己報告)의 방법이다. 이 방법은 많은 학생을 대상으로 짧은 시간 안에 일제히 실시할 수 있고, 그 결과도 신속하게 기계적으로 처리할 수 있는 장점이 있어서 예비적인 탐색을 하는데 많이 이용된다. 그러나 교육이나 연구 초보자들이 손쉽고 조급하게 하려고 사용하는 경우가 많은 그런 결점이 있지만 실제로 그렇게 쉬운 방법만은 아니다.

질문지의 질문내용으로는 사실(facts)을 발견하기 위한 것과, 의견이나 판단,

태도, 감정, 가치관 등을 묻는 경우가 있는데 후자가 질문지 제작이나 그 반응의 수집에 어려움이 많다. 또 구조적인 질문지로는 선택형과 체크리스트형, 유목분류형(類目分類型), 등위형(等位型), 평정척도형 등이 있고, 비구조적인 질문지로는 자유반응형이 있다. 이들은 서로 장단점을 가지고 있다.

b) 관찰법

관찰법(觀察法, observation)은 가장 원시적인 평가도구이면서 널리 이용되고 있다. 그렇게 널리 이용하는 이유는 첫째, 다른 방법은 평가과정에서 사회적 상호작용의 과정을 방해할 위험이 있을 경우가 많이 있기 때문이고, 둘째, 행위자 자신이 직접적인 정보원(情報源)으로서 적당치 않은 경우가 있기 때문이다.

관찰의 방법은 관찰이 어느 정도 조직적이냐에 따라서 자연적 관찰법과 조직적 관찰법으로 나눌 수 있다. 전자는 학생을 자연 그대로의 모습으로 관찰하는 경우이고, 후자의 경우는 개인의 정의적 특성을 장기간에 걸쳐 계속 관찰하는 종단적(縱斷的) 관찰법이다. 이런 구조적 관찰법에는 시간단위를 표준으로 계속하여 관찰하는 시간표본법(時間標本法)과 어떤 행동특성이 나타나는 그 장면을 표본으로 하여 관찰하는 장면표본법(場面標本法), 관찰하려는 장면이나 조건을 인위적으로 조작하여 관찰하는 실험관찰법(實驗觀察法) 그리고 최근 질적 연구 방법으로 자주 이용되고 있는 참여관찰법(參與觀察法) 등이 있다(황정규 외2, 1998).

이런 관찰법이 성공하려면 관찰자의 전문적인 지식과 경험, 그리고 노력이 중요하다. 더욱이 관찰은 계획성과 주변 상황조건의 고려, 철저한 기록준비, 객관적인 관찰태도 등도 중요하다 할 것이다.

c) 평정법

평정법(評定法, rating scale)이란 '한 개인의 어떤 특성에 관한 의견을 표본으로 하고, 이 표본을 조직적이고 객관적으로 수집하는 방법을 말한다. 이 방법은 정신물리학(精神物理學, psychophysics)의 실험심리학에서 미적(美的) 가치의 판단, 감각적 변별(辨別) 등에만 사용되었으나 근래에는 제작과 사용이 간편하여 여러 분야에서 사용하고 있다.

이 평정하는 절차에서 고려해야 할 점으로는, 먼저 평정자가 실제행동이 아닌 기억된 행동 혹은 지각된 행동에 의해 평정하기 때문에 거기에는 오류가 끼어들 가능성이 많이 있다.

둘째로 긍정적－부정적, 정직－부정직, 협조적－파괴적, 지배적－복종적 등과 같이 양극화(兩極化)된 어떤 특성의 개념이 서로 다르고 대립되는 개념인지를 명확하게 알 수 있는 능력이 있어야 한다. 평정법은 이런 인간행동의 양극성과 상대성 및 단계성을 수량화하거나 유목화(類目化)하려고 하는 방법이다.

셋째로 양극성이 있는 행동특성을 더 하위의 좁은 특성으로 분해할 수 있는 능력이 요구된다. 예를 들면 인성이니 적응이니 하는 큰 개념이 아니고, 인성을 '명랑－우울'이나 '긍정적－부정적' 등 좁은 개념으로 바꾸어 이들을 몇 단계로 유목화시킬 필요가 있다.

평정법의 종류로는 평정척도의 각 단계를 간단한 어구와 문장으로 표현하는 기술평정척(記述評定尺)이 있고, 각 단계를 숫자로 나타내는 숫자평정척(數字評定尺), 사전에 엄밀하게 판단하여 만든 표준적인 작품이나 인물과 비교하여 평정하는 표준척도법(標準尺度法), 체크리스트법(checklist) 등이 있다.

그러나 평정법에도 그 한계점이 있는데, 예를 들면 첫째로 초보 평정자가 정의적 특성을 평정할 때 중간 부분을 지나치게 집중하는 경향에서 오는 오류(error of central tendency)가 있는데 그것은 극단적인 판단을 꺼리는 심리현상 때문이다.

둘째로 인상(印象)이 주는 착오(error of halo effect)가 있기 쉽다. 즉 '말성꾸러기 아동'이란 인상은 다른 특성에도 영향을 미쳐 나쁘게 보는 거이다.

셋째로 논리적으로 착오(logical error)를 일으키는 경우다. 예를 들면 사교성이 있으면 당연히 명랑하리라고 하는 판단과 같은 것이다.

넷째로 표준의 착오(error standard)가 있다. 즉 같은 단계에서 평정자 A와 B가 각각 다른 표준을 설정하는 경우를 말한다.

d) 면접법

면접법(面接法, interview)은 언어를 통하여 학생으로부터 여러 정보를 수집하는 방법이다. 이 방법은 지적인 영역에서도 '구두시험' 또는 '면접고사'라 하여 면접법을 사용하였다. 그러나 대부분의 경우 면접법은 정의적 영역의 평가에 사용하는데 관찰법과 함께 쓰는 경우가 많다.

면접에는 구조화의 정도에 따라서 3으로 나누어 생각해 볼 수 있다. 먼저 구조화된 면접은 사전에 계획하여 면접을 하는 면접자에게 융통성이 없는 경우로 주의사항과 조사표(질문내용), 질문순서, 질문방법 등을 미리 정한다. 그리고 구조화되지 않은 면접은 면접목적만을 정하고 나머지는 면접자가 자유로운 분위기에서 면접하게 하는 방법이다. 그리고 위의 두 가지 면접방법을 절충하여 계획은 세우되 융통성을 주는 반구조화 면접법이 있다.

e) 사회성 측정법

사회성 측정법(社會性測定法, sociometry)은 집단 내에서 개인의 사회적 위치나 비형식적인 집단형성의 구조를 알아내는 방법을 말한다. 이 방법은 1932년 미국의 모레노(Moreno)에 의하여 발달되었는데, 주로 개인의 사회적 적응을 개선시키고, 지도성 훈련의 자료로도 사용된다. 그리고 집단의 구조를 개선하고 조직하는 데도 활용된다. 예를 들면 학교의 소집단에는 '성적 우수학생 조직'이라든가 '폭력집단', 또는 '부자집 자식의 집단' 등을 이 측정기술로 이런 집단들을 쉽게 찾아낼 수 있고, 이에 대처해 나갈 수 있는 개선대책을 세우는 경우에, 아니면 새로운 바람직한 집단을 조직하는 데 좋은 자료를 제공할 수 있다. 특별히 인간관계에서 오는 문제행동을 교정하는 데 활용한다든가, 아니면 지진(遲進) 학생에게 그가 좋아하는 학생과 짝을 지어 주어 학습동기를 유발시킨다든가, 주위의 주의를 끌기 위하여 폭력을 휘두르는 학생을 찾아 특별지도를 한다든가 하는 등 교육문제를 해결하는 데 적용할 수 있다.

4. 교육평가의 절차

교육평가에는 일반적으로 형식화된 절차가 있다. 여러 평가방법에 따라 약간의 차이는 있으나 근본적인 과정에는 서로 공통점이 있다. 따라서 표준화 검사나 교사가 스스로 만든 자작검사(自作檢査) 모두 그 절차는 거의 동일하게 진행된다고 볼 수 있다. 여기에서는 여러 학자들이 제시하는 교육평가의 절차를 다 소개하지 않고 일반적으로 알려진 절차에 따라 다섯 단계로 구분하여 살펴보면 다음과 같다.

(1) 제1단계 : 평가목표의 확인

교육평가에서 선행되어야 할 문제는 어떻게(how) 측정하느냐 하는 문제보다 무엇을(what) 측정하느냐 하는 문제가 선행되어야 한다. 교육목적을 분석해서 그 개념을 정확하게 규정・확인하는 것이 교육평가에서 가장 먼저 해야 할 과정이다. 교육의 모든 작용은 교육목적(목표)와 밀접하게 관련되어 있고 교육목표는 교육의 모든 작용에 방향감각을 잡아 주는 나침반 역할을 한다. 교육평가는 학생들의 전인적인 성장발달을 도와 준다는 입장에서 타당성 있게 설정되어야 하고, 평가목적은 구체성, 포괄성, 실현가능성, 가변성(可變性)이 있어야 하며 교사가 측정이 가능해야 한다. 이런 교육목표에 대하여서는 이미 앞에서 자세히 설명하였다. 단지 평가과정에서는 먼저 그 목표를 확인하는 것이 선행되어야 한다.

(2) 제2단계 : 평가장면의 선정

교육목표가 확인되면 설정된 교육목표에 나타난 학생의 행동을 구체적으로 측정하고 평가하기 위하여 어떤 평가장면, 곧 검사상태가 가장 적절한가를 결정하는 선정작업이 뒤를 이어야 한다. 예를 들면 필답고사, 질문지법, 각종 표준화검사, 면접, 투사적 방법, 평정척도, 관찰, 기록물 분석, 제작물 분석, 현장실습 및 실기 등이 있다. 그런데 여기에서 선정은 한 가지만이 아니고 복합적으로 선정하여 종합적으로 평가하는 것도 고려해 봐야 한다.

(3) 제3단계 : 평가도구 제작 및 선정

평가장면이 선정되면 교육목적을 측정하기 위한 평가도구의 제작 또는 선정의 단계로 이어진다. 이 단계는 교육평가에서 가장 중요한 단계로 평가도구는 타당도, 신뢰도, 객관도, 실용도가 있게 제작되어야 한다. 기존 평가도구를 선정해야 할 경우 이 평가도구가 교육의 목적과 내용에 적합한지 충분히 검토한 후에 선정해야 한다.

또한 적합한 평가문항을 작성하기 위해서는 어떤 유형의 문항들이 있는지를 파악하고 특정 평가장면에서 적합한 유형의 문항을 작성해야 한다.

문항의 유형은 분류기준에 따라 여러 형태로 분류된다. 예를 들면 선택형 문항에는 진위형(眞僞型)과 배합형(配合型) 및 선다형(選多型)이 있고, 서답형(書答型)에는 단답형(短答型)과 완성형(完成型), 논문형 등이 있다. 학교현장에서 활용되는 문항의 유형을 보면 대개 3가지로 분류할 수 있다.

a) 지적 능력의 평가 문항

① 논문형(論文型) 테스트

② 객관형－단답형, 완성형, 도해형(圖解型), 진위형, 선택형, 선택완성형, 배합형, 분류형, 정정형(訂定型), 배열형(配列型)

b) 기능의 평가

① 평정법(평정척도법)－기술식(記述式) 평정척도법, 숫자식평정척도법

② 체크리스트법

③ 실기·실습 테스트

④ 1대1 비교법

⑤ 서열법

⑥ 등거리차법(等距離差法)

⑦ 자기평가법

⑧ 상호평가법

c) 정의적 특성의 평가

① 질문지법

② 면접법

③ 관찰법

④ 평정법

⑤ 사회측정법

⑥ 문제장면 테스트

⑦ 일화기록법

(4) 제4단계 : 평가의 실시 및 결과처리

평가의 실시는 교육목적과 밀접하게 관련되어야 한다. 교육목적에 따라 평가의 실시 시기 및 횟수 등이 결정되어야 하고, 평가의 방법 및 형태도 결정된다. 한 학교나 한 학급에서의 평가단계는

① 어떠한 학습성과를 측정할 것인가?

② 어떠한 형식으로 측정할 것인가?

③ 어느 시기에 측정할 것인가?

④ 측정에 쓰인 검사의 종류는 어떤 것인가?

하는 4가지 단계로서 종합적인 사전 고찰이 필요한 것이다. 교육평가에서는 학생들의 발달 정도를 수시로 평가함으로써 발달상태를 알아볼 수 있고 개인차에 알맞은 교육활동과 생활지도를 할 수 있다. 그리고 평가의 결과는 항상 정리하여 다음 학습계획에 활용해야 한다.

일단 시험이 실시되고 평가자료가 수집되면 평가결과를 평가목적에 맞게 분석하고 그것이 어떤 의미를 가지는지 해석을 해야 하는데 이를 결과처리라고 한다. 평가결과를 처리한다고 하는 것은 수집된 자료를 정리・채점해서 평균과 표준편차, 석차 등을 구하는 일련의 작업을 가리킨다.

먼저 채점작업(採點作業)이 있어야 한다. 문항별로 응답자의 반응을 확인해서 채점기준에 따라 점수를 매기고 각 응답자별로 하위척도 점수와 총점을 구하는 작업을 채점작업이라고 한다. 채점으로 얻어진 점수를 원점수(raw score)라고 하는데 이러한 원점수만 가지고는 의미 있는 해석을 하기 어려운 경우가 많으므로 자료의 통계적 처리작업이 필요하게 된다. 예컨대 표준화 검사는 원점수를 규준(norm)에 의거하여 환산하면 의미 있는 점수가 산출되는데, 일반적으로 백분위 점수와 표준점수를 사용하게 된다. 이렇게 원점수를 백분위 점수 또는 표준점수로 전환하는 작업도 채점작업에 속한다.

다음으로 얻어진 점수를 분석하게 된다. 채점된 결과를 지역별 또는 학교별, 학년별, 학급별로 묶어 평가결과를 직관적으로 쉽게 알 수 있도록 하기 위하여 평가를 통해 수집한 반응이나 점수에 대한 통계치를 구하고 빈도 분포표(頻度分布表)를 작성하는 작업을 득점분석(得點分析)이라고 한다. 빈도 분포표는 1점 단위 또는 적당한 크기의 급간(점수대)으로 묶어 그 점수대에 있는 점수를 받은 인원수를 확인하여 만든 표를 말한다. 빈도분포표의 특징은 집중경향치, 변산도, 편포도로 구분하여 설명할 수 있다.

(5) 평가결과의 해석 및 활용

검사의 결과에 대한 해석에는 분석적·종합적 해석 혹은 상대적·절대적 해석, 개인적·집단적 해석이 필요하다. 교육평가에서 결과를 바르게 해석하여야 교육과정 및 학습지도법의 개선이나 학생의 상담자료에 활용할 수 있게 된다. 그리고 본래의 평가목적 외에 다른 목적으로 이용되지 않도록 유의해야 한다. 이러한 평가결과를 해석하는 데 주의해야 할 점은 다음과 같이 정리할 수 있다.

① 특정 결과에만 국한하거나 부분적인 근거에만 집착하지 말고, 가능한 동원할 수 있는 최대한의 증거를 바탕으로 종합적으로 판단해야 한다.

② 양적 자료를 활용할 경우에 그 통계적 의의도가 실질적 의의도와 중요성을 직접적으로 나타내지 않으므로 그 점에 유의하여 통계적 결과를 타당성 있게 해석해야 한다.

③ 자료출처인 대상자 집단의 특성 및 상황을 고려하여 결과를 해석해야 한다.

④ 쓸 수 있는 여러 분석결과를 상호 교차시켜 확인하고 일관성이나 신뢰도를 고려하여 해석해야 한다.

⑤ 확고한 결론에 이르도록 해석하여야 한다.

⑥ 적용한 자료분석 방법이 완벽할 수 없다는 점을 인식하여 그 방법의 제한점을 고려하면서 결과를 해석해야 한다.

⑦ 수집한 자료와 분석 결과만으로는 완벽할 수 없다는 관점에서 분석결과들을 상호 관련시켜 보다 깊이 있게 해석하도록 해야 한다.

⑧ 하나의 관점에서만 해석하지 않고 다른 관점이나 대안이 될 수 있는 것을

수용하여 해석하고, 소수 집단의 견해나 관점을 포함하여 해석할 수 있도록 해야 한다.

⑨ 자료의 출처인 대상자나 프로그램 관련자로 하여금 그 분석결과를 해석하는 과정에 참여시켜 의견을 반영하도록 해야 한다.

저자 약력

건국대학교(교육학 학사)
서울대학교(교육학 석사)
서울대학교(교육학 박사)
호서대, 남서울대 강사
한세대교육대학원 행정학전공주임교수
한세대평가준비위원회위원
현, 한세대학교 초빙교수

저서
평생교육개론(공저)

교양교육학개론

초판 1쇄 발행 / 2020년 2월 28일
초판 2쇄 발행 / 2022년 9월 16일

저자 임광명
발행처 형설출판사
경기도 파주시 회동길 37-23 · 전화 (031) 955-2361~4 · 팩시밀리 (031) 955-2341
발행인 장진혁
등록 라-제9호 · 1962년 5월 1일
홈페이지 http://www.hyungseul.co.kr
e-mail hs@hyungseul.co.kr

정가 23,000원

ISBN 978-89-472-8391-5 93370

이 도서의 국립중앙도서관 출판시도서목록(CIP)은 서지정보유통지원시스템 홈페이지(http://seoji.nl.go.kr)와 국가자료공동목록시스템(http://www.nl.go.kr/kolisnet)에서 이용하실 수 있습니다.(CIP제어번호 : CIP2020002390)

교양교육학개론